HUMAN RESOURCES MANAGEMENT

제3판

실무 지식을 위한

인적자원관리

고종식

정독
DEEP READING

[제3판]

머리말

나는 도덕적 직업인 교수직에 임해 교육, 연구, 봉사를 기본 임무로 알고 교육을 그 중심에 둔다. 또한 나는 새로운 지식의 전달에 균형과 보편성을 유지하고 학문의 발전과 학생, 동료, 대학 및 국민에 대한 책무를 다하며, 신뢰받는 연구로 전공분야에서 정상에 서도록 최선을 다한다. 책상 앞에 붙여놓은 교수윤리강령의 한 구절이며, 대학에서 강의를 하게 된 졸업하는 대학원 학생에게 복사해서 주고 있다. 어떤 학생은 액자에 넣어 자신의 연구실에 붙여놓은 사진을 보내주기도 한다.

이십여 년 전에 인사관리라는 저서를 출판하면서 높은 자부심으로 인연 있는 사람들에게 자랑스럽게 이야기했던 기억이 있다. 그동안 몇 번의 개정 과정을 거치면서 이제는 책이 출판되었다는 것도 이야기하지 않는다.

이제는 자부심과 자랑보다는 높은 부담감과 책임감을 인식한다. 이 책이 학생들과 기업관련 사람들에게 필요한 내용을 담고 있는지, 시대의 변화에 따르고 있는지, 정확한 정보를 제공하고 있는지 등 걱정이 많다. 내가 항상 지키려고 하고 있는 교수윤리강령에 충실하고 있는지 의문이 들곤 한다.

이러한 걱정이 앞서는 것은 오랜 시간이 지나 이제는 책임감에 대한 무게를 알게 되었기 때문일 것이다. 세월의 흐름을 시냇물에 비유한다. 시냇물은 항상 위에서 흐르고 굽이굽이 흐르고 한번 흘러가면 다시는 돌아오지 않기 때문이라고 한다. 대학에서 학생들과 생활한 지도 수십 년이 되었고, 그동안 많은 일들이 있었으며, 후회할 일도 있었지만 보람을 느끼고 있다.

개정을 많이 했음에도 스스로도 부족한 부분이 많다는 것을 인정한다. 그럼에도 막연히 기대감을 가져 본다. 우리 학부학생들과 대학원생들 그리고 이 책을 필요로 하는 사람들에게 괜찮은 책이라는 말을 듣고 싶다. 아직도 욕심을 다 버리진 않은 것 같다.

도서출판 정독과는 벌써 이십오년이 넘는 인연을 가지고 있으며, 그동안 여러 권을 책을 출판하였다. 언제나 변치 않고 교정과 자문을 해 주시는 조병철 사장님과 김중용 사장님 그리고 직원 여러분에게 항상 건강과 감사의 말씀을 드린다. 그리고 그동안 감정표현을 못했던 김인석(예인)과 고정빈, 고산권에게도 이제야 고마움을 전한다. 지금 밖에는 올해 첫눈이 내리고 있다.

2023년 12월 17일

고 종 식

[제2판]

머리말

지식기반사회의 정착과 더불어 유능한 인재를 확보하고 활용하는 것이야말로 기업의 경쟁력을 확보할 수 있는 가장 중요한 경영자원이다. 인적자원관리란 기업이 추구하는 목표를 달성하기 위하여 적합한 인재를 확보하고, 확보된 인재의 능력을 개발하여 효율적으로 활용하고자 하는 조직적 활동이다. 따라서 인적자원관리는 예측이 가능한 물적 부분에 대한 관리와는 다르게, 관리의 대상이 사람이라고 하는 특징을 가지고 있으며, 기업의 성과는 모든 인간의 활동을 통해서 달성된다고 하는 중요성을 가지고 있다.

그러나 최근 급변하는 환경변화에 적응하기 위한 과정에서 인적자원관리는 새로운 변화를 추구하고 있다. 글로벌화 전략, 환경적응 전략, 정보화 및 기술혁신, 노동시장의 유연화, 고령화와 고학력화, 생활과 직무의 조화를 추구하는 가치관의 변화 등을 고려한 종합적 인적자원관리 시스템이 요구되고 있다. 따라서 인적자원관리는 이러한 종합적 요인을 고려한 전략적 차원에서 접근하여야 하며, 이러한 전략적 인적자원관리는 근로자의 성장과 기업의 발전을 위해 중요한 역할을 하고 있다.

이러한 중요성에 입각하여 본서는 대학원 및 학부학생, 기업 내 인적자원관리 담당자들을 대상으로 실무적 지식을 습득하기 위한 목적으로 출판되었다. 또한 이번에 개정판을 출판하는 과정에서 본서의 내용을 이들이 쉽게 이해할 수 있도록 기술하였으며, 부족한 부분이나 그동안 변화가 있던 부분에 대해서는 추가로 보완하였다. 그러나 본서의 구성이나 내용에 충실하고자 노력하였으나 독자의 입장에서 부족한 부분이 있을 것으로 본다. 이러한 부분에 대해서는 지속적으로 수정, 보완해 나가고자 한다.

끝으로 본서가 출판될 수 있도록 노력해 주신 도서출판 정독 김중용 사장님과 직원분들에게 감사의 말씀을 드린다. 또한 언제나 함께 해 주신 학생 여러분들과 많은 격려와 관심을 보여주신 선배 및 동료 여러분들에게도 감사의 말씀을 드린다.

2019년 7월

저자 일동

차례

PART 1

인적자원관리의 이해

Chapter 1 인적자원관리의 기초

Chapter 2 기업경영과 인적자원관리

PART 2

직무연구와 인적자원개발

Chapter 3 직무분석과 직무평가

Chapter 5 교육훈련

Chapter 6 근무평가

PART 3

직무관리

Chapter 7 인적자원계획 및 모집

Chapter 10 경력관리

PART 4

임금 및 유지관리

Chapter 12 임금관리

Chapter 13 건강 및 복지관리

Chapter 14 커뮤니케이션과 동기부여

Chapter 15 노사관계관리

Chapter 16 인적자원관리의 전망

P / A / R / T

01

인적자원관리의 이해

Chapter 01

인적자원관리의 기초

01 인적자원관리의 기본개념

02 인적자원관리의 특징과 이념

03 인적자원관리의 발전과정

04 인적자원관리의 주요 학설

05 인적자원관리의 환경과 한계

학습 목표

최근 기업이 경쟁력을 확보하기 위한 최선의 방안은 유능한 인재의 확보와 활용이다. 따라서 지속경영을 가능하게 하는 가장 중요한 경영자산은 인적자원으로, 창조적 직무수행, 차별화된 제품생산, 활력 있는 조직분위기와 사기가 높은 기업은 유능한 인적자원을 확보하고 이들을 우수하게 관리하고 있는 특징을 보이고 있다. 그러나 급변하는 환경에 따른 노동시장의 유연화와 직무기술의 발전은 다양한 신분의 근로자를 발생시키고 평생직장의 개념이 사라지면서 기업간 이동이 빈번하게 이루어지고 있다. 이러한 이유로 기업에 대한 소속감과 일체감이 형성되지 못하면서 효율적인 인적자원관리의 어려움에 직면하고 있다. 특히 업적주의 경영시스템이 정착되고 성과만이 강조되면서 기업 내외의 환경변화에 능동적으로 대처할 수 있는 능력이 결여되어 근로자와 기업에 많은 문제점을 야기함으로써 인적자원관리에 대한 재인식이 요구되고 있다.
이 장에서는 인적자원관리의 개념과 중요성을 부각시킴과 동시에 발전과정을 통해서 이에 대한 인식을 새롭게 정립하는데 목적이 있다.

01 인적자원관리의 기본개념

1. 인적자원관리의 개념

인적자원관리(HRM: human resources management)는 기업의 주체인 경영자가 설정된 목표를 달성하기 위하여 적합한 노동력을 조달하고 개발하고 활용하고 유지하기 위한 조직적 활동이다. 따라서 근로자의 욕구를 충족시키고 이들의 노동력을 효율적으로 활용하는 것을 목적으로 하는 계획적·조직적·총합적 시책이다. 그리고 구체적인 방법은 기업을 둘러싼 사회적·경제적·기술적 환경조건의 변화에 대응해서 발전한다. 이러한 개념에 포함된 내용은 다음과 같다.

① 인적자원관리의 성립과 변화는 근대산업의 발전단계로부터 기인한다는 것
② 경영자가 인적자원관리의 주체라는 것
③ 인적자원관리는 기업이윤을 추구하기 위한 관리활동이라는 것
④ 인적자원관리의 직접적인 목적은 노동질서의 확립, 근로자의 효율적 활용과 욕구충족이라는 것
⑤ 인적자원관리의 대상은 고용된 임금근로자라는 것
⑥ 인적자원관리는 다양한 응용과학을 이용한 계획적·조직적·총합적 여러 시책의 체계라는 것
⑦ 인적자원관리는 기업을 둘러싼 사회적·경제적·기술적·과학적·사회노동법제적 여러 조건과 노사간 세력관계 등의 역사적 변화에 대응해서 발전한다는 것

따라서 인적자원관리의 대상은 자신의 노동력을 상품화하는 임금근로자로서 개인적 인격과 사회적 인격을 소유하고 있다. 노동력 이용의 효율화는 인적자원관리의 직접적인 문제로서, 이를 위해서는 근로자의 인격으로부터 발생하는 노동의욕을 유지하는 것이 필요하다. 따라서 노동의욕에 영향을 미치는 근로관계와 노사관계를 인적자원관리의 대상으로 하여 원활화를 도모하고, 노동질서의 확립과 유지를 도모하는 것을 목적으로 한다.

그림 1－1 인적자원관리의 체계

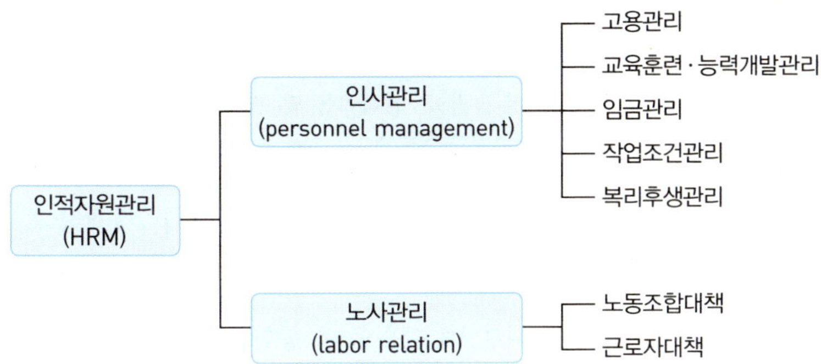

또한 인적자원관리와 인사관리는 동일하게 사용하거나 구분하여 사용하기도 한다. 그러나 1920~30년대에는 대부분 personnel administration이라는 용어가 사용되었으나, 1930년대 이후에 노동조합의 발달과 더불어 personnel management and labor relation이라는 개념이 사용되었으며, 이 두 가지 개념을 포함해서(노동시장과 정부의 노동정책도 포함해서) industrial relation이라고도 하였다. 이러한 영향으로 personnel management에 해당하는 것(고용, 배치, 이동, 승진, 퇴직, 교육훈련, 안전, 위생, 인간관계 등)을 인사관리라 하고, labor relation에 관계하는 여러 시책을 노사관리라고 한다. 이러한 관계가 [그림 1－1]에 나타나 있다.

2. 인적자원관리의 중요성

인적자원관리는 기업의 생존을 위한 전략적 선택에 다음과 같이 중요한 역할을 하고 있다.

① 직무요건의 변화: 기업환경의 변화는 직무요건의 변화를 요구한다. 내부역량에 의한 경쟁력은 지식과 창의력을 소유한 인적자원의 육성과 개발에 의존한다. 따라서 급변하는 환경에 대응할 수 있는 핵심역량의 인재육성이 경쟁우위의 요소이다.

② 기업환경의 변화: 정보와 지식에 의한 가치창출의 핵심요소로서 인적자원이 강조된다. 기업환경과 기술발전의 가속화로 교육훈련의 새로운 패러다임과 평생학습이 요구된다. 또한 환경변화에 유연하고 탄력적으로 대응할 수 있는 조직구조의 변화(조직의 슬림화, 인력이동 및 구조조정 등)가 요구된다.

③ 고용환경의 변화: 노동시장의 유연화로 다양한 신분의 근로자가 증가하고 고령화, 고학력화로 인력수요에 차질이 발생하고 있다. 경쟁력 확보를 위해 이들의 노동력을 효과적으로 활용해야 한다. 노동시장의 유연화에 따른 다양한 인적자원(비정규직 및 외부인재 활용 등)을 통한 가치창출이 요구된다.

④ 사회 환경의 변화: 지식을 창출하고 활용하며 변화하는 환경에 적응할 수 있는 인적자원이 중요한 경영자산이다. 자기주도적 학습능력과 지속적인 학습기회의 제공이 요구된다. 또한 근로자의 다양한 가치관과 욕구를 충족하고 업무와 생활의 균형을 통한 근로생활의 질 향상이 요구된다.

3. 인적자원관리의 역할

(1) 인적자원관리의 주체와 대상

소유와 경영의 분리를 전제로 인적자원관리의 주체는 경영자, 스탭으로서 인적자원관리 부문, 라인관리자·감독자의 3자일체이지만 본질은 어디까지나 기업이다. 또한 인적자원관리의 대상, 즉 객체는 노동력, 근로자의 인격, 임금근로자의 3가지 요인에 대한 통합체로서 고용근로자이다.

(2) 인적자원관리의 역할

기업의 목적은 이윤을 창출하여 지속경영을 가능하도록 하는 것이다. 인적자원관리도 이러한 목적과 관련하여 역할을 수행해야 한다.

① 전략과 직무의 적합화: 기업의 목적은 이윤창출이지만 경영환경에 따라 변화한다. 경영환경을 고려하여 기업전략에 적합하도록 직무내용을 변경하고 이를 원만하게 수행할 수 있도록 지원한다.

② 노동능률의 향상: 전략에 적합한 직무가 설계되면 동기 부여하여 성과를 향상

시켜야 한다. 직무에 적합한 인재를 고용하고 교육훈련을 실시하고 성과를 평가하고 처우를 결정하는 과정도 이러한 관점에서 진행된다.

③ 적절한 노동력 유지: 노동능률을 유지하기 위해 소속감이나 애사심을 형성하고 지속적으로 근무하도록 해야 한다. 근로조건이나 자기개발, 복리후생 등에 대해 노사협의제를 운영하는 것도 이를 위한 것이다.

4. 인적자원관리의 기능

인적자원관리의 기능은 인사부서의 관리, 계획(방향설정, 사업계획, 조직), 충원(직무분석, 모집, 선발 및 배치), 교육훈련, 승진 및 전직, 근무평가, 노사관계(단체교섭, 협약관리, 고충처리), 서비스 및 복지(의사소통, 상담 등), 보건 및 안전, 임금 및 성과관리, 기록 및 보고, 감사 및 검토, 조사 등이며, 구체적인 내용은 다음과 같다.

(1) 관리기능

① 계획기능: 설정된 목표달성에 기여할 인적자원 프로그램에 대한 사전 결정으로 관리자의 전문적 지식과 참여가 요구된다.

② 조직화기능: 설정된 목표를 달성하기 위해서 직무, 근로자, 물리적 요소 간의 관계에 대한 구조를 설계한다.

③ 지휘기능: 근로자들이 자발적이며 효과적으로 직무를 수행할 수 있도록 한다.

④ 통제기능: 조직 내에서 발생할 수 있는 행위를 관찰하고 이를 계획과 비교해서 수정하거나 재정리한다.

(2) 실무운영기능

① 인적자원 확보 및 관리기능: 목표달성을 위하여 인적자원의 유형과 수를 확보해야 하며, 인원결정, 모집, 선발, 배치 등과 같은 문제가 취급된다.

② 인적자원 개발기능: 확보된 인원은 교육훈련을 통하여 직무수행에 필요한 기술을 습득시켜야 한다.

③ 보상관리기능: 직무목표의 공헌에 대한 대가로 주어지는 반대급부로서 직무평

가, 임금정책, 임금체계 및 특별보상계획 등의 문제가 취급된다.

④ 통합기능: 개인, 조직 및 사회의 합리적인 이해관계의 조화를 위한 시도가 있어야 한다.

⑤ 유지관리기능: 확보하고 개발한 인적자원의 건강한 육체적, 정신적 상태를 유지시켜 기업에 기여하도록 한다.

⑥ 이동관리기능: 인적자원의 이동에 대한 것으로서 인사이동, 이직, 휴직과 퇴직 등의 문제가 취급된다.

02 인적자원관리의 특징과 이념

1. 인적자원관리의 특징

기업에서 유용한 인재의 확보는 최대의 과제이다. 경영에는 기본적으로 사람·자원·자본·정보적 요소가 갖추어져야 한다. 이들 요소는 경영활동을 유지하기 위한 기본적 요소로서 부문관리의 대상이 된다. 사람의 관리를 인적자원관리, 자원의 관리를 자재관리, 자본의 관리를 재무관리, 정보의 관리를 정보관리라고 하여 전문적인 관리가 이루어지는 것이다. 또한 부문관리는 관리대상에 따라 조직관리, 공정관리, 생산관리, 판매관리, 재고관리 등 다양하다. 이러한 부분관리 중에서 인적자원관리는 사람이라고 하는 자원을 특정의 재화나 서비스의 제공이라고 하는 목적에 적합하도록 최적으로 배분해 가는 조직적 활동이다. 따라서 인적자원관리는 다른 부문관리에 비하여 다음과 같은 특징을 갖고 있다.

첫째는 인적자원관리의 대상이 살아 있는 인간이라는 것이다. 예측가능한 물적인 부문관리는 효율화를 진행하기 위하여 자동화나 정보화로 전환하는 것이 가능하다. 그러나 인간은 복잡한 존재이고 예측 가능성이 결여되어 특정 상황에서의 행동을 예측할 수 없다. 인사기록과 같은 과거의 데이터에 근거해서 미래의 행동을 예측하는 것은 불가능하다. 따라서 인적자원관리에서는 관리스탭이나 라인관리자의 판단에 의존해서 미래를 예측해야 하는 상황이 지속되고 있다.

둘째는 경영활동의 성과는 인간의 활동을 통해서 달성된다. 관리기능은 대상에 따라 조직관리, 사무관리, 재무관리 등으로 분류된다. 조직관리는 직무의 합리적 배분을, 사무관리는 작업공정의 합리화를, 재무관리는 자본의 운영을 다루고 있다. 그러나 인적자원관리는 이러한 모든 활동을 담당하고 있는 인간을 대상으로 한다는 점에서 관리기능의 기저를 이루고 있다. 모든 관리부문에서 활기 있는 직무수행이 되기 위해서는 이를 담당하는 인간의 활동이 합목적적이어야 하며 이러한 인간활동을 유도하는 것이 인적자원관리이다. 이와 같은 인적자원관리의 특징을 요약하면 다음과 같다.

① 다른 자원을 활용한다: 기업목표를 효율적으로 달성하기 위하여 물적자원이나 정보적 자원을 활용하는 역할을 한다. 원재료를 활용하여 제품을 생산하거나 정보에서 가치를 창출하는 것은 인적자원이다.

② 사고하고 학습한다: 지속적으로 학습하면서 성장하는 주체적 존재이다. 인적자원의 잠재력이나 능력을 개발하여 다양한 경영활동에 활용하거나 성과향상에 기여할 수 있다.

③ 감정을 가지고 있다: 물적자원은 관리자의 일방적 사용이 가능하지만 감정을 소유한 인적자원은 충분한 의사소통과 배려를 기반으로 관리가 이루어져야 한다.

④ 혁신하기 어렵다: 물적자원은 효율적 활용을 위한 혁신이 가능하지만 살아있는 인간에 대한 본질은 변화가 쉽지 않다.

2. 인적자원관리의 이념

인적자원관리는 인적자원 이념을 기초로 근로자에 대한 새로운 관점으로 접근할 수 있다. 인적자원 이념 또는 근로자에 대한 새로운 관점은 두 가지 요소로 구성되어 있다. 하나는 근로자의 생산능력으로 기업의 발전에 중요한 경제적 자원으로서의 인간중시 이념이다. 다른 하나는 근로자를 인격체로서 이해하고 동기부여하기 위하여 개인목적과 조직목적의 통합을 관리원칙으로 하는 인간중시 이념이다. 이러한 이념의 이론적 기초는 1960년대 노동경제학으로서의 인적자본이론(human capital theory)과 인간관계론으로서의 행동과학(behavioral science)이다.

첫째, 인적자본이론에 의하면 인적자원은 국가의 경제성장을 위한 최대 공헌요인이다. 인적자원이 갖는 생산능력(지식 및 기능)으로서 인적자본에 투자하여 그 가치를 높이는 것이 국가의 생산성을 높이고 국민소득을 실현한다는 것이다.

이와 같이 인적자원의 경제적 가치를 중시하는 이론을 기업에 적용한 것으로 인적자원, 즉 근로자가 기업성장을 위한 중요한 경제적 자원이라고 하는 인식이다. 기업성장의 최대 공헌요인은 근로자의 생산능력으로서 노동생산성 향상의 기초적 조건이 되는 교육훈련과 능력개발의 필요성을 중요시한다. 1970년대 이후 인적자원 계획과 개발을 위한 기법들의 배경에는 이러한 인식이 영향을 미치고 있다.

둘째, 인격체로서 인간중시 이념은 근로자의 생산능력 활성화를 위한 동기부여에 관한 것이고, 특히 1960년 이후 급속히 발달한 행동과학을 이론적 기초로 한다. 목표달성을 위한 과정에서 근로자를 동기부여하기 위해서는 그들의 욕구를 충족시켜야 한다. 이를 위해 개인목적과 조직목적의 통합이 기본적인 관리원칙으로 제안된다. 이와 같이 인간으로서의 가치와 존엄성을 강조한다고 하는 의미에서 인본주의 심리학(humanistic psychology)의 이념이 된다.

행동과학의 인간모델에서 인간은 고도의 지적능력을 소유하고 있으며 고차적 욕구를 추구하는 존재라는 것이다. 예를 들면, 매슬로우(A.H. Maslow)의 자아실현욕구(self actualization needs), 맥그리거(D. McGregor)의 Y이론적 인간(the theory Y person), 아지리스(C. Argyris)의 성숙한 존재(mature being), 허츠버그(F. Herzberg)의 동기부여된 인간(motivation person) 등과 같은 인간모델은 인간을 성장·개발·달성을 위한 무한한 능력을 가진 존재로서 이해한다. 그래서 자존·성취·승인·지위의 욕구를 내용으로 하는 자아욕구, 능력발휘와 새로운 능력개발을 바라는 성장욕구, 적성·개성·잠재능력을 발휘하고자 하는 자아실현욕구 등, 근로자들이 고차원적 욕구를 충족시키도록 하는 것이 동기부여이론으로서의 인적자원 이념의 기본적 특징이다.

이를 위해 인적자원관리에서는 직무순환, 직무확대, 직무충실, 자율적 작업집단, 근로자 참여형 감독방식, 근로자 중심형 리더십 등 직무자체의 계획적인 변혁과 직무수행상의 의사결정 기구의 재편을 지향하는 광범위한 직무재설계(job redesign)가 이루어지고 있다. 이후 근로생활의 질(QOL: quality of working life) 향상을 위한 새로운 인적자원관리 시책에 대한 논의가 진행되었다.

이상의 내용을 요약하면, 인적자원관리는 1960년대 이후 인적자본이론과 행동과학의 시대적 발전 속에서 형성된 사고방식이다. 기업의 경제적 자본으로서 근로자의 생산능력에 착안하고, 그것을 교육훈련·능력개발에 의해 육성하고, 근로자의 고차적 욕구충족을 통해서 유효활동을 촉진한다는 것이다. 즉, 인적자원관리는 한편으로는 노동경제학의 인적자본이론을, 다른 한편으로는 행동과학을 기초로 발생한 것으로서 '노동능률=노동능력×노동의욕'이라는 관리이념 이다.

인적자원관리의 발전과정 03

1. 인적자원관리의 생성기

인적자원관리는 자본가와 경영자에 의해 이루어지는 근로자에 대한 모든 시책으로 전문화를 도모하고 인사부서 등의 설치가 진행되던 1920년대를 형성기라고 할 수 있다. 그러나 이 시기에 인적자원관리라는 명칭이 존재한 것으로 보아 그 형성은 훨씬 이전이라고 할 수 있다.

미국 자본주의경제는 남북전쟁(1861~1865) 이후 급속히 공업화되었고, 1880년 후반에는 기업규모의 확대 및 주식회사의 발전을, 다른 한편으로는 시상에서의 격심한 가격경쟁을 촉진하게 되었다. 주식회사의 발전은 미국기계기사협회의 능률증진운동을 위한 주체적 조건을 형성했다.

인적자원관리가 미국에서 발전한 또 다른 이유는 기업·근로자·노동조합·정부의 태도와 그 상호관계에 의해 설명된다. 예를 들면, 미국의 자본주의는 봉건시대의 전통적 규제로부터 자유로우며, 높은 기업가정신으로 창조적 혁신을 자유로이 실행할 수 있었다. 또한 근로자 대부분이 이민자들로서 다양한 가치관, 행동양식과 근로태도를 보이고 있었다. 이러한 상황에서 그들의 근로의욕을 향상시키고 동시에 협동정신과 귀속의식을 형성하는 것이 중요한 문제였다. 초기 단계에서 정부는 자유방임주의를 기초로 사회정책과 사회보장제도를 준비하고, 노사문제는 쌍방의 자주적 노력에 의한 해결을 기대했다. 이와 같은 특수한 미국적 조건과 자본주의 경제의 일반적 규칙 등이 인적자원관리의 생성과 발전의 조건이 되었다.

2. 인적자원관리의 발전단계

인적자원관리가 이루어지기 시작한 것은 1910년 무렵으로부터 1920년대라고 할 수 있다. 그러나 조직적이고 체계적인 인적자원관리는 산업혁명 이후로써 기업 내 현실적 문제해결을 위하여 인적자원을 효율적으로 활용하기 위한 제도화가 진행되기 시작하였다. 인적자원관리는 근대 이전의 인적자원관리(전제적·친권주의적 인적자원을 포함), 근대적 인적자원관리 그리고 현대적 인적자원관리로 구별할 수 있다.

(1) 근대 이전의 인적자원관리

근대(관리) 이전의 인적자원관리, 즉 전제적 인적자원관리는 무법시기로서 비과학적·비인도적·비계획적인 것이었다. 그리고 후반의 친권주의적 인적자원관리는 시기적으로 19세기 후반으로부터 1910년대이다.

전제적 인적자원관리로부터 친권주의적 관리로의 발달 원인은 노동조합의 등장과 정부의 노동 관련 여러 법률의 제정, 근로자 정당의 출현 등을 들 수 있다. 또한 근로자의 안정을 도모하고 적극적인 노동운동을 사전에 방지하기 위하여 사용자는 근로조건의 개선, 의사소통을 위한 제도(공장위원회 및 종업원 대표제)의 신설, 복리시설에 관심을 두고 기업에 대한 귀속의식의 향상을 도모하기 시작하였다.

그러나 1920년 무렵에 형성된 근대적 인적자원관리와 비교하면 다음과 같은 한계점이 있다. 첫째, 인적자원으로서 취급하는 항목이 필요에 의해 선정되어 체계화되어 있지 않은 것, 둘째, 인적자원의 관리방법이 제도화되어 있지 않고 상황에 따라 임의적으로 이루어지는 것, 셋째, 인적자원 관리방법이 과학화되지 않고 경험과 상식에 의해 이루어지고 있다는 것이다.

(2) 근대적 인적자원관리

근대적 인적자원관리의 형성과 특징은 다음과 같다. 19세기 중엽에 이르러 산업사회는 자본 및 경영규모의 확대, 인권의 확립, 노동력 집중과 노동조합의 조직화, 근로자보호법의 발달, 경영관리 직능의 분화와 전문화가 진행되기 시작하였다. 또한 한편으로는 관리의 안정과 근로자 및 노동조합을 설득시켜야만 되었고, 다른 한편으로는 19세기 말부터 이윤증대를 위한 새로운 접근법으로서 노동력 이용의 효율화를 지향하게 되었다. 여기에 종래의 경험적 인적자원관리가 과학화·제도화·합리화하려는 동향이 시작되면서 근대적 인적자원관리가 형성되어 갔다.

(3) 현대적 인적자원관리

현대적 인적자원관리로 발전하게 된 것은 제2차 세계대전을 계기로 자본주의적 사회경제 질서가 변화하고, 사회의 존속을 위한 사회적·경제적 환경변화가 발생한 것이다. 전쟁수행상의 필요와 유럽경제의 파괴는 중요 산업의 국유화와 더불어 국가독점 자본주의 체제를 확립하도록 하였다.

또한, 전후 복지국가로서 근로자들의 사회적 세력을 높게 인식하고, 완전고용과 사회보장제도, 생활수준의 향상 등을 과제로 취급하게 되었다. 기업에서도 최대이윤을 추구하는 것이 아니라 장기적 관점에서 노동조합 및 근로자, 소비자 등과의 이해관계 조정이 필요하게 되었다. 이것이 기업의 사회적 책임이라는 이념을 발생시키고 기업경영의 민주화를 요구하는 원인이 되었다.

이와 같은 자본주의 기조의 변화는 전쟁으로 인한 생산과 자본의 집중과 더불어 경영규모의 확대, 생산기술의 발전으로 인하여 경영환경의 변화는 물론 새로운 인적자원관리 체제가 확립되었다고 볼 수 있다.

04 인적자원관리의 주요 학설

학문적으로 인적자원관리의 성립기는 테일러(F.W. Taylor)의 과학적 관리법(scientific management)으로 보는 것이 일반적이다.

1. 과학적 관리론(노동의 합리화)

과학적 관리론은 인간의 노동력을 기계화 원리에 의해 합리화하고, 이것에 의해 노동능률의 증진을 도모하려는 것이다. 이를 위해 근로자들의 집단노동(사회화된 노동)하에 이루어지는 관리적 여러 기능을 근로자로부터 회수하여 새로운 관리기법으로 재정비하였다. 더불어 작업능률에 대해서는 시간연구에 의해 최단시간 내 최대량의 작업방법을 도출하였다. 이것을 기초로 과업제도를 설정하고 이를 실현하기 위한 수단으로서 차별적 성과급제, 직능적 직장제도 등 독자적인 임금제도와 관리조직을 고안해 냈다.

과학적 관리의 기초가 되고 있는 시간연구를 작업의 과학이라고 하며, 이것은 현재 작업분석으로 학문적으로는 산업공학(industrial engineering)의 발단이 된다. 과학적 관리론은 인간노동의 기계화로 자본가를 위한 제도라는 비난을 받고 있다. 근로자의 지식 및 숙련을 인위적이고, 강제적이고, 계획적으로 착취하려고 하는 것이 테일러시스템 혹은 과학적 관리법의 원리인 것이다.

2. 인사관리론(노동능력)

인사관리론는 티드와 메트칼프(O. Tead and H.C. Metcalf)를 중심으로 하며 생성의 계기와 특징은 다음과 같다.

인사관리론은 과학적 관리가 노동력 착취를 위한 제도라는 비난에 대응하면서, 인간의 노동을 다른 측면으로 접근하여 노동능률의 향상을 도모하려는 것이다. 직접적인 동기는 제1차 세계대전에 의한 노동력 부족을 극복하고 인간요인(human factor)을 고려하면서 노동력을 효율적으로 이용하려는 것이다. 적재의 발견과 적소에의 배치가 관리과제의 시작이었다. 이를 위해 직무에 대해서는 직무분석(job analysis)이 노동능력에 대해서는 다양한 심리검사(psychological test)가 개발되고 적용된 것이다. 직무분석은 과학적 관리론에 있어서 시간연구의 연장으로 산업공학에, 심리검사는 산업심리학(industrial psychology)에 기초한다.

과학적 관리법과 같이 많은 과업을 부여하고 근로자의 경제적 욕구에 의해 노동능률을 증대하는 것이 아니고, 근로자의 노동능력, 노동의사, 노동조건 등에 관한 사항을 적절히 처리함으로써 노동능률을 높이려는 것이다. 적재적소의 원칙을 원리로 인간적 요인에 근거한 인사관리론은 과학적 관리법으로부터 일보 진전한 것이라고 할 수 있다.

3. 인간관계관리론(노동의사)

인간관계론은 세계 대공황의 상황 속에서 노사관계에 대한 문제로 등장하였다. 근로자와 기업의 일체감을 통해서 노동의욕 및 협동의사를 향상시키려는 것이다. 인적자원의 능률과 질서유지를 위한 작업방법 그리고 조직 관리에서 공식조직의 역할도 중요하지만 자연적으로 형성된 비공식조직(informal organization)의 영향력이 가장 중요하다고 하였다. 따라서 노동능률의 향상을 위해서는 기술적·경제적 시스템보다는 사회적·감정적 시스템(system of sentiment)으로 접근해야 한다고 하면서 바람직한 인간관계의 형성을 위한 다양한 기법이 개발되었다.

조직은 구성원으로서의 개인과 사회적 조직으로 이루어져 있다([그림 1-2] 참조). 사회적 조직은 비공식조직과 공식조직을 포함하는데 전자는 능률과 코스트의 논리, 후자는 감정의 논리(logic of sentiment)에 지배되고 있다. 능률과 코스트의 논리는 경영자의 행동을, 감정의 논리는 근로자의 행동을 지배하는 것이다(과학적 관리가 경제적 논리이면, 인간관계론은 감정의 논리이다).

초기의 인간관계론은 업무 외의 영역에 치우치고 있었다. 인간의 감정과 같은 성향에 대하여 기업에서는 일종의 부산물로서 방치한다든지 처리를 잘못하면 폭발할 수 있는 위험물로 취급했다. 인간관계론은 이 위험한 부산물의 상태를 측정하여 피해가 없도록 하거나 처리해 버리는 기법을 제공했다. 왜냐하면

그림 1-2 경영의 조직

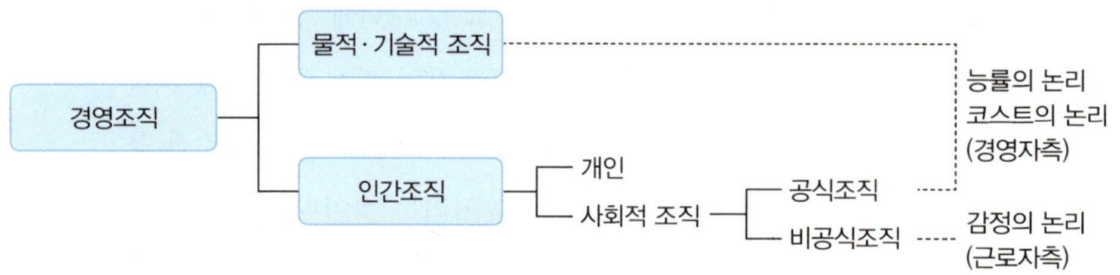

인간관계론은 능률의 논리를 부정하려는 의도는 없으며, 이것에 대한 저항을 배제 및 완화하는 보완적 역할에 만족하였기 때문이다. 그러나 이후 인간관계론은 사회학·심리학을 중심으로 하는 행동과학으로 발전하였고, 위험한 부산물이라고 생각되었던 인간의 감정이 가장 중요한 경영자산이라는 상황에 이르렀다.

따라서 노동능률이 '노동능력×노동의사'라고 한다면, 과학적 관리론은 노동능률의 증진을 위한 노동의 합리화를, 인사관리론은 노동의 수동적 요인인 노동능력을, 인간관계론은 노동의 적극적 요인인 노동의사를 중요하게 취급한다.

4. 행동과학적 인적자원관리(노동의욕)

인적자원관리는 1950년대를 전환기로 새로운 시기로 접어들게 되었다. 인간관계론에서 주장하는 근로자의 만족 및 모럴(morale)과 생산성에 대한 관련성이 많은 실험조사에 의해 의문시되었다. 이후 행동과학(behavioral science)으로부터의 연구 성과를 근거로 동기부여, 리더십, 의사결정시스템 등에 대한 새로운 관심사가 높아지게 되었다.

행동과학은 인간관계론 이후에 전개된 모든 관리론을 포함하는 용어로서 본질적으로는 심리학과 관련된다. 행동과학은 인간의 행동을 욕구충족으로 이해한다. 따라서 경제학, 사회학, 심리학, 인류학 등 다양한 학문적 영역에서 인간 행동의 본질과 법칙을 규명하려는 것이다.

이와 같은 행동과학이 인적자원관리론에 도입되기 시작한 것은 1960년대

무렵이고, 그 도화선이 된 것은 스트라우스 등(G. Strauss and L.R. Sayles, Personnel, 1960)의 업적이다. 그들은 관리과정론에 기초한 전통적 인적자원관리론 및 호손실험(Hawthorne experiment)에 의한 인간관계론적 인적자원관리론을 대신해서 인간자질론의 성과를 수용하는 행동과학적 인적자원관리론의 구축을 시도하였다.

그러나 1960년대 이후의 모든 관리론을 행동과학으로 설명하려는 것에 의의를 제기하여 인적자원관리론의 발전을 전사기·생성기·발전기·전개기로 분류하기도 한다. 이 분류는 인적자원관리 생성 이전으로부터 오늘의 행동과학적 인적자원관리론까지를 대상으로 한다. 그러나 이것은 역사적 내용의 분석이 충분하지 않다. 특히 1950년대에는 명확하게 성격이 다른 두 흐름의 인적자원관리론(전통적 인적자원관리론과 인간관계론적 인적자원관리론)의 존재를 인정하지만, 1960년대 이후의 인적자원관리론은 행동과학적 인적자원관리론이라고 일괄해 버리는 것이다. 어찌되었든 전통적인 관리과정론과 인간관계론이 1960년대 이후 행동과학의 영향을 받아 오늘에 이르렀다는 것은 확실하다.

인적자원관리의 환경과 한계 05

1. 인적자원관리의 환경

개방시스템(open system)으로서 인적자원관리에 대하여 프렌치(W.L. French)는 [그림 1-3]과 같이 조직이 생존하고 발전하기 위해 고려해야 할 요인을 지적하고 있다.

이들 요인은 3개의 카테고리로 분리되어 있으며 외부환경, 내부(조직)환경 그리고 여러 성과이다. 그리고 이들 요인의 광범위한 영향은 외부환경으로부터 내부환경 그리고 여러 성과에 미치고 있다.

외부환경은 조직생활, 특히 인적자원 정책과 절차에 높은 영향을 미치고 있다. 따라서 외부환경을 이해하고 대처하는 것은 업적을 개선하기 위한 중요한

그림 1-3 인적자원관리의 환경모델

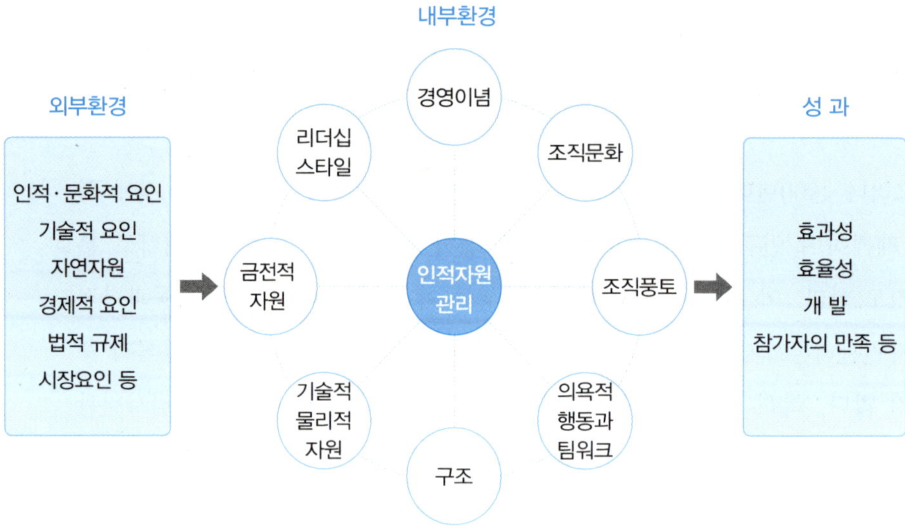

자료: W.L. French, *Human Resources Management*, Houghton Mifflin, 1994, p. 71.

부분으로 인적자원관리의 여러 활동에 끊임없이 적합시켜야 한다.

외부환경으로서 ① 인적 및 문화적 요인은 기술적·관리적 기능 및 능력으로 사람과 제품을 대하는 다양한 가치관이다. 또한 직무 및 여가, 단체행동(예: 조합을 설립할 것인가 아닌가 등) 그리고 의사결정 및 문제해결에 대한 태도이다. ② 기술적 요인은 컴퓨터 및 로봇 등의 개발과 활용, 이와 관련된 응용지식을 포함한다. ③ 자연자원은 비용과 이용 가능성이다. ④ 경제적 요인은 소비자들의 구매력, 고용과 실업수준, 시장 및 자원에 대한 경쟁이다. ⑤ 법적 규제는 법률이나 행정규칙 등이다. ⑥ 시장요인은 시장요구 및 이용자의 반응이다.

내부환경으로서 노사는 많은 요인에 대하여 통제를 한다. 특히, 관리자는 인적자원 정책 및 실천(예: 그들이 이용하는 금전적·기술적 및 물리적 자원과 구조, 경영이념, 리더십 형태 등)에 광범위한 통제를 한다. 비교적 직접적으로 통제되지 않는 것은 조직문화, 조직풍토, 의욕적 행동과 팀워크이다. 그리고 이들 내적 요인들은 상호작용을 하기 때문에 점선으로 연결되어 있다.

모델 우측은 성과로서 이를 평가하기 위한 4가지 기준을 제시하였다. ① 효과성은 조직이 설정한 목표의 달성정도, ② 효율성은 목표달성을 위해 사용된 자원과 성과의 비교, ③ 개발은 미래의 기회 및 도전을 위한 능력개발의 정도, ④ 참가자의 만족은 직무에 대해 지각하는 긍정적인 정서적 반응이다.

2. 제도적 관리의 필요성과 한계

인사부서의 고유한 업무로서 인적자원관리는 그 제도적 측면만을 중요시하였다. 물론 인적자원관리의 최종적 책임은 경영자이고, 모든 근로자의 이해관계에 영향을 미치며 각 라인의 부서와 공유되는 공통의 직무이다. 그러나 인적자원관리가 전문화됨에 따라 라인부문에서 수행하던 직무가 한계에 직면하면서 경영자를 보좌하는 스탭으로서 전문부서에 위임하게 되었다. 인적자원이 스탭에 의해 관리되어야 하는 이유는 다음과 같다.

① 관리자의 자의에 의해 인적자원관리가 이루어진다면 객관적 공정성을 유지할 수 없다.
② 관리자 또는 부문간 파벌이 발생하면 효율적인 인재활용을 할 수 없다.
③ 관리자 개인의 인적자원관리를 위한 전문기술의 습득에는 한계가 있다.
④ 관리자에 의한 정실주의의 피해가 발생할 수 있다.

또한 스탭으로서 인적자원관리자의 기능은 인적자원정책 수립, 채용, 승진, 급여 등의 기준설정 및 제도적 운영이다.

Chapter 02

기업경영과 인적자원관리

01 경영조직과 인적자원관리

02 경영전략의 전개와 인적자원전략

03 기업환경과 맨파워

04 시스템으로서의 인적자원관리

학습 목표

최근 급격한 환경변화에 대응하기 위하여 기업은 다양한 경영기법을 도입하고 더불어 인적자원관리의 근본적인 변화를 시도하고 있다. 이러한 변화의 요인은 지식기반사회의 성숙과 근로자의 고학력화와 고령화, 가치관의 변화, 성과중심 임금제도, 출산율 저하에 따른 노동력 부족, 급속한 글로벌화 등 다양하며, 이러한 요인들은 기업의 전사적 차원의 변화와 변혁을 요구하고 있다.

이 장에서는 급속히 변화하는 환경에 적응하기 위한 기업의 경영전략과 이에 따른 인적자원관리의 특징, 인적자원관리 시스템의 기능에 대해서 고찰한다.

01 경영조직과 인적자원관리

1. 기업경영과 경영조직

기업이 설정한 목표를 달성하기 위하여 전개하는 경영활동은 조직적으로 이루어지고 있다. 모든 조직이 소규모로부터 대규모로 확대되는 것만은 아니고 효율적 운영을 위해 조직설계가 이루어진다. 조직은 환경변화 및 규모의 확대에 따라 분화하는 직능간 조정활동을 거쳐 다양한 형태로 발전하고, 사회의 발전에 적응하기 위하여 다양한 조직형태가 발생하고 있다. 19세기 후반에서 20세기 초 대량생산 시대에는 직능별 조직(functional organization)이, 대량생산과 판매의 시대에는 사업부제 조직(divisional organization)이 상황에 적절하였다.

이후 전략적 기업경영에 대한 요구가 높아진 1960년대부터 1980년대에는 직능별 조직과 사업부제 조직을 결합한 매트릭스 조직(matrix organization)이, 1990년대 급변하는 경영환경에 대응하기 위한 네트워크 조직(network organization)이 발생하였다. 또한 21세기에는 세계화와 정보화의 발전에 대응하기 위한 다양한 형태의 조직이 나타나고 있어 시대 및 환경의 변화에 대응해서 조직도 변화하고 있다.

버나드(C.I. Barnard)는 조직이란 의식적으로 조정된 활동 및 협력체계라고 하면서, 조직의 성립요건은 ① 달성해야 할 공동의 목적, ② 구성원들의 협동의욕, ③ 전달(communication)체계라고 하였다. 따라서 어떠한 조직을 편성할 것인가 하는 것은 조직의 목표를 달성하기 위해 경영자원을 효과적으로 활용할 수 있는 체제를 고려해야 한다.

또한 조직은 관리과정(management cycle)의 측면으로 접근하면 계획(plan)·실시(do)·통제(see)의 과정으로 분리되어 경영목표 달성의 수단으로 이용되고 있다. 그러나 현대사회에서는 인간의 존엄성을 중요하게 생각하고 실천할 수 있는 관리활동으로서 공감의 관리과정의 전개가 요구된다.

격변하는 지식기반사회에서 모든 조직은 경쟁력 확보를 위하여 환경에 대한 적응능력을 구비해야 한다. 이를 위해 경영자는 부하에게 권한을 대폭적으로 위

그림 2-1 공감의 매니지먼트 사이클

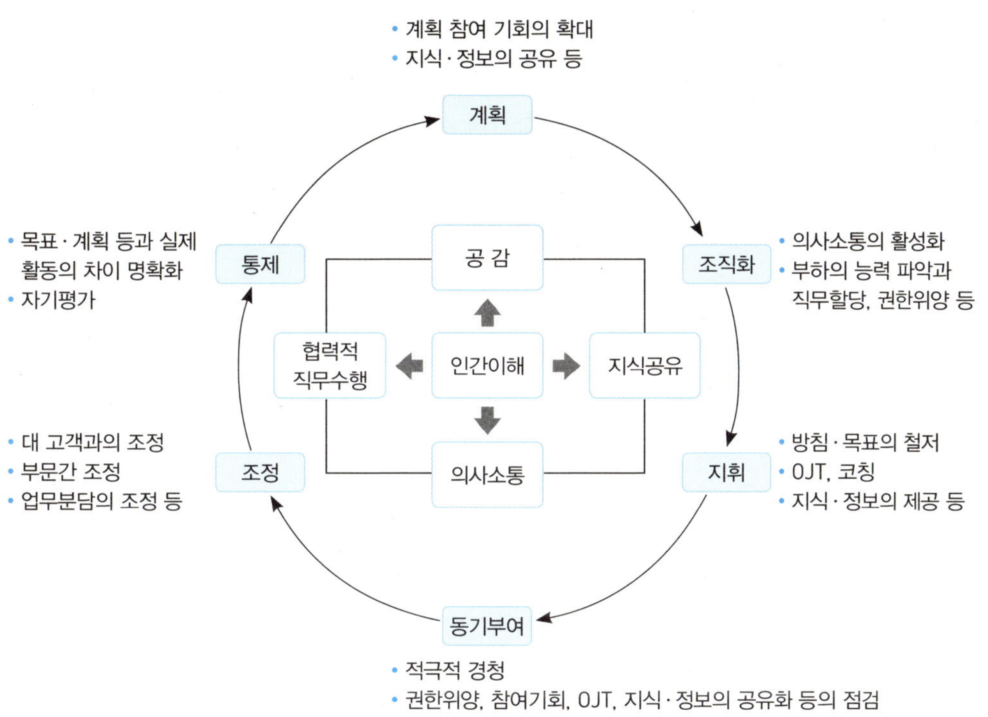

양하고, 의사결정 과정에 참여를 확대하는 등 조직의 안정을 위한 다양한 제도적 방안을 강구해야 한다.

2. 기업경영과 인적자원관리

효율적인 경영을 위해서는 근로자들의 협력을 확보해야 한다. 이를 위해 기업은 인간을 개발하고, 근로를 통해 만족감을 지각하게 하고, 기업에 대하여 최대한 공헌하도록 하여 그들의 잠재능력을 지속적으로 발전시키는 것이다.

인적자원관리가 경영목표를 달성하기 위하여 편성된 사람을 대상으로 하는 통합적 관리활동이라면, 이것은 경영이념 및 경영방침에 기초한 시책이어야 한다. 인적자원관리의 이념은 기업의 경영이념이나 경영방침에 기초하여 설정되고, 이에 대응해서 전개되는 인적 활동이다. 인적자원관리는 고용관리, 교육·훈련관리, 평가관리, 임금관리, 인간관계관리, 복리후생관리, 안전위생관리, 근로시간관리, 노사관계관리, 인적자원 감사 등으로 구성되고, 이들 활동이 적절하게 전개된다면 근로자의 동기부여, 모럴, 생산성, 업적에 기여하게 되고 사회로부터 호의적인 평가를 받게 될 것이다. 따라서 인적자원관리는 경영풍토, 경영이념 등과 더불어 경영환경, 사회상황 등으로부터 영향을 받아 전개된다.

그림 2-2 인적자원관리 기능의 구조적 측면

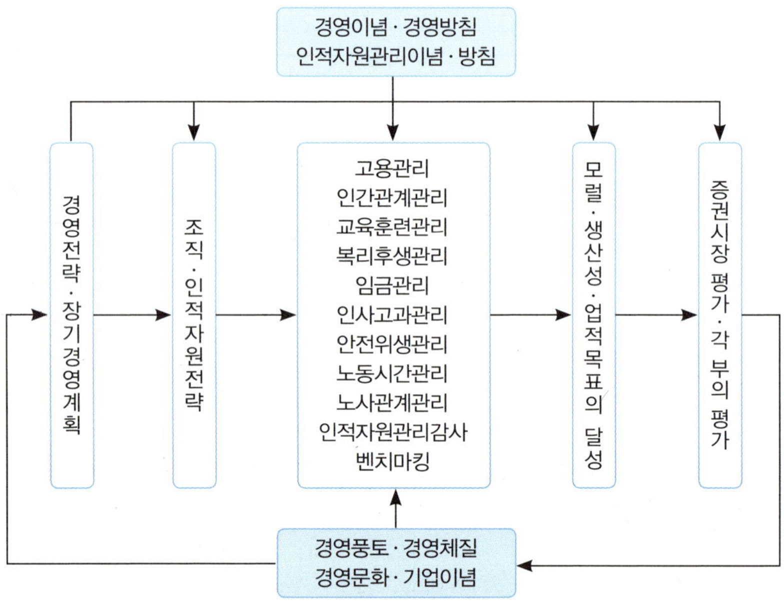

경영전략의 전개와 인적자원전략 02

1. 조직 및 인적자원전략

조직을 유지·발전시키기 위해 전략이 설정되고 이것을 달성하기 위해 계획이 수립된다. 조직의 활성화, 신규사업의 개발, 분권화·다각화 등에 따른 배치관리, 능력 및 업적에 따른 임금관리, 사회적 변화에 적응하기 위한 휴일 및 휴가관리, 기술변화에 따른 인재육성과 능력개발관리 등이 인적자원전략이다.

기업은 다양한 전략활동을 전개하여 변화하는 환경에 적응하기 위한 경영구조의 전환을 도모한다. 경영구조의 전환을 촉진하는 요인은 세계화, 고령화, 정보와 기술혁신, 시장에서의 경쟁격화 등으로, 이러한 상황에서 기업은 생존을 위하여 다양한 전략을 모색하고 있다. 따라서 새롭게 도입되고 있는 인적자원관리는 경영전략의 이념이나 방향에 따라 다양하게 전개된다.

예를 들면 ① 직무수행능력에 따른 임금제도의 변화, ② 직무 재설계, 고령자를 고려한 자회사 설립, 관련기업 파견제도 등의 고용연장 시책, ③ 전문직제도, 직위와 처우의 분리, 선택정년제, 관리직 직위정년제도 등의 새로운 인사정책, ④ 경력개발, 카운슬링, 재취업을 위한 능력개발, 퇴직준비, 신기술·신지식 습득을 위한 교육훈련 등을 들 수 있다.

기업은 적정한 이윤을 확보하고 사회적 책임을 다하기 위하여 경영환경의 변화에 적절히 대응할 수 있는 능력을 유지해야 한다. 따라서 사회환경에 적절하게 대응하고 활력을 부여하기 위한 창조적인 기업풍토를 유지하는 것이 제1의 요건이다.

제2의 요건은 근로자의 모럴(moral)과 모티베이션을 고려하는 것이다. 인간은 자신의 기여와 능력에 부합한 처우를 요구하고 있다. 이러한 근로자의 의식과 가치관 그리고 시대적 상황을 고려한 임금관리를 도입해야 한다. 정보화, 가치관 및 의식의 다양화, 고학력화 등의 변화에 대응하여 개인의 능력·개성·의식·가치관을 존중하는 능력주의 관리시스템을 도입해야 한다.

이 외에 글로벌 경영전략과 변화하는 환경에 대응하기 위한 인적자원전략이 수립되어야 한다. 따라서 기업은 급변하는 정보화 및 기술혁신, 고령화 사회에 대응하기 위한 종합적인 인적자원관리 시스템을 구축해야 한다.

2. 인적자원관리 전략과 능력주의

(1) 능력주의의 도입 배경

급변하는 환경에 적응하기 위하여 기업경영에 대한 재인식이 요구되고 있다. 출산율 저하와 노동력 부족, 기술혁신의 진전과 능력 재개발을 위한 욕구 등의 환경변화는 과거와는 다른 사고와 시스템을 요구하고 있다. 이러한 상황에서 능력주의관리 시스템의 도입 배경은 다음과 같다.

① 노동력 부족, 노령화와 고학력화, 임금수준의 상승, 유능한 소수정예주의, 성과와 능력주의

② 고학력자의 양적 확대와 질의 저하

③ 급변하는 기술에 적응하기 위한 능력개발, 재훈련 및 배치전환의 요구

④ 지식기반 사회에서 경쟁력 확보를 위한 기술개발에 대한 요구

⑤ 글로벌 경쟁에 대처하기 위한 창조적 능력과 전문능력 개발, 경영의 국제화에 대한 요구

⑥ 시장에서의 경쟁격화에 따른 연구개발 및 마케팅 부문의 강화, 전문직에 대한 수요증가

⑦ 가치관의 변화에 따른 모럴의 유지 및 향상을 위한 새로운 인적자원관리에 대한 요구

⑧ 노동시장 유연화에 따른 근로자 정착 대책의 요구(능력주의 인적자원관리는 정착대책 중의 하나)

(2) 능력주의의 이념과 목적

기업에서 능력주의관리 이념은 경제합리화와 인간존중의 조화에 있다. 경제합리성 추구에는 인간존중의 이념이 포함되어 있어야 한다. 인간존중이란 근로자의 직무수행 능력을 발견하고, 개발하고, 발휘할 수 있는 기회와 환경을 부여

하는 것이며, 이것에 대응해서 처우하는 것이 능력주의관리의 실천이념이다.

능력주의관리의 도입목적은 경영환경의 변화에 대응해서 개인의 능력을 발견하고, 개발·활용하고, 자발적 의욕을 통해서 기업경쟁력을 강화하고, 기업과 더불어 근로자의 발전을 확보하는 것에 있다.

(3) 능력주의관리의 특징

능력주의관리의 사고는 개인적 직무성과를 중심으로 한 개별 관리이지만, 집단주의적 조직문화를 고려할 때 소집단에 의한 능력발휘를 고려해야 한다. 이에 대한 구체적인 내용은 다음과 같다.

① 직무를 중심으로 한 개별 관리(직무가 요구하는 능력을 분석하고 그 능력을 구비한 근로자를 배치하여 직무와 능력에 대응한 처우를 하는 것을 기본으로 한다.)

② 소집단주의의 활용(직무중심의 개별관리를 기본으로 하지만 팀을 중심으로 한 소집단의 목표달성을 위한 활동에 자주적이고 적극적인 참여를 유도한다.)

③ 능력주의관리의 주요 시책(경력개발, 적성에 따른 배치, 업적과 능력에 따른 승진 및 승급, 근무평가에 기초한 개인별 인사정보관리)

최근 급변하는 환경에 대응하기 위하여 기업은 다양한 시책을 강구하고 있다. 과거의 연공중심 경영체제에서는 새로운 분야의 진출, 다각화전략에 따른 인적자원 배치과정에서 불균형이 발생한다. 이것을 극복하기 위해 새로운 분야의 지식과 경험을 소유한 인재를 항시 채용한다든지, 기존의 사업부로부터 적절한 인재를 발탁하고 평가해서 적재적소의 배치관리가 이루어지도록 해야 한다. 또한 인재육성 등을 목표로 하고 있는 파견근로 및 선택정년제도의 도입은 직무수행능력과 고용관행을 변화시키고 있다.

경영환경 변화의 가속화, 글로벌화에 따른 국내외 기업간 경쟁의 격화, 시장의 성숙화, 기술혁신, 정보화의 진전이 이루어지고 있다. 이것에 대응해서 산업구조 및 기업의 경영구조가 전환되고 있어 새로운 관점에서 조직설계 및 인적자원관리 제도를 조정해야 하는 긴박한 요구에 직면하고 있다.

03 기업환경과 맨파워

1. 지식경영과 인적자원의 역할

(1) 지식기반 사회

지식기반 사회(knowledge-based society)에서는 정보와 지식으로 대표되는 무형의 자산이 부가가치 창출의 원천이며, 사회의 패러다임이나 트렌드의 변화속도가 예측 불가능할 정도로 가속화되고 있다. 또한 산업간 경계가 무너지면서 창조경영, 즉 융복합(독립적인 요소가 결합하여 새로운 것을 만들어 내는 것)이나 컨버전스(음성, 데이터, 영상과 같은 정보의 융합이나 방송, 통신, 인터넷과 같은 네트워크의 융합 등과 같은 디지털 기술을 기반으로 통신, 가전, 컴퓨터 등이 융합된 새로운 형태의 제품과 서비스를 생성하는 것) 현상 등이 나타나고 있다. 또한 지식기반 경제(knowledge-based economy)란 지식과 정보의 창출, 확산, 활용이 경제활동의 핵심으로 이를 통해 부가가치를 창출하는 것으로서 기업과 개인에게 경쟁력의 원천이 되는 것이다. 따라서 지식기반 경제에서 기업이나 개인은 효율적으로 지식을 창출·획득·전달·공유할 수 있어야 한다. 지식이란 알고 있는 것을 기반으로 새로운 것을 창출할 수 있는 기술과 정보까지도 포괄하는 개념이다.

(2) 지식경영과 인적자원

창조적 경영활동과 제품을 개발하여 경쟁력을 확보하고, 근로자의 사기가 높은 기업은 유능한 인적자원을 효과적으로 관리하고 있는 특징을 보이고 있다. 따라서 기업이 경쟁력을 유지하고 지속경영을 가능하게 하는 가장 중요한 경영자원은 유능한 인적자원의 확보와 활용이다.

환경변화에 능동적으로 대처하기 위해서 기업은 지속적인 학습이 필요하다. 기업이 학습을 통해 창의력과 변화적응 능력을 구비하지 않고서는 급변하는 환경 속에서 경쟁력을 확보할 수 없기 때문이다. 체계적으로 축적한 지식을 적절하게 활용하고 이를 창조적으로 결합하여 새로운 지식을 창출할 수 있어야 변화를 주도하는 기업이 될 수 있는 것이다.

지식경영(knowledge management)이란 개개인의 지식이나 노하우를 체계적으로 발굴하여 조직 내 보편적인 지식으로 공유함으로써 문제해결 능력을 비약적으로 향상시키는 경영방식으로, 조직 내 지식의 창출과 공유를 제도화시키는 것을 목표로 한다. 따라서 지식은 기술과 정보를 포함한 지적능력과 아이디어를 포함하는 광범위한 개념이다. 표현되지 않은 무형의 지식을 포함한 조직이 보유한 모든 지식을 공유하여 업무처리의 효율성을 높이고 경쟁력을 확보할 수 있다.

지식근로자는 자신의 지식을 활용하여 부가가치를 창출하는 전문가이다. 지식기반사회에서 기업의 성장은 지식을 창조하는 한 개인으로부터 출발한다. 이들은 지식을 응용하여 결과를 창출하는 사람으로서, 지식을 창조할 뿐만 아니라 공유하고, 자신의 노하우를 기업의 노하우로 전환하는 역할을 수행한다. 따라서 기업이 경쟁력을 확보하기 위한 유일한 방법은 지식근로자에 의해 생산성을 향상시키는 것이다.

2. 사회의 변화와 인적자원관리

급격한 환경변화에 적응하기 위하여 기업에서는 경영기법 및 이념의 변화와 경영시스템의 개혁에 주력하고 있다. 또한 근로자의 고학력화와 고령화, 가치관 및 의식의 다양화도 진전되고 있는 상황에서 인적자원관리의 제도적 정비가 이루어지고 있으며, 근로자들 또한 자신의 직업능력과 새로운 경력개발(employ ability: 고용되어 습득한 능력)을 위한 노력과 새로운 제도를 요구하고 있다.

인적자원관리는 기업이 수립한 경영전략 및 경영환경에 따라 다양하게 실시된다. 고령화에 대응한 인적자원시책으로 파견제도, 자격제도, 관리직 정년제, 전적제도 등이 있고, 임금관리에 대응한 조기퇴직우대제도, 능력중심 임금제도 등이 있으며, 능력개발과 기업복지에 대응한 생애생활설계교육, 자격취득 지원제도 등이 있다. 또한 기업은 글로벌화의 정도에 따라 인적자원관리 시책은 영향을 받지만 기업전략이나 해외진출의 역사 등에 의해서도 영향을 받는다. 따라서 이러한 요인들을 공통의 과제로서 인식해야 근로자의 능력개발과 질적 향상이 가능한 것이다.

기업에서는 전략의 실행을 위해 적합한 인재를 선발하고 있다. 이러한 측면에서 노동시장의 유연화, 직업능력과 경력 등에 대한 관심이 높아지고 있다. 글로벌화하는 경영활동, IT의 발전과 지식경영시스템의 도입, 근로형태의 다양화, 근로자의 가치관과 의식의 다양화 등이 인적자원관리 시스템을 전면적으로 변화시켜야만 하는 상황적 요인이다. 정보화 및 지식기반사회로의 전환에 따라 모든 기업이 공통적인 과제로서 인적자원관리에 대한 새로운 사고의 전환이 요구되는 것이다.

3. 맨파워에 대한 기대

기업은 환경변화에 적응하기 위하여 소수의 유능한 인적자원에 의한 다각화전략을 전개하기 때문에 전문적 능력을 구비한 근로자를 요구하고 있다. 노동시장에서 유능한 전문적 인재를 확보하는 것이 기업의 생존을 위한 기본적 조건이다.

기업에서는 전문성, 자기의 사고를 논리적으로 전달하는 능력, 외국어 능력 등을 인재평가 요소로 보고 있다. 따라서 이러한 사회적 변화와 평가기준에 적응하기 위해 기업과 개인은 스스로의 발전을 위한 경력개발 프로그램(CDP)을 구비하는 것이 요구된다.

기업은 사회적 기관으로서 사회적 책임(social responsibility)을 수행해야 한다. 특히 공정하고 적절한 이윤을 확보하는 것이 목표이고, 사회적 규범 및 도덕과 일치하는 행동을 해야 한다. 근로자는 기업구성원이며 사회구성원이 된다. 기업에서 인적자원관리는 인간존중에 대한 이념이 기반이 되고 동시에 사회인으로서 존중되는 활동이 되어야 한다. 따라서 인적자원전략은 인적자원관리의 이념과 동일하며, 인간으로서의 존엄성과 능력존중의 이념을 기초로 전개되어야 한다.

시스템으로서의 인적자원관리 04

1. 인적자원관리시스템

개방시스템(open system)은 다양한 환경의 영향과 규칙에 따라 추구하고자 하는 목적달성(output)을 위하여, 필요한 인적자원을 복수의 하위시스템에 투입(input)하고, 이 과정에서 성과를 산출하도록 하는 복합적 메커니즘이다. 이들 하위시스템은 다른 하위시스템과 상호 보완관계를 갖고 있고, 또한 산출의 결과를 그 목적에 비추어 평가하고 제어하는 프로세스를 포함한다.

이러한 내용을 인적자원관리에 적용시키면 다음과 같이 설명할 수 있다. 인적자원관리는 기업경영이라고 하는 전체시스템의 하위시스템(subsystem)이다. 그러나 인적자원관리만을 하나의 독립된 시스템으로 본다면, 이를 구성하고 있는 주요 요소는 고용관리, 교육훈련 및 능력개발관리, 이동관리, 임금관리, 모럴관리(인간관계관리 등), 모티베이션관리, 노사관계관리 등이다.

이러한 여러 가지 관리들은 인적자원관리 시스템의 하위시스템이고, 각각은 또한 복수의 기초가 되는 요소로 구성되어 있다. 이 기초가 되는 요소를 시스템 모듈(system module)이라고 한다. 인적자원관리는 추구하고자 하는 목적이 있으며, 이 목적을 달성하기 위해 각각의 하위시스템이 직접 기능하는 것이 아니고 각 하위시스템의 기초가 되는 모듈이 기능한다. 따라서 하나의 하위시스템은 몇 개의 모듈을 갖고 있기 때문에 목적달성을 위한 기능도 복수의 모듈을 통해서 이루어진다. 예를 들면, 임금관리는 근로의욕의 자극이라는 목적을 위해서 작용하는 것만이 아니고, 임금관리의 모듈이 되는 임금액은 노동력의 유지 및 보존이라는 목적에 필요하지만, 높은 임금수준은 유능한 근로자의 모집에 유리하게 작용하기 때문에 고용관리에도 작용한다. 또 임금형태로서 생활급은 생활안정에, 업적급이라는 모듈은 근로의욕의 자극에 필요한 것이다.

그런데 인적자원은 모집·선발·채용의 프로세스를 거쳐 특정 직무에 배치되어 직무를 수행하게 된다. 이 과정에서 인적자원관리의 많은 하위시스템의 영향을 받아서 인적자원관리의 목적에 적합하도록 직무능력을 개발하고, 근로의욕을 높이고, 직장 및 노사관계질서를 유지하려는 의욕을 갖게 된다. 이들이 소유하게 되는 직무능력, 근로의욕, 소속감, 노사관계에 대한 사고, 만족도 등이 인적자원관리의 성과이다. 그리고 이것들은 인적자원관리의 목적이 어느 정도 달성되었는지를 평가하고, 목적이 달성되지 않았다면 그 원인이 어디에 있는가를 분석·검토해서 제어·조정해 가는 순환프로세스로 이루어진다. 이상의 투입·변환·산출·평가·제어의 전 프로세스를 구성한 것이 통합체로서의 인적자원관리 시스템이다([그림 2-3]).

그림 2-3 인적자원관리 시스템

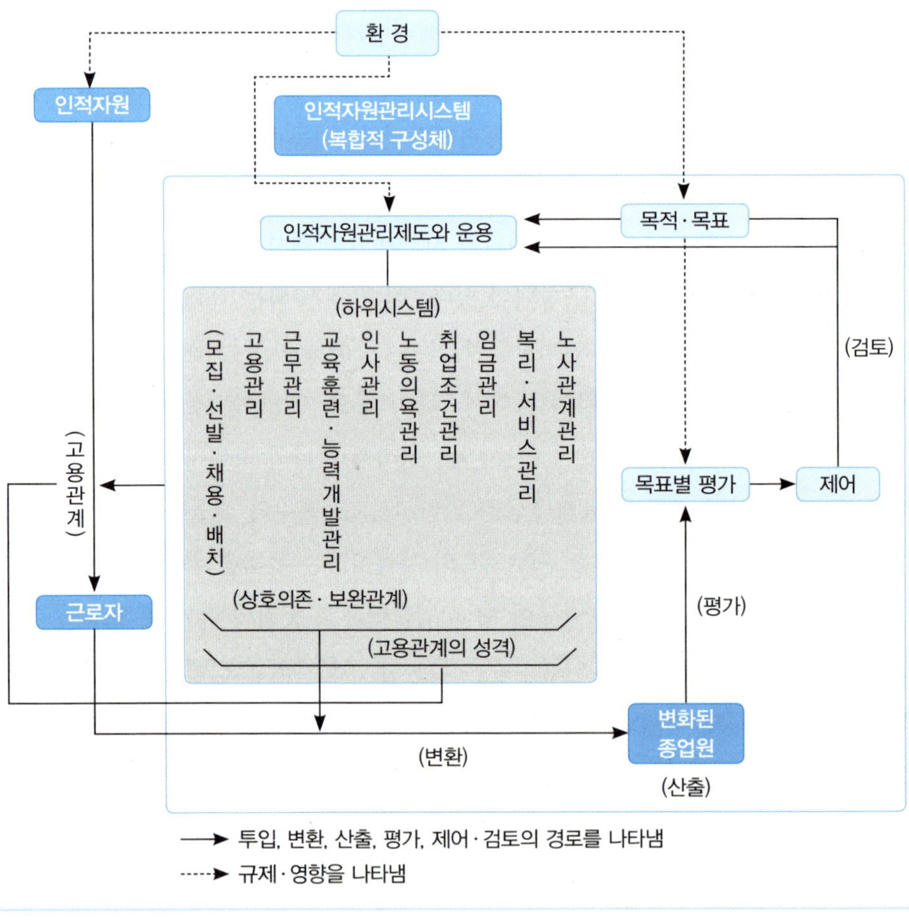

2. 인적자원관리와 시스템 어프로치

[그림 2-4]는 인적자원관리의 프로세스를 나타내고 있으며, 인적자원관리의 기본적인 어프로치를 의미하고 있다. 모든 어프로치는 상호작용하는 관계에 있기 때문에 점선으로 연결되어 있다.

이상의 인적자원관리 프로세스를 설명하면 다음과 같다.

1) 인적자원계획(human resources planning)

목표달성을 위하여 인적자원의 능력과 수(數)를 분석하고, 유능하고 안정된 노동력을 유지하기 위한 계획을 수립한다. 이것은 인원배치의 프로세스와 관계가 있으며 기업의 전체적인 전략에 의존한다.

그림 2-4 인적자원관리 프로세스

2) 직무설계(job and work design)

개인이나 집단에 의해 수행되는 과업을 명확히 하고, 과업이 수행되는 절차, 일정, 작업조건을 규정한다. 직무설계를 위한 직무분석은 특정 직무에 대한 과업 및 행동을 조사하는 프로세스이다.

3) 인원배치(staffing)

모집, 선발, 채용, 직무할당과 적응, 이동·승진·전직을 통한 배치전환 그리고 사직, 해고, 퇴직을 통한 이직과 같은 활동을 포함한다.

4) 훈련과 개발(training and development)

개인 및 집단의 직무지식, 직무기술, 직무태도 등의 변화를 통해 업적 향상을 이루고자 하는 모든 활동이다.

5) 업적평가와 재검토(performance appraisal and review)

기업에 대한 개인 및 집단의 공헌도를 계속적으로 평가하는 것이다.

6) 급여와 보상(compensation and reward)

임금 및 인센티브, 보조적인 부가급부(benefit) 및 비금전적 보수를 어떻게 제공할 것인가를 결정한다.

7) 보호와 대표제

기업은 물리적 위험이나 건강을 해하는 요인으로부터 근로자를 보호하기 위한 공식·비공식적인 방안을 구비하고 있다. 또한 개인과 집단은 타인의 이해를 공식·비공식적인 방법으로 대표한다. 조정 프로세스, 단체교섭 프로세스, 건강 및 안전관리 프로세스를 보호 또는 대표제의 하위프로세스라고 할 수 있다.

8) 조직개선(organization improvement)

기업의 효율성을 개선하고, 근로자의 만족을 증대하고, 환경을 개선하고자 하는 전략적 결정이다.

3. 인적자원관리와 경쟁우위의 실현

경쟁우위란 기업의 활동이 업계나 시장에서 높은 경제적 가치를 창출하고 유사한 활동을 하고 있는 타 기업이 거의 존재하지 않는 경우로서 고수익을 실현할 가능성이 높다. 인적자원은 기업이 보유한 경영자원의 하나로서, 물적 자원, 재무적 자원, 정보적 자원 등을 이용하여 경제적 가치를 창출한다.

인적자원의 본질적인 특징은 유연하고 잠재적인 능력이 있다는 것이다. 따라서 불가능하다고 생각되는 문제에 대해서도 학습과 성장에 의해 목표를 달성할 수 있다. 또한 인적자원이 제공하는 지식과 기술은 새로운 기술로 유연하게 이전될 수 있다. 이러한 유연성이 경쟁우위의 원천이 되는 것이다.

근로자들은 자신의 지식과 기술을 사용하여 가치 있는 제품과 서비스를 생산한다. 또한 이들은 학습에 의해 지식과 기술을 축적하고 능력을 발휘한다. 따라서 근로자들은 부여받은 자신의 역할을 수행하는 과정에서 학습하고 성장해 간다. 결국 인적자원이 창출하는 지식은 자신의 업무를 수행하는 과정에서 축적되어 가는 것이다.

기업이 경쟁우위를 유지하기 위해서는 인적자원이 동기부여하여 학습을 촉진하고, 조직 활동을 지속적으로 활성화시켜 나가야 한다. 채용, 선발, 능력개발과 같은 인적자원관리의 여러 시책은 이러한 조직 관리와 관련이 있다.

인적자원관리는 근로자들의 역량을 최대한 활용하여 기업목표를 달성하기 위한 조직 관리이다. 따라서 인적자원관리는 기업의 경쟁우위를 유지하기 위하여 전략을 신속하고 지속적으로 수행할 수 있는 체계적인 시스템이어야 한다. 인적자원관리도 조직 관리의 하나이기 때문에 전략을 고려하여 역할을 수행해야 한다.

P / A / R / T

02

직무연구와 인적자원개발

Chapter 03

직무분석과 직무평가

01 직무분석의 기초

02 직무분석 프로세스와 기법

03 직무기술서와 직무명세서

04 직무평가의 기초

05 직무평가의 기법

학습 목표

근로자들이 자신의 직무를 수행하면서 만족감을 지각하기 위해서는 직무환경이 인간으로서 생활하기에 적합해야 한다. 직무수행에 적합한 직무환경의 정비가 요구된다는 것이다. 여기에는 직무 자체 및 인적 환경 외에 직무수행을 위한 기기 및 설비, 작업의 안전 등이 고려된다. 이들 개선에 대한 시도는 직무와 인간의 적합화를 위한 시도로서 인적자원관리의 역사를 통해 발전해 온 것이다.

현재에는 직무 자체에 대한 성격을 분석하고 그 유용성을 파악함으로써 인간과 직무의 적합화를 도모하고, 직무간 유용성의 차이에 의한 임금 및 제반 대우가 이루어짐으로써 조직의 효율성을 제고하기 위한 노력이 이루어지고 있다.

이 장에서는 직무를 명확히 함으로써 직무를 위한 인간의 선택과 육성이라고 하는 관점, 직무를 인간에게 적합화시킨다는 관점, 그리고 이를 통하여 쾌적한 직장의 조성이라는 것은 무엇인가에 대해서 살펴본다.

01 직무분석의 기초

1. 직무분석의 개념

직무분석(job analysis)이란 특정 직무와 그 직무를 수행하는 근로자에 대한 정보를 수집하고 보고하는 조직적 활동이다. 그 직무를 구성하고 있는 과업, 그 직무를 수행하기 위해 요구되는 기능·지식·능력·책임 및 타 직무와의 관계 등을 결정하는 것으로 직무에 관한 정확하고 적절한 정보를 획득하고 기술하는 것이다.

인간이 특정의 목적을 위해 노력할 때 하나의 과업이 발생한다. 한 사람의 근로자를 고용해야 할 만큼의 과업이 있다면 여기에 하나의 직위가 형성된다. 직위는 한 개인에게 할당되어 수행되고 있는 과업의 그룹이다. 따라서 근로자의 수만큼 직위가 존재하게 된다. 여기에 유사한 직위의 그룹이 직무를 구성하며, 유사한 직무가 모여서 직업(occupation)이 된다.

직무분석은 테일러(F.W. Taylor)의 과학적 관리법의 시간연구에 근거한다. 이후 제1차 세계대전을 계기로 노동력의 효율적 이용을 위한 기초자료의 획득을 목적으로 본격적으로 이루어졌으며, 1920년대 이후 그 방법이나 내용이 정밀화되었다. 또한 1920~1922년의 대공황을 계기로 대규모 제조업들이 인사활동의 주요한 자료원으로서 직무분석을 이용하게 되면서 급속하게 발전하였다.

직무분석과 관련하여 사용되고 있는 용어는 다음과 같다.

① 직무기술서(job description): 직무에 대한 정보를 요약 정리하여 문서화한 것

② 직무명세서(job specification): 부여된 직무를 수행하기 위하여 필요로 하는 지식, 기능, 능력, 그리고 이 외의 특징을 문서화한 것

③ 과업(tasks): 성과를 산출하기 위해 조정되고 결합된 직무요소. 꼭 해야 할 일이나 임무

④ 직위(position): 조직구조상 명령, 권한, 책임의 정도에 따라 부여되는 지위

⑤ 직무(job): 직책이나 직업상 맡은 바 임무. 유사한 과업들이 모여 하나의 일의 범위를 형성한 것

⑥ 직무집단(job family): 직군이라고도 하며, 2개나 그 이상의 유사한 직무집단
⑦ 직종(occupation): 동일하거나 유사한 직군들의 집단. 직업이나 직무의 종류

2. 직무분석의 목적

① 선발 및 배치: 특정 직무에서 요구하는 자질을 갖춘 근로자를 선발 및 배치하기 위한 자료로 활용된다.
② 교육훈련: 어떤 직무에 어떤 자질이 요구되는지를 파악하여 이에 적합한 교육훈련을 수행한다.
③ 직무 재조직: 특별한 능력의 사람에 의해 직무가 원활하게 수행되도록 직무변경을 위한 정보를 제공한다.
④ 조직개편: 조직구조의 개편과 유사직무의 통폐합을 위한 기초자료를 제공한다.
⑤ 경력개발: 직무정보는 승진경로를 작성하는 데 도움을 주며, 경력개발을 위한 기회와 욕구에 관계되는 자료를 제공한다.
⑥ 임금관리: 임금의 공정성을 유지하기 위하여 직무의 내용을 명확히 하고 근로자의 자격요건 기준을 제시한다.
⑦ 산업안전: 직무의 위험도와 곤란도, 육체적·정신적 조건 등에 대한 분석이 이루어짐으로써 재해발생을 최소화하도록 한다.
⑧ 직무상담: 직무요구 조건과 개인의 적성을 비교하여 능력에 따른 직무를 수행할 수 있도록 상담을 위한 기초자료를 제공한다.
⑨ 노사관계: 직위에 따른 책임과 권한, 임금 등에 관해 노사간 공통적인 이해를 확보함으로써 협조적 분위기를 유지한다.

3. 직무분석의 항목

직무분석의 대상이 되는 내용은 직무특성과 인적 특성으로 분류될 수 있다. 직무특성이란 누가, 무엇을, 어떻게, 왜, 어디에서, 언제 하는가 등을 규정하는 것으로 타 직무와 비교하기 위한 분석이다. 인적 특성이란 그 직무를 수행하는 근로자에게 요구되는 책임과 능력, 기능 등의 자격요건을 분석하는 것이다. 구체적인 직무분석 항목은 〈표 3-1〉과 같다.

표 3-1 직무분석 항목

항 목	내 용
직무의 위치·명칭	소속 과·계의 명칭, 담당범위, 동일직무의 종업원 수, 직무명칭
사용도구	사용기계, 사용장치, 사용비품
업무의 절차	업무수행 절차 및 방법
권한과 책임	권한사항, 감독하는 부하의 직무와 인원, 금전적·인적 책임
통제수단	받게 되는 지시·검열·점검, 작업매뉴얼
자격요건	지식, 숙련도, 정신적 기능, 육체적·감각적 능력
특기해야 할 작업환경	온도, 습도, 소음, 냄새, 분진 등
타 직무와의 관계	이동·승진에 관련 있는 직무, 작업상 관계 있는 직명

02 직무분석 프로세스와 기법

1. 직무분석 프로세스

직무분석 프로세스에 대해서 이반세비치(J.M. Ivancevich)는 [그림 3-1]과 같이 각 단계를 설정하여 설명하고 있다.

제1단계: 각각의 직무를 조직의 전체 구조와 어떻게 적합화할 것인가를 탐색한다.
제2단계: 직무분석 정보가 어떻게 이용되는지를 고지한다.
제3단계: 분석되어야 할 직무를 선택한다.
제4단계: 적합한 직무분석 기법을 이용하여 정보를 수집한다.
제5단계: 수집된 정보를 기초로 직무기술서를 작성한다.
제6단계: 수집된 정보를 기초로 직무명세서를 작성한다.

이러한 절차에 의해 이루어진 직무분석 결과는 직무설계, 채용, 선발, 업적평가, 훈련과 개발, 경력계획, 보수와 부가급부, 안전, 전략계획 등을 위한 자료로서 활용된다.

그림 3-1 직무분석 프로세스

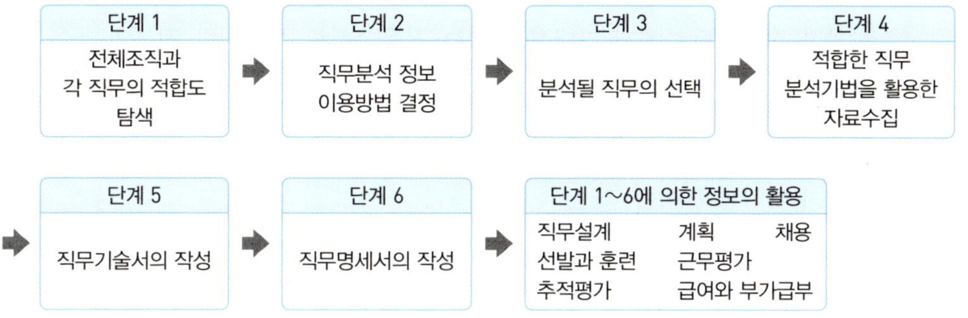

자료 : J.M. Ivancevich, *Human Resources Management*, Richard D. Irwin, 1995, p. 159.

2. 직무분석의 기법

직무분석을 위하여 그레이엄(H.T. Graham)은 직접적 관찰, 직무수행자 및 상사와의 면접, 직무에 필요한 자료(도구, 기계, 자재, 문서, 커뮤니케이션 매체 등), 사전연구(훈련 매뉴얼, 사고기록 등), 체험, 설문지, 작업일지와 같은 기법을 제시하고, 정확한 분석을 위해 복수의 기법을 사용하는 것이 좋다고 하였다.

1) 관찰법(observation method)

직무수행 과정을 직접 관찰하여 과업의 목적과 방법 등의 정보를 수집한다. 작업의 활동범위가 한정되어 있고, 작업방법이 정형화되어 있으며, 작업현장을 쉽게 관찰할 수 있는 직무의 분석에 적합하다. 그러나 관찰대상자가 심리적 부담을 지각하게 되면 평소와 다른 직무행동을 나타낼 수 있으며, 이를 기초로 수집된 정보에 의한 분석결과는 신뢰성에 대한 문제가 제기될 수 있다.

2) 체험법(empirical method)

분석자가 실제로 직무를 체험함으로써 정보를 수집한다. 정확한 정보를 수집할 수 있으나, 분석자가 사전에 직무에 대한 지식이나 기능을 충분히 습득하여 실제로 직무를 담당하는 근로자와 거의 동일한 수준이 되어야 한다. 그렇지 않으면 정확한 정보를 수집할 수 없으며 직무수행 과정에서의 심리상태를 체험하기 어렵다고 하는 단점이 있다.

3) 면접법(interview method)

직무담당자나 그 상사를 대상으로 대화를 통하여 정보를 수집한다. 이 경우 상사가 직무담당자에게 기대하고 있는 직무수행의 수준이나 직무의 폭을 확인해 두어야 한다. 직무담당자의 직무에 대한 기대와 상사가 기대하고 있는 것은 차이가 있고, 그 차이를 무시하고 직무기술서를 작성하게 되면 분석결과에 대한 의미가 없기 때문이다.

또한 면접은 개별적으로 실시되지만 때로는 집단으로 실시되기도 한다. 이 기법은 다양한 직무에 대한 자료를 수집할 수 있고, 면접과정에서 직무담당자의 애로사항을 파악할 수 있기 때문에 일반적으로 이용되고 있다.

4) 중요사건법(critical incidents method)

과거 그 직무를 수행하는 과정에서 발생한 중요한 사건에 대한 사례를 수집하고 이를 행동차원(카테고리)별로 정리하는 방법이다. 이 기법은 특정 직무에 대한 전체적인 정보를 수집하기 위해서 다수의 사건을 수집해야 하며 많은 시간을 필요로 한다. 또한 중요한 사건에 대한 행동만을 분석하기 때문에 일상적인 직무수행 과정에서의 행동은 간과되며, 분석자에 따라 중요사건에 대한 인식의 차이가 존재한다는 단점이 있다.

5) 질문지법(questionnaire method)

직무담당자가 질문지를 작성하도록 하기 때문에 적은 비용으로 정보의 수집이 가능하다. 질문지는 직무분석표에 기초하기 때문에 직무담당자 스스로가 직무분석표를 작성하는 것이 된다. 이 기법은 직무담당자의 표현능력이 분석결과에 영향을 미칠 수 있으므로 구체적인 작성요령에 대한 설명이 필요하며 질문항목이 명확해야 한다.

또한, 직무급 도입을 위하여 실시하는 경우에는 분석결과가 자신들의 임금수준에 영향을 미칠 수 있어 작성내용이 진실하지 않을 수도 있다. 따라서 다른 기법을 병행하여 분석하는 것이 바람직하다.

6) 작업일지법(job diary method)

작업자들이 정해진 양식에 따라 작성한 작업일지로부터 정보를 수집한다.

관찰하기 어려운 직무, 예를 들면 과학자나 고급관리자가 수행하는 직무를 분석할 때 유용하게 활용될 수 있다. 그러나 작문을 통한 의사소통능력, 즉 문장력에 현격한 개인차가 존재하기 때문에 바람직하지 못한 분석기법이다.

직무기술서와 직무명세서 03

1. 직무기술서

직무기술서(job description)는 특정 직무에 대한 과업요건에 중점을 둔 것으로 다음과 같은 내용으로 작성한다.

① 직무구분(job identification): 직무명칭, 소속부서, 직무코드, 고유번호와 같은 정보를 기술한다.

② 직무요약(job summary): 추가적인 직무구분에 대한 정보를 제공하기 위해 직무에 대한 개념을 기술한다.

③ 수행되는 의무(duties performed): 핵심 내용으로 무엇이, 어떻게 수행되며 직무수행시 요구되는 주요한 의무를 기술한다. 일정한 작성형식, 즉 각 문장은 행동의 의미를 지닌 동사로 시작하고, 현재의 시제를 사용하며, 일부 근로자만이 그 의무를 수행할 때에는 해도 좋다(may), 모든 근로자가 불규칙적으로 수행할 때에는 경우에 따라서(occasionally)라는 용어를 사용한다. 이 양식을 준수하는 목적은 완전성, 간결성, 명확성을 통하여 의사전달을 촉진하기 위한 것이다.

④ 감독의 범위(supervision given and received): 직속상사 및 부하의 관계를 형성하는 직무의 명칭, 일반적인 지시, 직접적이고 세밀한 감독의 정도를 기술한다.

⑤ 타 직무와의 관계(relation to the other jobs): 수직적 직위의 관계, 작업의 흐름과 절차의 수평적인 관계를 구분하여 기술한다.

⑥ 기계, 도구 및 자재(machines, tool and materials): 기계나 장비의 명칭과 주

요한 형태를 기술한다. 이 정보는 훈련계획을 작성하는 데 이용된다.

⑦ 작업조건(working conditions): 점검표에 있는 덥다, 춥다, 건조하다, 먼지가 있다, 기름이 있다, 소음이 있다 등을 선택적으로 기술한다.

⑧ 특별한 용어의 정의(definitions of unusual terms): 직무수행 과정에서 사용되는 기술적 또는 특별한 용어는 별도로 작성한다.

⑨ 추가하거나 분명히 할 사항(comments that add to and clarify the above): 기타 추가하거나 분명히 해야 할 사항을 기술한다.

또한 직무기술서의 작성에 있어서 다음 사항에 특히 주의해야 한다.

① 직무와 책임의 한계가 명백해야 한다: 작업의 성격과 범위를 정확히 기술하여 직위에 따른 책임의 범위가 분명해야 한다. 이를 위해서 작업의 종류, 복잡성의 정도, 필요로 하는 숙련도, 개인별 책임의 한계 등을 명확히 기술한다.

② 감독책임을 명시해야 한다: 직무수행 과정에서 관리자의 책임에 대한 한계를 명시함으로써 감독의 질을 효율적으로 유지해야 한다.

③ 간략하게 기술해야 한다: 간략하게 작성함으로써 이해를 쉽게 하고 혼란을 최소화해야 한다.

④ 재검토되어야 한다: 직무분석의 목적에 적합하게 기술되고 있는지를 재확인해야 한다.

2. 직무명세서

직무명세서(job specification)는 근로자를 대상으로 하며, 성공적인 직무수행을 위해 요구되는 자질을 기술한 것으로 다음과 같은 내용으로 작성한다.

① 직무확인 사항: 직무의 명칭, 직무부서, 직무부호 등을 기술한다.

② 직무내용: 직무수행 방법과 기간, 관계활동 사항 등을 기술한다.

③ 인적 요건: 특정 직무를 수행하는 근로자의 인적 요건은 구체적으로 다음과 같이 분류하여 작성한다.

- 성별 및 연령의 구분
- 신장과 체중의 한계(직무특성의 일치요건임)
- 신체적·정신적 수준과 개인의 특성
- 직무지식과 기술, 자격조건, 경험의 정도
- 교육수준과 이해력의 수준, 훈련기간
- 신분보장의 상한선
- 기타 인적 요건 등

직무기술서는 표준적인 형태가 있는 것은 아니며, 일반적으로 직무명칭, 직무요지, 직무환경, 다양한 직무활동과 같은 정보를 기술한다. 또한 직무명세서는 직무기술서를 기초로 하며 특정 직무를 수행하기 위해 요구되는 기능, 지식 및 능력 등을 체계적으로 기술한 것이다.

그림 3-2 직무기술서와 직무명세서

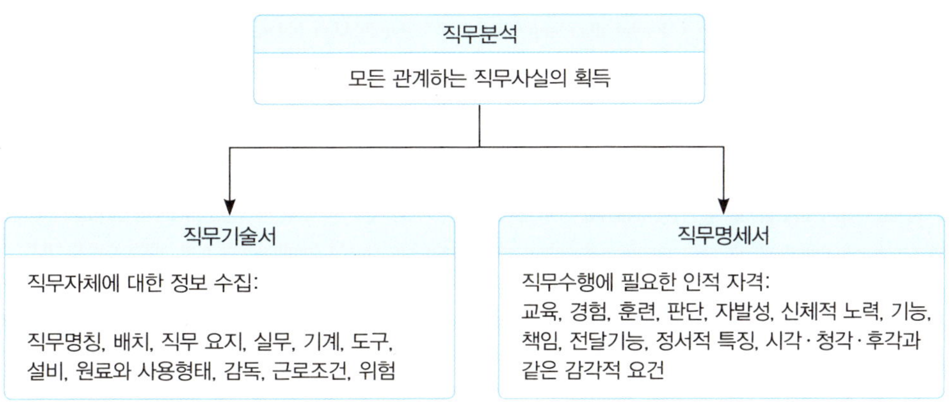

04 직무평가의 기초

1. 직무평가의 개념

직무분석에 의해 직무기술서와 직무명세서가 작성되면 이를 기초로 직무평가(job evaluation)가 이루어진다. 직무평가란 ① 직무분석의 연장으로 직무의 상대적 가치를 결정하여 적정한 임률 구성에 반영시키고 조정하기 위한 과정, ② 타 직무와의 관계에서 한 직무의 가치를 결정하기 위한 것, ③ 직무에 상대적 가치를 부여하여 직무간 임금의 격차를 조정하기 위한 과정이라고 할 수 있다.

따라서 직무평가는 근로자들이 직무를 수행하는데 요구되는 투입요소들(기술, 노력, 책임감 등)을 측정하고, 그 결과들을 고려하여 금전적 보상과 연계하려는 것이다.

2. 직무평가의 목적

직무평가의 직접적인 목표는 보상에 대한 내적 및 외적 일관성을 확보하는 것이다. 내적 일관성(internal consistency)은 근로자들 사이의 임금의 상대적 차이에 관한 것이다. 보다 높은 가치의 직무를 수행하는 사람은 그렇지 않은 사람에 비해 높은 보상을 받아야 하며, 이 경우 보상의 차이도 구체적이어야 한다.

외적 일관성(external consistency)은 국가나 지역사회, 관련 산업의 전체적인 임금구조와 비교되는 특정 기업의 임금구조에 관한 것이다. 기업은 외부의 평균 임금률보다 다르게 책정할 수 있기 때문에 외적 일관성을 유지하기 위한 조사가 이루어져야 한다.

이것이 직무평가의 직접적인 목표이지만 궁극적으로는 근로자와 경영자가 지불된 임금에 대해서 만족하는 것이다. 경영자는 근로자들이 자신의 보상에 대하여 공정성을 인식할 것을 원하기 때문이다.

직무평가에 대한 시도는 1920년대이고 이후 1940년대까지가 빠른 성장기였다. 이러한 현상은 여성근로자와 다양한 소집단의 정당한 보상을 위한 사회적 요구, 조직의 대규모화와 복잡성의 증대에 기인한다. 이러한 원인에 의해 직무의 가치평가를 위한 체계적인 접근방법이 개발되고 있다.

직무평가를 위해서는 필수적인 전제조건들이 있다. 첫째, 측정할 요소에 대한 자료를 제공할 수 있는 직무기술서와 직무명세서가 있어야 한다. 둘째, 직무관련 근로자들을 체계적으로 분류해야 한다. 일반적으로 생산직, 사무직, 전문직, 경영직 등의 분류체계가 있다. 셋째, 모든 근로자에게 체계적 평가의 정당성을 설득시켜야 한다.

그러나 최근 직무평가는 인적자원관리의 전반적인 효율적 활용을 위해 그 목적을 확대해 가고 있다. 플리포(E.B. Flippo)는 직무평가의 목적은 모집, 훈련, 성과평가, 승진과 전환, 상담, 노사관계의 원활화, 직무 재설계, 조직변화 등이라고 하였다. 또한 요더(D. Yoder)는 형평성 있는 임금구조, 근로의욕 및 원만한 노사관계, 직계제도의 정착, 직무급제도의 도입을 위한 자료를 제공하는 데 목적이 있다고 하였다.

3. 직무평가 요소

직무평가를 위한 요소는 규정되어 있는 것은 아니다. 그러나 직무평가가 효율적으로 이루어지기 위해서는 직무를 구성하는 요소를 구체적으로 규명해야 한다. 일반적으로 직무평가를 위해 이용되고 있는 요소는 다음과 같다.

- 정신적 요소: 전문지식, 판단력
- 육체적 요건: 숙련, 근육부담, 주의력
- 책임: 생산수단과 제품, 안전과 건강, 생산공정
- 작업환경과 조건: 온도, 습도, 소음·진동, 화재위험 등

또한 라이틀(C.W. Lytle)은 직무평가를 위하여 다음과 같은 요소가 사용된다고 하였다.

- 숙련: 지능적·육체적 숙련
- 노력: 정신적·육체적 노력
- 책임감: 대인적·대물적 책임감
- 작업조건: 위험도, 불쾌도

4. 직무평가의 절차 및 가중치

직무평가는 일반적으로 다음과 같은 절차에 따라서 진행된다.

① 직무에 관한 지식 및 자료의 수집: 직무분석을 위해 자료를 수집한다.
② 수집한 직무지식 및 자료의 정리: 직무기술서와 직무명세를 작성한다.
③ 평가요소의 선정: 직무평가를 위한 평가요소를 선정한다.
④ 각 평가요소에 대한 가중치의 결정: 각각의 평가요소에 가중치를 결정한다.
⑤ 평가방법의 선정: 적절한 직무평가 방법을 선정한다.
⑥ 점수화: 평가요소에 점수와 가중치를 부여하고 평가결과는 임금수준에 반영한다.

직무에 대한 평가요소는 직무가치를 구성하는 과정에서 중요도가 상이하기 때문에 가중치를 결정해야 한다. 그러나 가중치를 결정하는 객관적인 규정은 없기 때문에 기업 및 직무의 특징과 환경 등을 고려해야 한다. 가중치는 다음과 같은 방법에 의해 결정할 수 있다.

① 평가요소에 대한 개념 규정상의 중요성에 기초하여 추론적으로 결정한다.
② 외부에 객관적 기준을 설정하고 이것과의 관계를 통계적 기법을 활용하여 결정한다. 이 때 기준직무의 임금률이 객관적 기준으로 이용되기도 한다.
③ 조직구성원들의 의견을 통계적으로 집계하여 결정한다.

05 직무평가의 기법

1. 비계량적 평가법

비계량적 평가법(nonquantitative method)은 평가자의 주관적 판단에 의해 이루어지는 것이다.

(1) 서열법

서열법(ranking method)은 직무가치를 종합적으로 평가하여 서열을 결정하는 것으로 직무와 근로자의 수가 적은 기업에서 사용하는 것이 적합하다. 직무를 구성하고 있는 곤란도, 중요도, 책임감, 작업조건, 지식 등의 평가요소를 객관적이고 종합적으로 비교하여 난이도의 순으로 배열하고, 정도가 높은 직무에서 낮은 직무로 서열을 정한다.

따라서 전문적 지식이 요구되며, 위원회를 구성하여 공정성을 확보하고, 근로자나 노조의 대표를 참여시키는 것이 바람직하다. 서열법은 다음과 같이 분류된다.

1) 교대서열법(alternative ranking method)

평가대상 직무 전체를 놓고 가장 가치가 높다고 판단되는 직무와 가장 낮다고 판단되는 직무를 선정한다. 그리고 나머지 직무들에 대하여 같은 방법으로 평가를 진행하여 전체 직무에 대한 서열을 결정하는 것이다. 직무가치의 극단적 비교에 의해 서열이 결정되므로 평가자의 주관을 어느 정도 배제할 수 있으며 사용하기 쉽다는 장점이 있다.

2) 쌍대비교법(paired comparison method)

평가대상 직무 전체를 놓고 2개씩 짝을 지어 비교평가를 통해 서열을 결정한다. 평가대상 직무들의 수가 증가하게 되면 비교횟수가 급증하기 때문에 직무의 수가 적은 소규모 기업에서 효과가 있다.

(2) 등급법

분류법(classification method)이라고도 하며, 등급법(grade system)을 적용하기 위해서는 분류할 직무의 등급을 결정하고 각 등급에 따른 등급기술서를 작성해야 한다. 따라서 등급법은 등급과 등급기술서로 구성된다. 이때 등급은 전체 직무의 수나 성격에 따라 정해지며, 숙련과 미숙련과 같이 2등급으로 간단하게 할 수도 있고 보다 세분화하여 많은 등급으로 할 수도 있다.

또한, 등급기술서는 직종이나 산업별로 다르게 작성되어야 하며, 분류하는 등급도 상호 밀접한 관련성이 요구된다. 즉, 미숙련직무, 숙련직무, 감독직무, 최고의사결정직무 등과 같이 분류되어 이들 상호간의 비교가 가능해야 한다. 등급법에 의한 평가과정은 다음과 같다.

① 평가대상 직무를 선정한다.
② 평가등급을 결정한다.
③ 각각의 등급에 해당하는 등급기술서를 작성한다.
④ 평가하여야 할 직무를 등급기술서에 대조시켜 적합한 등급을 결정한다.

등급법의 장점은 다음과 같다.

① 평가해야 할 직무를 주어진 등급에 따라 분류만 하면 되므로 실시과정이 간단하고 비용이 적게 소요된다.
② 직무내용이 정확하게 표준화되어 있지 않아도 평가가 가능하다.

그러나 다음과 같은 단점도 가지고 있다.

① 평가대상 직무를 어느 등급으로 분류시키기 위해서는 개별 등급에 대한 정의가 명확해야 하는데 이에 대한 어려움이 있다.
② 직무의 수가 증가하고 그 내용이 복잡해지면 정확한 분류를 할 수 없다.
③ 점수법이나 요소비교법에 비해 평가자의 주관이 개입될 가능성이 높다.

2. 계량적 평가법

계량적 평가법(quantitative method)은 각 직무를 구성하는 평가요소를 계량화하여 평가하는 것이다.

(1) 점수법

점수법(point rating method)은 직무를 평가하기 위한 요소(노력, 책임감, 기술력, 작업조건 등)를 결정하고, 해당 직무가 각 요소에서 어느 수준에 있는가에 따라 점수를 부여한다. 각각의 요소에 대한 점수를 합산하거나, 가중치를 부여하

표 3-2 점수법의 예

평가요인	비서직	경비직	단순가중치	가중치 a	가중치 b
노력	4	5	1	1	2
기술	7	2	1	1	2
책임감	5	7	1	2	1
작업조건	3	6	1	2	1

고 합산하여 평가한다.

〈표 3-2〉는 점수법의 예로서, 비서직과 경비직을 4가지 요소에 의해 평가하였다. 직무분석의 결과 비서직의 중요 활동은 문서작성·서류정리·손님접대이고, 경비직은 순찰·야간경계·경비기록 작성과 보관이다. 평가자는 비서직은 약간의 노력, 상당한 정도의 기술, 중간 정도의 책임감이 요구되고 좋은 작업조건에서 근무한다고 평가하였다. 경비직은 중간 정도의 노력, 약간의 기술, 높은 책임감이 요구되고 위험한 작업조건하에서 근무한다고 평가하였다.

평가는 9점 척도로서, 직무에서의 노력, 기술, 책임감이 낮으며 좋은 환경의 경우 1점을, 이와 반대인 경우에는 9점을, 그리고 중간 정도인 경우 5점을 배정하였다. 네 요인에 가중치를 두지 않는 경우 평정치를 합하면 비서직은 19점, 경비직은 20점이 되어 두 직무가 비슷하게 평가되었다. 그러나 경영자의 이념이나 운영방침 등에 따라 노력이나 기술보다는 책임감과 작업조건을 더 중요시한다면(가중치 a) 비서직은 27점, 경비직은 33점이 되어 경비직이 더 가치 있는 직무로 평가되었다. 또한 반대인 경우라면(가중치 b) 비서직은 30점, 경비직은 27점이 되어 비서직이 더 가치 있는 직무로 평가된다. 점수법에 의한 직무평가는 다음과 같은 장점이 있다.

① 개인의 감정이나 편견을 최소화하기 때문에 신뢰할 수 있다.
② 평가과정이 용이하고 쉽게 이해할 수 있다.

그러나 다음과 같은 단점을 가지고 있다.

① 정확한 평가요소를 선정하기 위해 고도의 전문성을 요구한다.
② 평가요소에 가중치를 결정하고 점수를 배분하는 것은 어려운 일이다.
③ 점수에 의한 평가는 주관적 오류가 개입할 수 있다.
④ 평가를 위해 준비단계가 필요하므로 시간과 비용이 많이 든다.

(2) 요소비교법

요소비교법(factor comparison method)은 기준직무(key job)를 평가요소별로 분류하고, 각 평가요소에 점수 대신 임률로 평가하고, 다른 직무를 기준직무와 비교하여 임률을 결정하는 것이다. 즉, 직무의 상대적 가치를 금전적 척도로써 평가한다. 이 기법의 실시과정과 예시는 다음과 같다.

① 평가요소의 선정
② 기준직무의 선정
③ 평가요소에 따라 기준직무의 정확한 임률 배분
④ 기준직무의 요소별 임률에 비교하여 다른 모든 직무를 평가
⑤ 평가결과에 기초하여 임금구조의 설계, 조정, 운영

이 기법의 장점은 다음과 같다.

① 특수직무의 평가에 적합하며, 유사 직무간 비교가 가능하다.
② 평가가 용이하며 신뢰성이 확보되어 있다.
③ 많은 수의 직무를 평가하는 데 유리하다.

표 3-3 자동차 판매회사의 요소비교법에 대한 예시

평가직무 / 평가요소	영업(기준직무)	비서(평가직무 1)	경비(평가직무 2)
노력	30	30	20
기술	20	40	10
책임감	20	30	30
작업조건	30	10	20
합계	100%(임률)	110	80

그러나 다음과 같은 단점도 있다.

① 기준직무의 평가에 정확성이 결여되면 전체 직무평가에 영향을 미친다.

② 기준직무의 평가에 주관이 개입될 소지가 있다.

③ 평가과정이 복잡하여 이해하는 데 어려움이 있다.

④ 실시상 시간과 비용이 많이 소요된다.

Chapter 04

직무설계와 인적자원 활용

01 직무설계의 기초

02 직무설계의 접근방법

03 인적자원 활용방안

04 직무만족과 인적자원관리

05 조직헌신과 인적자원관리

학습 목표

전통적 관점의 경영관리는 능률과 생산성을 지나치게 강조한 결과 직무수행의 단조로움과 반복성으로 인한 직무만족도의 저하, 인간성 소외, 노동생활의 질 저하 등을 경험하게 하여 기업목적의 달성에 많은 지장을 초래하게 되었다. 이를 극복하기 위한 방안으로서 근로자를 중심으로 직무를 적합시키기 위한 연구가 진행되었다. 즉, 과거의 직무를 중심으로 한 인간의 효율적 활용이라는 측면에서 탈피하여, 인간의 욕구를 충족시키기 위한 직무수행 방법과 내용 그리고 이들 관계를 구체화함으로써 근로자의 동기부여는 물론 생산성 향상을 위한 작업방법을 결정하는 절차라고 할 수 있다.

이 장에서는 직무설계에 의한 근로자의 태도변화와 효율적인 인적자원 활용방안, 그리고 이에 따르는 근로자의 직무만족과 조직헌신에 대하여 살펴보고자 한다.

01 직무설계의 기초

1. 직무설계의 개념

전통적인 직무설계는 최대의 능률과 생산성만을 강조하였다. 이 때문에 인간을 직무에 적합화시키기 위한 직무분석과 직무평가가 이루어졌다. 그 결과 근로자들이 직무로부터 단조로움과 반복성으로 인한 직무 불만족, 사기 저하, 인간성 소외, 노동생활의 질 저하 등을 경험하면서 조직의 효율성이 감소하게 되었다. 따라서 기업은 분업과 전문화에 의한 성과만을 강조하고, 근로자들의 욕구충족은 등한시했던 종래의 관리기법에 대한 한계를 인식하고 이를 극복하기 위한 다각적인 방안을 강구하게 되었다. 즉, 직무를 인간에게 적합화시키기 위한 직무설계가 이루어졌다.

직무설계(job design)는 기술·조직적인 요구와 직무를 수행하는 인간의 요구를 조화시킬 수 있도록 직무의 내용이나 작업방법을 결정하는 것이다. 즉, 근로자가 직무를 수행하는 과정에서 의미와 만족을 인식하도록 직무의 내용·방법·관계를 설계하는 조직 활동이다. 이를 위해서 직무분석에 의해 직무의 내용을 분석하고, 이것에 영향을 미치는 조직적·기술적·인간적인 요소를 규명하고, 인간과 직무의 적합화로 근로자에게 직무만족을 부여하여, 생산성을 향상시킬 수 있는 작업방법을 결정해야 한다.

2. 직무설계의 목적

직무설계로써 기대할 수 있는 결과는 첫째, 기업의 목표로서 생산성과 능률의 향상, 둘째, 개인적 목표로서 동기부여와 직무만족의 향상이다. 따라서 바람직한 직무설계를 위해서는 이 두 가지 목표를 통합해야 한다.

이러한 목표를 달성하기 위한 직무설계의 첫 번째 단계는 직무를 분석하는 것으로, 이를 위해 작업 및 직무연구, 과정계획, 조직화 등이 이용된다. 이를 통해 과업의 전문화와 연속작업 과정의 고도화가 달성되고 개인의 책임과 능력 발휘의 기회도 극대화될 수 있다.

두 번째 단계는 직무분석의 결과에 따라 근로자가 동기를 유발할 수 있도록 직무를 설계해야 한다. 이 때에는 근로자의 노동생활의 질을 향상시키기 위한 방안도 고려해야 한다. 성공적인 직무설계의 효과는 다음과 같다.

① 자신의 직무가 중요하고 가치 있다고 생각하여 직무만족과 사기가 향상된다.
② 사기가 향상됨으로서 인적·물적 생산성이 향상된다.
③ 생산성이 향상되어 재화 및 용역의 품질이 향상되고 원가가 절감된다.
④ 이직 및 결근율이 감소되고 학습속도가 가속화되며 훈련비용이 감소된다.
⑤ 직무의 재설계로 신기술에 신속히 적응할 수 있다.

3. 하고 싶은 직무

하고 싶은 직무는 작업조건 및 환경뿐만 아니라 정서적이며 정신적인 부분도 중요한 요인이다. 따라서 자신이 좋아하는 직무, 자신의 능력을 발휘할 수 있는 직무, 타인에게 인정받는 직무, 도전적인 직무 등이라고 할 수 있다.

이와는 반대의 허츠버그(F. Herzberg)의 불만족 요인은 단순반복적인 직무, 지시와 명령에 따르는 자율성이 결여된 직무, 무의미한 직무, 희망이 보이지 않는 직무, 자신의 능력을 발휘할 수 없는 직무 등이다. 그러나 이러한 요인들은 하고 싶지 않는 직무이지만 통제의 위치가 외부에 있는 경우(외재론자: 인생에서의 성공과 실패는 자신의 능력이나 노력과는 무관하며 운, 시기 및 제3의 권위자에 의해 결정된다고 믿는다) 비록 성장의 욕구를 만족시키지 않더라도 만족감을 지각하기도 한다. 〈표 4-1〉은 하고 싶은 직무요인에 대한 것이다.

표 4-1 직무 속에서 지각하는 충실감의 요인

- 좋아하는 직무, 하고 싶은 직무, 자신이 컨트롤 할 수 있는 직무
- 책임의 크기(직무의 범위, 부하의 수, 예산 등), 달성감, 도전성, 자기과시와 승인, 타인의 기대감, 자기성장감, 적절한 목표

4. 직무설계의 발전과정

직무설계는 1776년 스미스(A. Smith)의 국부론(*The Wealth of Nations*)에서 분업에 의한 전문화를 실현하고자 하는 것으로부터 출발하였으며, 체계적인 연구는 테일러(F.W. Taylor)의 과학적 관리법 이후라고 할 수 있다. 직무설계의 발전과정은 다음과 같다.

첫째, 테일러는 인간을 합리성을 추구하는 경제인으로 보았다. 그의 과학적 관리기법은 근로자의 사회적·개인적 욕구충족을 위한 것이 아니라 과업 자체를 위한 것이었다. 따라서 과업단위의 표준화·전문화·단순화를 통한 작업능률의 향상(생산량 극대화)을 목표로 한다. 이러한 기술적·경제적 합리성을 지향하는 그의 전통적 방법은 직무가 지나치게 분업화되고 전문화됨에 따라 권태와 싫증을 느끼게 되고 이에 대한 불만으로 결근·이직률이 증가하게 되었다.

둘째, 이러한 문제점을 해결하기 위한 대응책으로 제시된 기법이 직무순환과 직무확대이다. 그러나 직무순환은 근로자를 다른 직무로 전환시키는 것으로 직무 자체를 설계하는 것이 아니며, 직무확대 역시 일시적인 해결책이라는 문제가 제기되고 있다.

셋째, 이러한 문제점에 기초하여 인간관계론과 행동과학에 근거를 두고 기술적·조직적 욕구뿐만 아니라 사회적·인간적 욕구까지도 충족시킬 수 있도록 직무내용, 작업방법, 작업 상호간의 관계를 변화시키고자 하는 노력이 나타나게 되었다. 직무에 대한 도전, 성취, 책임 그리고 인식에 대한 동기요인을 강조하는 직무충실화와, 직무특성의 내용·기능·관계뿐만 아니라 개인차를 고려한 직무특성이론이 있다.

직무설계의 접근방법 02

1. 전통적 접근방법

(1) 스미스의 국부론

스미스는 분업(division of labor)에 의한 전문화의 원리를 강조하였다. 그의 직무설계의 초점은 정형화된 하나의 과업만을 수행하도록 하여 생산량을 극대화하는 것이다. 따라서 인간을 기계의 부속물로 취급하여(기계론적 인간관) 기술과 생산요건에 인간을 적응시키려 한 것이다.

(2) 과학적 관리론

20세기초 테일러도 기계론적 인간관에 기초하여 근로자의 노동능률을 극대화하기 위하여 직무의 전문화와 표준화를 시도하였다. 이를 위해 직무는 과학적으로 연구(시간연구, 동작연구 등)되어야 한다고 하였다. 따라서 그의 직무설계의 초점은 인간의 개인적·사회적 욕구충족이 아니라, 과업 자체를 최소한으로 세분화하고 표준화하는 것이다. 즉, 직무의 전문화와 표준화로 생산성과 수익성과 같은 능률을 극대화하는 것이다.

(3) 인간관계론

테일러의 과학적 관리법은 경제적 능률이라는 측면에서 크게 기여하였다. 그러나 직무의 단조로움이나 무의미성, 성과에 대한 집착, 인간성 소외 등과 같은 부작용이 나타나게 되었다. 인간관계론은 과거의 기계론적 인간관을 탈피하여 근로자의 개인적·사회적 욕구를 만족시키는 새로운 경향의 직무설계를 시도하였다. 인간은 경제적 논리보다 감정의 논리에 지배되기 때문에 개인적이며 사회적 욕구가 충족되면 동기부여된다고 보았으며, 다양한 사회적 욕구 중에서 비공식 조직 내의 인간관계가 가장 중요한 요인이라고 하였다. 그러나 이 때에도 근로자가 수행하는 직무의 기본적인 재설계에는 관심이 없었다.

(4) 사회 - 기술적 접근방법

인간관계론은 인간이 수행하고 있는 직무와 이에 관련된 기술 및 조직구조를 간과하였다. 이에 직무에 대한 인적 요소와 기술적 요소의 상호작용을 규명하고자 하였으며, 그 결과 제시된 직무설계가 인간의 사회적 욕구와 이들이 수행하는 과업 간의 관계에 관한 사회 - 기술적(socio-technical) 시스템이다. 이 기법은 과업의 본질과 그 과업을 수행하는 과정에서 형성되는 인간관계의 본질 사이에는 불가분의 관계가 있다는 것이다. 그리고 인간의 동기부여가 직무설계에 의해 향상될 수 있다는 전제하에 직무가 인간에게 적합화해야 한다는 것이다.

따라서 작업방법 및 조직구조의 변화를 계획·실행할 때 사회적 요인과 기술적 요인의 상호작용을 충분히 고려해야 한다. 이것으로 부터 근로생활의 질(QWL : quality of working life), 직무충실과 유사한 반자율적 작업집단 및 팀작업의 사고가 발생하는 것이다.

이 기법의 기본적인 사고는 기술시스템과 사회시스템을 결합하는 것이다. 기술시스템에 있어서 새로운 기술이 도입되면 기존의 작업조직을 수정하여 높은 효율을 유지하고, 동시에 사회시스템에 있어서 근로자의 만족 및 인간적 성장을 달성하는 것이다. 따라서 기술시스템만으로는 기업의 효율적 운영에 한계가 있으며, 생산성은 근로자 및 그 집단의 감정에도 크게 의존한다는 것을 시사하고 있다.

2. 현대적 접근방법

(1) 직무확대

직무확대(job enlargement)는 자신이 수행하고 있는 과업단위(중심과업 : central tasks)를 기준으로 다수의 관련 과업을 동시에 수행하도록 한다. 직무확대의 목적은 다음과 같다.

① 기술다양성을 실현하여 근로자의 기능의 폭을 증가시키고, 정형화되고 단조로운 직무수행으로 인한 피로와 단조로움을 감소시킬 수가 있다.

② 직무수행에 대한 의미를 증대시킨다.

그러나 다음과 같은 문제점을 가지고 있다.

① 정형화되고 단조로운 직무를 추가했다고 해서 근로자에게 많은 의미를 부여하지 않는다.
② 원자재의 크기, 무게, 과업의 특성에 따라 제약을 받을 수 있다.
③ 성장욕구의 수준에 따라 성공 가능성은 상이하다.

(2) 직무순환

직무순환(job rotation)은 근로자가 수행하는 여러 가지 과업들이 호환성이 있으며, 작업흐름에 큰 지장 없이 이동이 가능하다는 것을 전제로 한다. 직무순환에 의해 근로자들은 새로운 직무기술을 습득하고 호의적인 인간관계를 형성할 수 있으며, 전체 생산과정에 대한 시야가 확대되어 단조로움과 권태감이 감소될 수 있다.

그러나 근로자의 기대수준이나 직무는 크게 변화되지 않기 때문에 일시적으로 단조로움과 권태감이 완화될 뿐, 또 다른 단조로운 직무에 접하게 되어 효과가 크지 않다는 단점도 있다.

(3) 직무충실화

허츠버그(F. Herzberg)는 동기부여 - 위생요인이론에 기초하여 직무충실화(job enrichment)는 직무가 동기부여 요인으로 작용하기 위해서는 직무내용이 도전감, 성취감, 인정감, 책임감, 발전 및 성장에 대한 기회를 제공할 수 있어야 한다는 것이다. 이를 위해서 직무내용이 다양화되어야 하고, 높은 수준의 지식과 기술을 요하며, 직무수행 과정에서 계획과 지휘 및 통제에 대한 자주성과 책임을 갖도록 직무를 재정의하고 재구성해야 한다. 여기에는 다음과 같은 내용이 포함되어 있다.

첫째, 직무에 포함된 과업의 수와 종류가 많을수록 직무확대와 직무충실화에 기여하게 된다.

둘째, 직무내용이 계획과 통제 등으로부터 자율성이 확보되고, 팀 참여와 같은 과업요소들의 비중이 높을수록 직무는 충실화된다.

이러한 직무충실화가 추구하는 목적은 다음과 같다.

① 직무를 의미 있게 인식하게 하고 자유재량권의 확대를 통해 창의력 개발을 촉진시킨다.
② 직무수행의 범위를 넓혀 직무의 완성도를 증대시킨다.
③ 피로도, 단조로움, 싫증을 감소시킨다.
④ 새로운 과업을 추가로 수행함으로써 능력 신장을 기대할 수 있다.

(4) 직무특성이론

직무특성이론(job characteristic approach)은 직무를 단순하게 확대하거나 충실화해서는 안되며, 근로자의 개인차를 고려해야 한다는 것이다. 또한 직무특성이나 직무범위가 근로자의 직무만족이나 동기부여에 관련이 있는가를 고려해야 한다. 이와 관련해서 해크먼 등(J.R. Hackman and G.R. Oldham)은 직무진단조사(JDS) 모델을 제시하고 세 가지의 변수로써 설명하고 있다.

그들은 다양성(variety), 자율성(autonomy), 과업의 완결성(task identity), 피드백(feed back), 과업중요성(task significance)의 5가지 요인을 핵심 직무특성(core job characteristics)으로 제시하였다. 그리고 이러한 직무특성이 개인 및 조직성과

그림 4-1 직무특성 모델

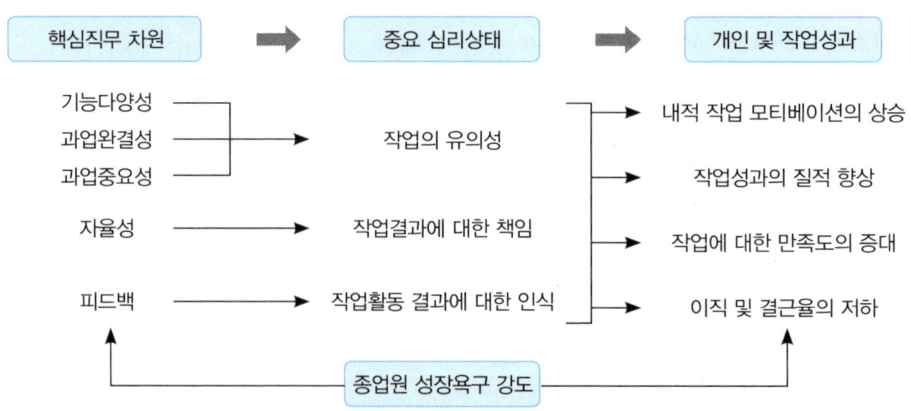

자료: J.R. Hackman and G.R. Oldham, *Work Redesign*, Addison-Wesley, 1980, p. 90.

에 직접적으로 영향을 미치는 것만은 아니고, 중요 심리상태(critical psychological states)를 매개로 해서 높은 성과로 나타난다고 가정했다. 즉 기능다양성과 과업완결성, 과업중요성은 직무의 유의미성에, 자율성은 책임의 인식에, 피드백은 직무수행 결과에 대한 인식에 영향을 미치며, 이로 인한 근로자의 중요 심리상태가 직무에 대한 동기부여, 성장에 대한 욕구충족, 직무만족, 직무효과성 등의 성과로 나타나게 된다. [그림 4-1]에서는 이들 요인간 관계의 방향 및 강도를 조정하는 개인차 요인으로 성장욕구를 설정하고 있다. 이들 요인들에 대한 개념은 다음과 같다.

1) 핵심직무 차원(core job dimension)

이들 요인은 직무를 객관적으로 측정하고 동기부여하는데 중요한 역할을 한다.

① 기능다양성: 직무수행을 위하여 요구하는 다양한 활동(능력 및 기술 등)의 정도

② 과업완결성: 직무수행의 결과가 구체적으로 확인되는 정도. 눈으로 확인할 수 있는 직무수행의 범위

③ 과업중요성: 조직 내·외의 타인의 생활 및 직무에 부여하는 중요성의 정도

④ 자율성: 일정계획, 직무수행 방법 및 절차 등을 결정할 때 부여되는 자유재량의 정도

⑤ 피드백: 직무수행 과정에서 요구되는 자원이나 정보를 지원받는 정도

2) 중요 심리상태(critical psychological states)

이들 요인은 직무를 열정적으로 수행하도록 하는 역할을 한다.

① 작업의 유의성: 자신의 직무가 의미와 가치가 있으며 해볼 만하다는 인식의 정도

② 작업결과에 대한 책임: 직무수행 결과에 대해 지각하는 책임감의 정도

③ 작업활동 결과에 대한 인식: 자신의 직무수행에 대한 성과가 얼마나 유효한지를 지각하는 정도

3) 개인 및 작업성과(personal and work outcomes)

이상과 같은 과정에 의한 결과로서 모티베이션, 성과의 질, 만족, 결근율과 이직률이 포함된다.

03 인적자원 활용방안

1. 인적자원 활용시책

그동안 인적자원은 직무순환과 더불어 다양한 직무경험을 통해 제너럴리스트(generalist)로서의 능력을 개발하고자 하였다. 또한, 승급·승진시의 판단기준도 제너럴리스트로서의 능력이었다. 따라서 특정 직무에 전문지식 및 기술·기능을 소유한 스페셜리스트(specialist)보다 관리·감독능력이 뛰어난 제너럴리스트로서의 인재가 높이 평가되었다. 이로 인해 모든 인적자원제도가 제너럴리스트를 육성하기 위한 것으로 이루어져 있었다.

그러나 제너럴리스트를 우선시하는 경영환경에 변화가 발생하면서 프로페셔널 및 스페셜리스트의 육성에 중점을 두고, 그 전문지식 및 전문기술·기능을 적정하게 평가하고 처우하는 새로운 전문직제도가 도입되고 있다.

따라서 최근 인적자원제도의 목표는 프로페셔널의 육성이다. 모든 근로자들이 자신의 직무에서 전문적인 기술을 습득하고 축적·개발하여 전문가로서의 지식과 기능을 소유하도록 하는 것이다. 그러나 전문직제도가 구조조정의 수단으로 잘못 운영되어 전문직의 지위를 실추시키는 결과를 초래할 수도 있다. 따라서 전문직제도를 어떻게 운영해 갈 것인가 하는 것이 인적자원제도의 중요한 포인트가 되고 있다.

2. 전문직제도의 도입

(1) 도입 목적

전문직제도를 도입하는 이유와 목적은 다음과 같다.

1) 경영활동 측면

라인 직제의 간소화, 관리직과 전문직의 기능분화에 의한 조직의 효율화, 조직의 유연한 운영과 동태화 등이 전문직제도에 대한 요구를 높이고 있다.

기업은 기술혁신, 신기술·신제품의 개발, 새로운 사업의 창출에 노력하며, 이러한 경영과제에 대응하는 고도의 전문직능을 갖춘 창조적 인적자원이 요구

표 4-2 전문직제도의 도입목적과 요구

요구	목적
기업활동면으로부터의 요구	고도의 전문능력을 보유한 인적자원의 필요성 조직의 간소화, 효율화, 동태화
인사·처우면으로부터의 요구	적정배치와 인적자원 활용 직위 부족 대책 가치관 다양화에의 대응

되고 있다. 또한 경영자의 기능도 고도화·전문화하고 있기 때문에 이것에 대응 가능한 인적자원 배치가 요구된다. 따라서 고도의 전문능력 보유자의 육성·배치·처우가 기업활동에서 필요하게 되었다.

2) 인사·처우 측면

직위 부족, 즉 처우대책으로서 전문직제도를 도입하기도 하지만 바람직하지 않다. 이러한 문제는 직능자격제도를 도입하여 자격을 검증하고, 자격과 직위를 분리해서 운영한다면 해결할 수 있다.

근로자의 적성과 능력을 고려한 교육훈련, 적정배치, 활용과 처우가 이루어져야 한다. 예를 들면, 관리능력보다 전문능력을 소유한 인재에 대해서 능력발휘의 기회를 제공(활용)하고 처우하는 것이다.

또한 일하는 방법과 가치관의 다양화도 전문직의 도입배경이 되고 있다. 관리직보다는 전문적인 직무에서 자기충족, 자기실현을 도모하고자 하는 사람이 증가하고 있는 것에 대한 대응으로써 도입되고 있다.

(2) 도입요구의 명확화

이와 같이 전문직제도의 도입 목적은 다양하지만, 직위 부족에 대응하기 위한 목적으로 도입하는 것은 정착도 활성화도 될 수 없다. 그러나 경영활동상의 필요성과 인적자원의 특성에 대응하여 근로자의 능력을 효율적으로 활용하기 위한 측면에서, 특히 전문직을 다양한 경영활동에서 어떻게 활용할 것인가 하는 것이 이 제도를 활성화시키기 위한 핵심사항이다. 전문직 제도를 도입하고 효과적으로 활용하기 위해 고려해야 할 사항은 다음과 같다.

① 고도의 전문능력을 보유한 인적자원의 필요성
② 전문직을 배치해야 하는 직무의 존재
③ 가치관의 다양화를 수용하는 기업풍토의 유무
④ 전문직을 활용하고자 하는 경영자의 의지

3. 목표관리 도입

(1) 목표관리의 개념과 운영

목표관리(management by objectives)는 조직과 개인의 목표를 일치시켜 동기부여하도록 하여 조직성과를 향상시키려는 관리기법이다. 목표관리는 자율적 목표설정, 자율적 직무수행 및 자율적 성과평가의 단계로 이루어진다. 즉 조직목표를 달성하기 위해 근로자들은 자신의 목표를 자율적으로 설정하고, 설정된 목표를 달성하기 위해 자율적으로 노력하는 과정이다. 따라서 목표관리가 성공하기 위해서는 목표가 합리적으로 설정되어야 한다. 이를 위해 달성 가능한 조직목표와 부서목표, 개인의 목표에 대한 상호 연관성을 명확히 해야 한다.

이 기법을 도입함으로써 목표를 설정하고 수행하는 과정에서 상사와 부하 사이의 개방적 의사소통이 구축될 수 있다. 또한 직무성과에 대한 피드백을 반영하기 때문에 업무의 효율성을 높이며, 개개인의 능력을 개발하고 사기를 진작시키는 효과를 기대할 수 있다. 그러나 목표관리가 계량적 성과만을 강조하게 되면 직무만족과 같은 정성적 가치를 간과하기 쉽다. 또한 생산 및 영업과 같이 목표설정이 측정 가능한 부서와 관리직과 같이 그렇지 못한 부서의 특성에 따라 목표관리의 성과가 달라질 수 있다는 문제점도 있다.

그러나 지식기반사회가 정착되면서 목표관리와 더불어 상사의 역할도 중요하게 되었다. 조직목표가 설정되면 이를 달성하기 위해 부하들은 자신의 목표를 설정하는 과정에서 상사와 상담을 해야 한다. 상사는 직무수행 과정에서 발생하는 문제들을 해결하고 지원하는 역할을 해야 하며, 직무수행 결과는 정확하게 평가하고 본인에게 피드백을 시켜야 한다. 또한 성공적인 목표관리를 위해서는 합리적인 성과지표의 개발과 활용이 요구된다. 이를 위해 ① 부서 및 개인의 분야별 성과지표를 개발해야 하고, ② 성과측정은 양적 자료와 질적 자료, 고객 평가 등을 활용함으로써 객관성을 확보하며, ③ 성과측정지표로는 재무 및 공익적 관점(수입목표 달성과 지역사회 기여도), 고객관점(고객서비스 기여도), 활동관점(예산, 회계, 시설, 업무처리 향상률), 미래 역량관점(교육실적, 정보화 기여도 등) 등이 활용되어진다. 목표관리의 운영과정은 다음과 같다.

① 부서 및 개인과 협의하여 목표를 설정하고, 목표수행 과정에 자율성을 부여하여 업무의 효율성을 도모
② 직무수행 과정은 수시로 평가하고 문제가 발생하면 피드백되어 목표를 조정함으로써 직무수행 방식의 개선효과를 도모
③ 성과평가는 조정되고 차기의 목표설정을 위한 기초자료로 활용
④ 목표설정, 직무수행 및 성과평가에 자율성을 부여하여 동기부여와 자아실현의 기회를 제공함으로써 생활의 질 향상을 도모

(2) 목표관리의 도입 효과

목표관리에 대한 관심이 높아지는 원인은 공정한 평가방법, 혁신적인 기업풍토, 개인의 자발성과 도전성, 목표달성을 위한 능력개발, 조직전략의 구체화를 도모하는 것에 있다. 목표관리제도의 효과는 다음과 같다.

① 자기경영 능력의 향상: 자율적으로 목표를 설정하고 실행계획을 작성한다. 직무는 자신이 통제하면서 진행하고 결과는 자기평가에 의해 이루어진다. 이를 통해 기업의 상황과 자신에 대한 기대를 객관적으로 파악할 수 있는 능력을 습득하게 된다. 또한 상사는 부하의 사고 및 직무상황을 정확하게 파악하고, 직무를 기초로 관리를 할 수 있는 능력을 습득하게 된다. 부하의 자기경영 능력과 상사의 직무에 기초한 관리능력을 향상시킬 수 있다.
② 자율성의 촉진: 개인적 측면에서 자율성의 촉진과 직무 향상의 효과가 있다. 목표관리는 목표설정에서부터 평가까지 일련의 프로세스를 자율적으로 관리해 간다. 그 반복되는 과정에서 직무를 숙지하고, 직무수행 방법이 고도화하

그림 4-2 목표관리의 도입효과

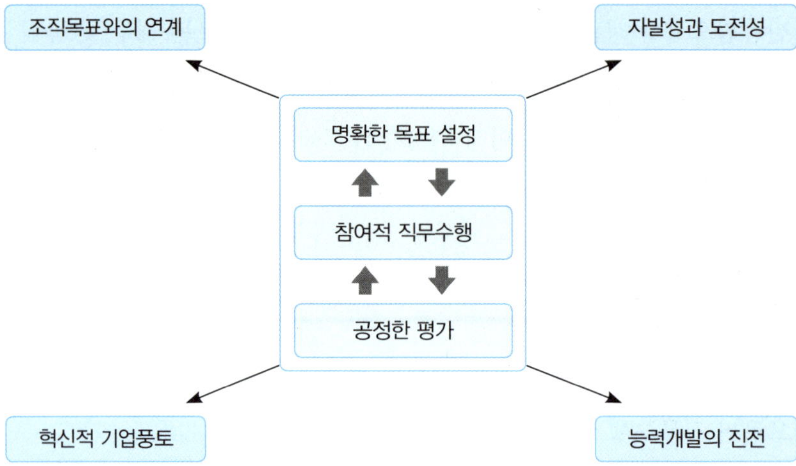

게 되고, 주변의 기대를 정확하게 파악하여 자신만의 공헌방안을 제시할 수 있게 된다.

③ 목표로 연계된 조직: 목표지향적 조직을 조성하고 조직이 경직화하는 것을 방지한다. 목표관리는 경영전략과 연동해서 조직의 목표를 변화시키고 이것에 수반해서 직무를 수행하는 방법을 변화시켜 갈 수가 있다.

04 직무만족과 인적자원관리

1. 직무만족

(1) 직무만족의 개념

직무만족(job satisfaction)이란 자신의 직무와 관련하여 지각하는 긍정적인 감정 상태이다. 이것은 개인의 행동이 아닌 상태로 이해되고, 태도·가치·신념·욕구 등과 관련이 있으며 이러한 요인들의 충족의 정도가 근로의욕에 영향을 미치게 된다. 따라서 직무만족은 성공적인 인적자원관리를 위해 중요한 과제이며, 조직성과와 높은 관계를 나타내고 있다.

(2) 직무만족과 생활만족

노동의 인간화나 동기부여를 높이기 위해서는 직무생활에 영향을 미치는 다양한 요인들을 고려해야 한다. 직무만족도와 생활만족도는 상호 영향을 미치고 있기 때문에 근로자들이 직무를 떠나 자신의 생활에 충실할 수 있도록 하는 배려가 필요하다.

즉, 직무만족을 위한 인적자원관리를 위해서는 노동의 인간화를 위하여 직무의 내용과 근로환경을 고려하고, 하고 싶은 근로생활과 더불어 직무 외의 생활에 충실할 수 있도록 해야 한다.

다음 [그림 4-3]은 이러한 관계를 나타내고 있다. 그림에서는 근로자의 생활영역이 3개로 분류되어 있으며, 이들 영역 모두를 인적자원관리에 포함해야 한다. 그러나 이들 영역을 모두 직접적인 관리대상으로 해야 한다는 것은 아니다. 직무생활 이외의 가정생활이나 사회생활에 대한 영역은 사생활 침해의 문제가 발생하기 때문이다.

직무만족도의 구성요인으로는 개인, 집단, 직무, 가정, 지역사회 등이 있다. 여기서 직무만족에 관한 것으로는 직무 자체, 직장내 인간관계, 근로조건, 집단 참가 의식, 직무가 갖는 권위 및 지위 등이 있다. 또한 생활만족에 관한 것으로

그림 4-3 근로자의 생활영역

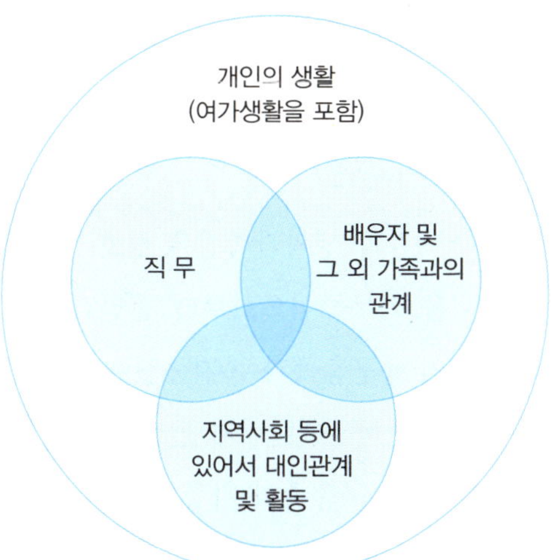

는 가족과 가정, 공동사회, 레저 등이 있고, 이 외에도 지역사회 활동, 직장 외 대인관계 등이 있다.

2. 직무만족 및 생활만족과 인적자원관리

직무만족 및 생활만족도를 고려하는 인적자원관리는 근로자를 기능으로서가 아니라 인간으로서 접근하는 것이다. 다음은 인간의 존엄성을 기초로 하는 인적자원관리이다.

(1) 직무만족감의 충실

직무만족을 위해서 구성요인에 대한 충실을 도모해야 하지만, 직무 자체에 관한 것으로서 흥미 있고 의미 있는 직무를 수행하도록 해야 한다. 이것은 개인의 노력이나 능력이 아니라 직무설계이며 조직문화의 문제이다. 따라서 직무만족도를 위해서는 직무 자체 이외에도 근로조건 및 인간관계관리를 충실하게 하는 것이 중요하다.

직무만족도의 향상이란 단순히 직무만족의 부족을 생활만족으로 보완한다는 것이 아니다. 직무만족도를 높이기 위하여 생활만족도를 고려해야 한다는 것이다. 직무를 수행하는 기능인으로서가 아니라 인간으로서 관리해야 한다. 이것은 효율적인 직무수행을 위해서 근로자의 개인생활까지 인적자원관리의 대상으로 하는 것으로, 직무기능 이외의 인간적인 측면까지 고려하는 것이 새로운 인적자원관리이다.

(2) 생활만족과 인적자원관리

이와 같이 직무만족감과 생활만족감은 상호 보완적 관계이다. 따라서 인적자원관리의 사고방식을 직무중심으로부터 전인격적인 부분으로 변화시켜야 한다. 이를 위해 근로자의 욕구충족과 복지증진에 충실해야 하며, 비직무생활에서 만족도를 높일 수 있는 인적자원관리가 필요하다. 기업경영의 목적은 근로자를 위한 것으로 직무만족과 욕구충족이 가장 중요한 문제라고 할 수 있다. 이를 위해서 다음과 같은 사항을 이행해야 한다.

① 법률에 기초한 휴가의 허용 및 충실
② 연간 총 근로시간의 실질적인 단축
③ 잔업을 전제로 하지 않는 직무의 할당
④ 근로자들의 다양한 가치관을 인정하는 인적자원제도
⑤ 복리후생시설·시책의 운용과 충실
⑥ 지역사회 활동에 대한 적극적인 지원 등

조직헌신과 인적자원관리 05

1. 조직헌신

(1) 조직헌신의 개념

인간은 다양한 조직과 관계를 유지하며 생활을 영위하고 있다. 이 과정에서 조직과의 관계에 대한 개인의 심리적 태도를 조직헌신(commitment)이라고 한다. 모티베이션은 개인적 동기로서 단기적이고 동적인 개념이라면, 조직헌신은 개인의 조직과의 관계로서 장기적이고 정적인 개념이다.

인간은 조직과의 관계를 통해 욕구를 충족시키려 한다. 예를 들어, 조직이 삶의 즐거움과 의미를 제공한다고 생각하는 사람은 높은 지위와 권한, 보상 등을 목적으로 조직에 공헌한다. 반면에 자신의 취미나 생활을 중요시하는 사람은 이를 위한 비용만을 목적으로 조직과의 관계를 유지한다. 따라서 기업은 조직과의 일체감을 통해 자신의 직무를 좋아하게 해야 한다. 이를 위해 근로자와의 우호적인 관계를 유지하고 갈등은 최소화하려는 노력이 요구된다.

(2) 조직헌신의 유형

이러한 조직헌신은 정서적(감정적) 헌신과 계산적(물질적) 헌신으로 분류할 수 있다. 정서적 헌신은 조직과 개인의 감정적 공감이다. 조직에 애착을 느끼거나 경영비전 또는 가치에 공감하는 것이다. 조직의 목표와 가치를 내면화하는 사람으로 조직에 대한 일체감이라고도 할 수 있다. 또한 정서적 헌신의 대상은 조직과 더불어 인간관계도 포함된다. 따라서 공식·비공식 집단에서의 인간관계에 대해서도 일체감을 형성해야 한다. 계산적 헌신은 특정 대가를 목적으로 조직과 관계하는 것이다. 예를 들면 조직을 떠나면 그동안 축적된 노하우와 인간관계, 경력 등을 상실하기 때문에 조직과의 관계를 유지하는 것이다.

2. 조직헌신의 영향

① 유효노동력 유지와 개발: 조직헌신의 수준이 높으면 장기간 근무하고자 한다. 따라서 효율적으로 노동력을 유지하고 활용할 수 있어 안정적인 중장기 경영계획을 수립할 수 있다. 또한 이직으로 인한 비용이 감소하여 장기적인 인재육성이 가능하다. 이직이 예상되면 비용절감을 위해 교육훈련을 않게 되어 직무지식이나 기술이 축적되지 않아 경쟁력을 상실한다. 헌신은 이직을 예방하는 역할을 하기 때문에 인적자원의 잠재적 가능성을 개발할 수 있다.

② 가치관의 공유: 특히 정서적 헌신은 조직과 자신의 가치관을 일체화하고 공유하는 경향이 있다. 이렇게 되면 조직 내 의사결정과 커뮤니케이션을 원활하게 할 수 있어 조직의 효율성을 강화할 수 있다. 특정 사건에 대한 해석과 행동이 공통적으로 이루어지기 때문이다. 또한 자신의 직무에 대한 의미와 행동을 확신할 수 있어 동기부여하게 된다.

③ 친조직행동의 촉진: 조직헌신은 특히 생산성과 서비스의 질을 향상시키는 조직시민행동(organizational citizenship behavior)과 관련이 있다. 조직시민행동은 자신의 공식적 역할을 초월하여 보상을 기대하지 않고 조직에 이익이 되는 행동을 자발적으로 하는 것이다. 어려운 동료를 도와주거나 회의에 참여하여 발언하는 행동도 포함한다. 조직에 감정적 애착이 있으면 자신의 직무가 아니더라도 조직의 발전을 위한 행동을 적극적으로 하게 된다.

3. 조직헌신을 위한 관리

조직헌신을 위해서는 다음과 같은 요인을 고려해야 한다. 첫째, 공정한 메커니즘이다. 채용, 교육훈련, 인사이동 또는 임금이나 자원 등의 배분이나 결정 과정이 공정하다고 인식하면 조직과의 안정적이고 장기적인 관계를 기대할 수 있다.

둘째, 직무할당이다. 자신이 조직에서 인정받는 존재라고 인식하게 되면 조직에 대한 호의적인 감정이 발생한다. 직무를 통해 충실하고 보람을 느끼거나 도전할 기회를 제공해야 한다.

셋째, 인간관계이다. 대인적 네트워크에서 발생하는 연대감이나 신뢰를 사회관계자본(social relationship capital)이라고 한다. 인간은 조직뿐만 아니라 공식·비공식적 인간관계에 대해서도 일체감을 인식한다. 인간관계를 통한 연대성과 신뢰가 조직헌신의 원천이다.

최근 다양한 신분의 근로자들이 조직의 핵심인재로서 직무를 수행하고 있다. 고용의 형태가 다양하다는 것은 조직헌신도 상이하다는 것을 의미한다. 예를 들어, 파트타이머는 근무시간과 장소의 유연성을, 계약이나 파견근로자는 전문성과 기술을 중시한다.

인간은 자신의 욕구를 충족시키기 위해 조직에 참여한다. 따라서 그들이 조직에 기대하고 있는 것에 대한 배려가 필요하다. 조직헌신을 위해 개인의 다양한 욕구에 적합한 직무나 경력개발의 기회 등을 제공해야 한다.

Chapter 05

교육훈련

학습 목표

단기의 고도성장을 이룩해 온 우리나라 기업은 교육훈련에 대한 중요성을 인식하면서도 경영전략의 일환으로서 체계적이지 못하고 형식적인 절차로만 실시한 것이 현실이다. 즉, 인적자원에 대한 중요성과 필요성에 대한 인식만으로 기업환경을 무시하고 검증받지 못한 형식적인 교육훈련의 실시는 급변하는 사회시스템을 반영하지 못함으로써 수많은 기업들이 어려움에 직면하고 있다. 또한 불확실하고 급변하는 환경에 적응하기 위하여 교육훈련의 내용과 방법이 변화하고 있으며, 특히 자기주도적 교육훈련이 도입되면서 이에 적응하지 못한 많은 기업과 근로자들이 어려움이 직면해 있다.

이 장에서는 교육훈련의 목적과 중요성을 강조하고 다양한 교육훈련 기법들을 제시함으로써 이에 대한 인식을 새롭게 하고자 한다.

01 교육훈련의 개념

1. 교육훈련의 개념

인적자원관리에 영향을 미치는 기업환경은 급변하고 불확실하다. 이러한 환경변화에 적응하기 위해 필요로 하는 인적자원의 판단기준도 변화한다. 따라서 지속적으로 유능한 인재로서 평가받기 위해서는 환경변화에 적합한 능력개발에 노력해야 한다.

이를 위해서는 첫째, 불확실한 환경변화를 정확하게 예측할 수 있는 능력이다. 현재의 직무내용이 어떻게 변화할지를 예측하는 것은 어렵다. 불확실한 환경을 예측하기 위한 교육훈련으로서 다양한 분야나 외부 전문가로부터 지식이나 아이디어를 습득해야 한다.

둘째, 불확실한 환경변화에 대응할 수 있는 능력이다. 자신의 업무가 어떻게 변화해도 즉시 대응해야 한다. 전문분야와 관련분야에 대한 능력을 습득하여 환경변화에 유연하게 대응해야 한다. 예를 들면 어떤 기업에서도 필요로 하는 문제해결능력, 리더십 능력 등이다.

교육훈련(education and training)이란 직무에 대한 지식이나 기술을 증진시키고, 직무태도나 직무행동을 개선함으로써 자기개발과 기업목표 달성에 기여하도록 하는 조직 활동이다. 이 개념에는 개인의 자기개발과 조직의 목표달성이라는 두 가지 목적을 가지고 있다. 전자는 교육, 후자는 훈련의 결과로서 엄밀한 의미에서 구분되어 있다.

교육이란 잠재적 능력을 개발하는 것으로 개념적이고 이론적인 지식을 습득하여 인간적 성장을 도모하며 장기적 과정이다. 반면에, 훈련이란 특정 직무에서 요구하는 기술이나 기능을 습득하는 단기적 과정이다. 그러나 이 두 개념은 현실적으로 구분하지 않고 상호 보완적으로 사용되고 있다. 근로자의 직무만족과 조직의 목표달성으로 노동생활의 질의 향상을 위해서는 원활한 직무수행을 위한 기능의 습득은 물론 보편적 지식의 학습이 필요하기 때문이다.

또한 교육훈련을 실시함에 있어서는 다음과 같은 기본적 배경이 요구된다.

① 교육훈련은 비용 대비 효익이 반드시 커야 한다.
② 장기계획(long-term plan)의 일환으로서 실시되어야 한다.
③ 현재의 직무뿐만 아니라 미래에 수행해야 하는 직무를 위해서 실시해야 한다.
④ 개인, 집단 그리고 조직의 행동변화를 위해서 실시해야 한다.

2. 교육훈련의 목표

교육훈련은 기업(직무)에서 요구하는 지식이나 능력과 개인이 소유한 지식이나 능력과의 차이를 최소화하기 위해 실시한다. 기업은 복수의 구성원들이 의식적으로 협력해서 목적을 달성하고자 하며, 이 과정에서 다음과 같은 프로세스를 거치면서 직무를 수행한다.

먼저 조직(부문)의 목표에 근거하여 자신의 과제를 설정한다. 다음으로 설정된 과제를 달성하기 위해 타인과 협력하면서 전문적인 능력을 발휘하고, 이 과정에서 발생하는 문제에 대응한다. 이 직무 프로세스에 대응해서 요구되는 능력은 다음과 같다.

① 조직(부문)의 목표를 이해하고, 자신이 해야 하는 과제를 설정할 수 있는 능력
② 그 과제를 달성하기 위한 전문적인 직무수행 능력
③ 타인과 협력해서 과제를 달성하기 위한 대인관계 능력
④ 과제를 수행하는 과정에서 발생하는 문제를 해결할 수 있는 능력

이러한 능력을 개발하는 것이 교육훈련이다. 따라서 교육훈련의 목적은 조직과 개인의 측면에서 접근해야 한다. 이에 대하여 플리포(E.B. Flippo)는 생산성 향상, 사고율과 감독자의 부담감소, 조직의 안정과 탄력성의 증가로, 미이(J.F. Mee)는 낭비와 불량품 감소, 작업방법의 개선, 결근율과 이동률의 감소, 습득기간의 단축, 기계유지비와 초과시간임금의 감소, 직무만족 증가, 품질개선, 승진에 대한 자극, 의사소통 개선, 사기 향상 등을 제시하고 있다.

02 교육훈련의 필요점과 설계

1. 교육훈련의 필요점

교육훈련의 필요점(need point)은 ① 특정 직무수행을 위해 필요로 하는 능력과 그 직무를 수행하는 근로자의 능력에 차이가 발생할 때, ② 부서 내에서 교육훈련에 대한 자발적 요구가 있을 때, ③ 생산량 및 판매량의 감소가 현저할 때, ④ 근로시간이 현저하게 증가할 때, ⑤ 재해 및 사고율이 높을 때, ⑥ 불량률이 현저하게 증가할 때, ⑦ 기계·설비·기구 등의 손실이 많을 때, ⑧ 이직률과 결근율이 증가할 때이다.

이러한 교육훈련의 필요점을 설정하기 위한 분석유형은 다음과 같다.

1) 조직분석(organizational analysis)

조직과 관련되어 문제가 있거나 미래에 기대되는 조직목표와 이에 대응하기 위한 인적자원 사이에 차이가 발생했을 때, 환경변화에 적응하기 위해 유연성을 확보하려고 할 때 실시한다.

2) 과업분석(task analysis)

과업을 성공적으로 수행하기 위한 기술, 지식 및 태도의 습득이 요구될 때이다. 이 경우 직무분석을 통해 특정 직무수행을 위해 필요로 하는 지식·기술과 태도 등을 결정해야 한다.

3) 개인분석(person analysis)

교육훈련을 필요로 하는 근로자를 확인하는 것이다. 이 경우 현재 직무를 수행하고 있는 근로자, 미래에 직무를 수행해야 하는 근로자와 직무를 수행하게 될 비조직인 근로자에 대한 교육훈련이 현재 필요한가를 분석하여 실시한다.

2. 교육훈련의 전략과 관리

기업이 인재육성을 위해 전략적으로 교육훈련을 실시하기 위해서는 목표를 구체적으로 설정해야 한다. 또한 목표를 실현하기 위해 어떤 분야의 인재(능력)

에, 어느 정도의 자원을 배분할 것인지에 대한 기본전략을 수립한다. 교육훈련은 미래의 수익을 기대하는 투자행동이다. 따라서 분야의 선택과 자원 배분의 결정에는 수익성의 기준에 의해 판단한다.

다음으로 이 전략에 따라 교육훈련이 계획되고 시행되고 평가된다. 누가(주체), 누구에게(대상), 무엇을(내용), 어떻게(방법) 하는지에 대한 내용이다. 또한 성과가 높은 참여자에게 인센티브를 지급하여 교육훈련의 의욕을 높이기 위한 제도를 도입하거나, 근로자들의 능력, 특성, 교육훈련 경력 등을 기록하고 활용하기 위한 인적자원 정보시스템을 구축하는 것도 전략의 하나이다.

3. 교육훈련 프로그램의 설계

교육훈련은 기업의 경영이념과 방침, 장·단기 경영계획, 경영전략, 부문목표 및 근로자의 능력 등을 고려하여 설계되며 다음과 같은 과정으로 진행한다.

① 요구분석: 현재 어떤 교육훈련이 요구되는지에 대한 분석으로, 조직분석, 과업분석, 개인분석의 단계를 거친다.

그림 5-1 교육훈련 프로그램의 설계

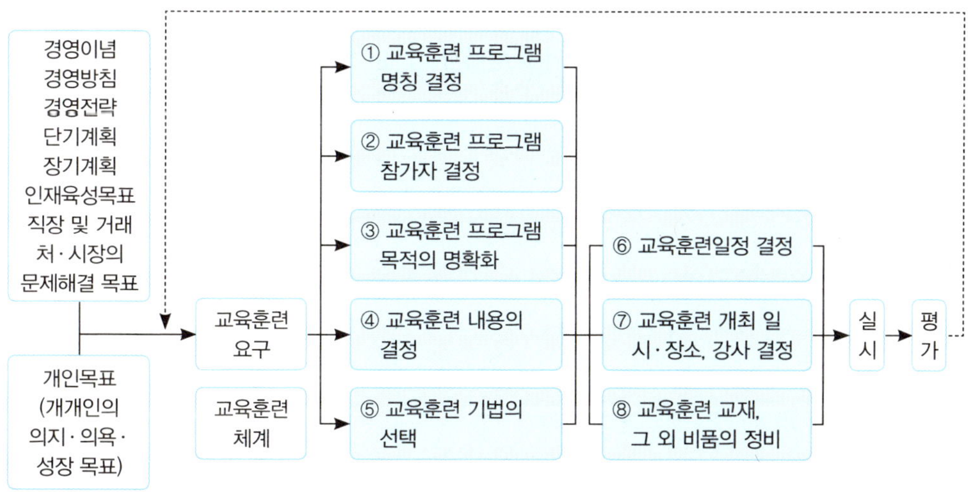

② 프로그램의 명칭 결정: 참가자의 의욕과 동기부여를 위해 중요하지만, 프로그램의 내용을 파악할 수 있도록 한다.

③ 참가자 확정: 직무 및 직장의 상황 등을 고려하여 결정한다.

④ 목적의 명확화: 교육훈련의 효과를 위해 목적을 명확히 하고 쉽게 이해할 수 있도록 한다.

⑤ 내용의 결정: 교육훈련의 필요성, 목적, 참가자의 능력수준, 기법 등을 고려하여 결정한다.

⑥ 기법의 선택: 교육훈련의 필요성, 목적, 내용 등을 고려하여야 하며, 강사, 참가자의 교육훈련 체험의 정도 등에 의해 결정한다.

⑦ 일정의 결정: 교육훈련의 필요성과 직무상황 등을 고려해야 하지만, 가능한 여유 있는 일정계획을 수립한다.

⑧ 개최일시·장소 및 강사의 결정: 교육훈련의 내용, 일정, 기법, 참가자의 직무상황 등과 예산을 고려하여 일시와 장소를 결정한다. 강사는 목표로 하는 지식·정보·기법 등을 구비하고 참가자와 양호한 관계를 유지해야 한다.

⑨ 교재 및 비품의 정비: 사용할 교재를 배포하고 필요한 비품을 준비한다.

⑩ 평가계획의 수립: 교육훈련 프로그램 개발이 완료되면 그 효과를 평가하기 위한 계획을 수립한다.

⑪ 실시: 교육훈련계획과 평가계획에 따라서 실시한다.

⑫ 평가: 교육훈련이 종료되면 평가하고, 평가결과는 차기 교육훈련 계획과 개인의 인사정책(인사고과 등)에 반영한다.

교육훈련의 분류 03

1. 장소에 따른 분류

(1) OJT

OJT(On the Job Training)는 직장내 훈련 또는 직무훈련으로, 대부분 교육훈련의 담당자는 상급자가 되며 스탭의 지원을 받는다. 자신의 직무를 수행하면서 직속상사가 개별적으로 교육훈련을 진행하는 방식이다. 장점은 부하에게 적절한 지도를 할 수 있고, 직무수행에 직접적인 도움이 될 수 있으며, 결과가 즉각 나타날 수 있고, 개선이 용이하며, 상사와의 직접적인 접촉으로 인간관계가 개선될 수 있다.

그러나 직무수행에 지장을 초래하고, 원자재의 낭비, 직속상사가 전문적인 지식과 기능을 구비하지 못할 경우 효과가 저하되며, 다수의 부하를 대상으로 실시하기 어렵다는 단점이 있다.

(2) off JT

off JT(off the Job Training)는 직장외 훈련 또는 직무외 교육훈련으로, 전문스탭에 의해 이루어진다. 집합교육으로서의 성격을 가지며, 일반적인 사고방식, 직무의 개선방법, 인간관계, 직장예절 등과 같은 내용으로 구성된다.

장점은 다수에게 조직적으로 실시할 수 있고, 직무에 구애받지 않아 효과가 크며, 타 부서의 근로자와 접촉함으로써 그들의 지식이나 경험 등을 교환할 수 있다. 그러나 작업시간의 감소와 경제적 부담으로 재무구조가 취약한 중소기업에서 실시하기 어렵다는 단점이 있다.

(3) SD

SD(Self Development)는 생애교육의 중요성과 더불어 개인의 욕구나 목표에 바탕을 둔 교육훈련이다. 자신의 책임하에 스스로의 이해와 평가에 의해 성장을 도모하고 자주적으로 노력하려는 과정이라고 할 수 있다.

자기계발은 장기적 관점에서 자신이 어떤 능력을 원하는지를 결정하는 것으로 시작한다. 다음으로 원하는 능력과 자신의 능력과의 차이를 명확하게 하여 자기계발의 목표를 설정한다. 그리고 목표를 달성하는 방법과 일정을 계획하고 실행한다.

이러한 자기계발은 개인의 자주적 행동이지만 기업은 이를 위해 다양한 지원을 제공한다. 수강료 등의 금전지원, 근무시간이나 휴가 등의 시간지원, 교육훈련기관이나 통신교육 등의 정보지원, 연수기회의 제공 등이 해당된다.

2. 대상에 따른 분류

① 신분에 의한 분류

- 입직훈련(orientation training, entrance training)
- 재직자 훈련(employee training)

② 계층에 의한 분류

- 경영자 훈련(program for executive, management development program)
- 감독자 훈련(program for supervisor, supervisory training)
- 일선 근로자 훈련(program for worker, employee training)

04 교육훈련의 기법

1. 정보제시 기법

1) 강의법

특정 장소에 교육훈련 대상자들을 집결시키고, 이들을 대상으로 교육훈련에 대한 내용을 구두로 전달하며, 참석자들은 수동적으로 청강함으로써 진행한다. 결과가 즉각적이며 신속하고 시간과 경비를 절약할 수 있다. 그러나 동기부여할 수 없고, 현실적 문제해결 능력을 배양하는 데 한계가 있다.

2) 통신식 교육방법

인쇄물 등을 이용한 통신강좌에 의해 진행되며 피교육자를 일정한 장소에 집결하는 것이 불가능하거나, 특정 지식이나 기술을 습득하고 있는 사람을 대상으로 보충교육이 필요할 경우에 실시한다. 비용이 절감되지만, 수동적이며 동기부여할 수 없다는 단점이 있다.

3) 컴퓨터 학습법

교육 담당자, 훈련시설, 훈련 프로그램 등이 컴퓨터로 집약되어 이를 통해 이루어진다. 교육의 성과를 자체적으로 관찰·평가·개선하는 가운데 훈련이 진행된다. 또한, 여러 개의 터미널을 하나의 컴퓨터로 통제할 수 있으므로 다수의 피훈련자에게 동일한 훈련을 동시에 실시할 수 있다.

4) 오리엔테이션

오리엔테이션(orientation)은 신입자를 대상으로 직장생활에 필요한 기초지식, 새로운 환경에 대한 적응, 사회인으로서 행동기준, 직무에 대한 기초지식, 집단에의 참여의식과 동료와의 친밀감, 자주적 행동, 책임감 등의 양성에 목적이 있다. 회사의 규정과 규칙, 경영자의 경영철학, 인사방침, 시설의 이용방법, 근로조건, 직무지식, 예의교육 등이 일반적이다.

5) 시청각 교육방법

강의식 교육에 시청각(audio-visual) 교재를 사용하여 교육훈련의 효과를 높이려는 것이다. 비용이 많이 들고 내용이 고정화되어 있으며, 적절한 교재의 확보가 어렵다는 단점이 있다. 반면에, 제품과 공정을 이해하고, 복잡한 기계구조를 확인하고, 학습동기를 유발하고, 학습효과가 빠르다는 장점이 있다.

2. 토의식 기법

(1) 정형적 기법

1) TWI(Training Within Industry)

생산부문의 감독자를 위한 훈련기법으로 제2차 세계대전 전시노동체제하에서 생산성 향상을 위해 개발되었다. 내용이 간단하고 표준화되어 ILO에서 채택하여 각국에 보급하였다. 단기훈련 방식으로서, 10여 명이 소집단을 이루어 특별훈련을 받은 지도자에 의해 이루어진다. 한 계열당 2시간씩 5번 진행하여, 3계열 30시간으로 종료한다. 각 계열은 다음과 같은 내용으로 구성되어 있다.

① 작업지도(JI: job instruction): 부하에 대한 기술지도능력을 향상시키는 것을 목적으로 한다.
② 작업개선(JM: job method): 과학적 관리의 원리에 기초하여 감독자의 생산관리능력을 향상시킬 것을 목적으로 한다.
③ 작업관계(JR: job relation): 사회심리학의 원리에 기초하여 감독자로서의 지도·통솔능력을 향상시킬 것을 목적으로 한다.

2) MTP(Management Training Program)

중간관리자의 교육훈련 방식이다. 광범위한 관리 문제와 경영원리에 초점을 두고 관리자로서 필요한 관리기법의 습득을 목적으로 한다. 6개 부문 20개 항목으로 구성되며 각 항목당 2시간을 할당, 총 40시간으로 구성된다. 주로 회의식으로 진행되지만 강의, 실습, 역할연기법, 사례연구법 등이 병행되며 보조적으로 시청각 기재도 활용된다. 구체적인 내용은 다음과 같다.

① 제1부: 관리의 기초(관리의 기본적 사고방식, 조직의 원칙, 조직의 검토)
② 제2부: 작업의 개선(직무할당 및 작업방법 개선, 창조력 발휘, 작업수행 기준)
③ 제3부: 작업의 관리(계획, 지휘, 통제, 조정, 회의방법)
④ 제4부: 부하의 훈련(직무훈련의 관리, 관리능력 육성, 부하의 육성)
⑤ 제5부: 인간관계(부하와의 상호이해, 인사문제 처리, 태도개발, 직장사기 향상)
⑥ 제6부: 관리의 전개(리더십)

3) JST(Jinjin Supervisor Training)

사무계통의 감독자를 위한 교육훈련방식이다. MTP와 유사하나 훈련기간이 짧고 간단하며, 감독자의 직무인 작업관리와 관리개선, 교육훈련 및 부하통솔 방법으로 구성되고, 회의식으로 진행되지만 실연, 실습, 사례연구 등의 방식을 병행한다.

(2) 비정형적 기법

1) 감수성 훈련(sensitivity training)

레윈(K. Lewin) 등이 개발한 집단적 창조력 개발기법으로, 실험실 훈련, T-group 훈련이라고도 한다. 이 훈련은 자아분석 및 타인분석, 현실적 문제해결 능력, 원만한 인간관계 및 조직관계 형성 등을 목적으로 다음과 같이 진행한다.

① 논의사항, 지도자와 구성원에 대한 비공개
② 지도자가 공개되고 피훈련자의 감정표출
③ 개인적·상호관계적·협동적 활동을 실험하며, 이러한 상황에서 구성원간 상호관계를 발견 및 발전
④ 훈련집단에서 체험한 경험을 자기 부서에서 응용하게 하고, 그 결과를 분석하여 유용성 여부를 평가

10명 내외의 여러 집단으로 구성하고 1~2주간 직장이 아닌 제3의 장소에서 하루 1~2시간의 토론형태로 진행된다. 피훈련자는 자율적 학습에 의해 능력을 개발하며, 지도자는 집단이 스스로의 경험을 통해 학습하도록 보조적 역할을 하고 강사나 리더와 같은 일방적 행동은 하지 않는다.

이것은 피훈련자들의 가치체계를 변화시키기 위하여 해빙, 변화, 새로운 가치체계의 재결빙이라는 전이과정이 포함되어야 한다.

2) 브레인스토밍(brain storming)

오즈번(A. Osborn)이 창의적 사고와 제안을 촉진시키기 위해 개발한 자유연상에 의한 아이디어 착상법이다. 이것은 누구도 모든 아이디어가 제시될 때까지 이를 비평하거나 논쟁하는 것이 허용되지 않으며, 가능한 많은 아이디어를 제시하도록 하며, 다음과 같은 과정으로 수행된다.

① 목표설정: 토론의 목표와 내용 등을 사전에 설정하고, 참가자들은 1주일 전에 토론의 주제, 목적, 시간, 장소, 방법 등에 대해서 알고 있어야 한다.
② 인적 구성: 참가자는 5~6명 정도로 혼성일 경우 효과가 크다.
③ 문제 제시: 문제를 제시하고 해결을 위해 적극적으로 참여하도록 한다.

④ 원칙의 재확인: 리더는 토론에서 준수해야 할 원칙을 재확인시킨다.

⑤ 워밍업: 예비회의를 하여 토론에서의 요령을 습득하도록 한다.

⑥ 토론의 진행: 편안하고 쾌적한 장소에서 15~20분 정도로 토론을 진행하고 10분 정도 휴식함으로써 마음의 여유를 갖는다.

⑦ 종결: 토론은 한 시간 정도가 적당하다.

⑧ 제시된 아이디어의 낭독: 제시된 모든 아이디어를 참가자들에게 낭독한다.

⑨ 추가 아이디어의 제출: 추가적인 아이디어를 제출하도록 하며 이를 위해 사전에 카드를 돌리기도 한다.

⑩ 아이디어 채택: 아이디어는 심사되고 심사위원은 2~3명의 전문가로 구성한다. 채택된 아이디어는 활용하고 보상한다.

이 기법은 인간관계의 개선과 적극적인 행동, 동기부여, 창의적이고 진취적인 태도, 기회포착과 자기개발 능력의 증진 등에 대한 효과가 있으나, 아이디어의 질보다는 수에 치중한다는 단점이 있다.

3) 신디케이트 토의(syndicate discussion)

근로자 재교육을 위한 기법이다. 하나의 문제를 조사·검토하여 문제해결을 위한 방안을 제시하면 다른 상급의 훈련자나 관리자에 의해 지적을 받는 방식으로서 진행하며 보고회의 형태를 취하고 있다.

4) 배석토의(panel discussion)

특정 문제에 대해 상반된 의견을 가지고 있는 3~4명의 전문가가 단상에 배석하고 토의를 진행한다. 사회자는 전문가가 발언시간을 준수하도록 하거나 주제의 범위를 벗어나지 않도록 조정하고 청중이 질문의 형태로 참가하도록 하는 역할을 한다.

5) 좌담식 토의(symposium)

사회자와 4명의 연사로 구성되는 것이 일반적이며 다음과 같은 과정으로 진행된다.

① 사회자가 의제와 연사에 대하여 소개한다.

② 연사는 의제에 대한 자기의 의견을 발표한다.

③ 의제와 연사가 발표한 의견에 대하여 연사 상호간에 질의응답한다.

④ 연사의 의견발표에 대하여 청중이 특정 연사를 지명하여 질의를 한다.

⑤ 각 연사가 간단하게 요약을 한다.

⑥ 사회자는 지금까지의 의견들을 총괄적으로 요약한다.

6) 공개토의(forum discussion)

패널과 심포지엄의 특징을 결합한 방식이다. 준비된 전문가가 연설을 한다는 것은 심포지엄과 같고, 연설 이후에 제시된 문제에 대해서 전문가들이 의견을 교환하고 협의하는 것은 패널토의와 같으며, 청중이 전문가에게 질의하고 의견을 제시할 수 있다는 점에서 회의와 같다.

7) 3자구성토의

균형주의 원칙을 적용한 것으로 특정문제에 대해 상이한 의견을 가진 3집단이 토론에 의해 해결 방안을 제시하는 것이다. 재판과정에서 판사, 검사, 변호사의 3자로 구성되어 의사를 진행하는 것과 같은 형태이다.

8) 원탁식 토의(round table discussion)

원탁에서 특정문제에 대해 자유로운 토의를 통해 해결방안을 도출하는 방식이다. 사용자와 근로자가 계급의식을 불식시키고 대등한 위치에서 민주적으로 토의하는 형태이다.

3. 직무병행 기법

(1) 직무순환(job rotation)

일정기간을 정해 직무를 교대시키는 것으로서, ① 다양한 지식과 경험을 축적하고, ② 집단간 문제점에 대해 공감대를 형성하고, ③ 원활한 인간관계를 유지하고, ④ 전체적인 시각에서 직무를 파악하고, ⑤ 잠재적 능력을 개발할 수 있는 기회를 제공한다. 그러나 특정 부문에 소속되지 못함으로써 직무에 대한 애착감과 전문적 지식이 결여될 수 있다는 단점이 있다.

(2) 멘토링(mentoring)

멘토링은 경험이 풍부한 연장자가 후진들에게 역할모델이 되고 그들의 경력계획 및 대인관계와 관련된 지원, 지도 그리고 피드백을 제공해 주는 것이다. 프로그램의 범위 내에서 이루어지는 형식적 멘토링(승진관리, 임금관리, 경력관리 등)과 프로그램을 초월하여 이루어지는 실질적 멘토링(형식적 멘토를 포함한 가정문제, 자녀문제, 금전문제 등)이 있다.

(3) 코칭(coaching)

관리자가 지시, 충고, 비평, 제안을 통해서 직접 지도하는 것이다. 관리자가 직접 코치하게 되면 밀도 높은 상호작용과 자신의 업적을 신속하게 확인할 수 있기 때문에 학습효과를 높일 수 있다. 그러나 코칭에 의한 관리스타일이 지속적으로 유지될 수 있고, 훈련의 성패가 코치의 능력에 따른다는 단점이 있다.

(4) 도제제도

중세의 길드(guild)에서 시작된 숙련공 양성 기법이다. 견습공은 임금 없이 숙식을 제공받으며 일정기간 주인에게 봉사하고 특수한 문제해결 기법이나 기능 등을 습득한다. 이 기법은 직장내 훈련과 직장외 훈련을 혼용한 방식으로 정교한 수작업이 요구되는 직무에 효과적이지만 동시에 많은 사람을 교육할 수 없다는 단점이 있다.

4. 시뮬레이션 기법

(1) 그리드 훈련(grid training)

블레이크와 모우턴(R. Blake & J.S. Mouton)의 managerial grid에 기초한 것이다. 이 기법의 목적은 관리자의 리더십을 인간과 직무에 대한 관심이 그리드의 (9·9)형이 되도록 유도하는 데에 있다.

이 기법은 (9·9)형의 리더로 발전시킬 수 있고, 조직 분위기를 혁신시켜 팀워크와 사기진작에 기여할 수 있다. 그러나 (9·9)형의 리더는 이상적인 유형으로서 현실성이 결여되어 있다는 한계점이 있다.

그림 5-2 managerial grid

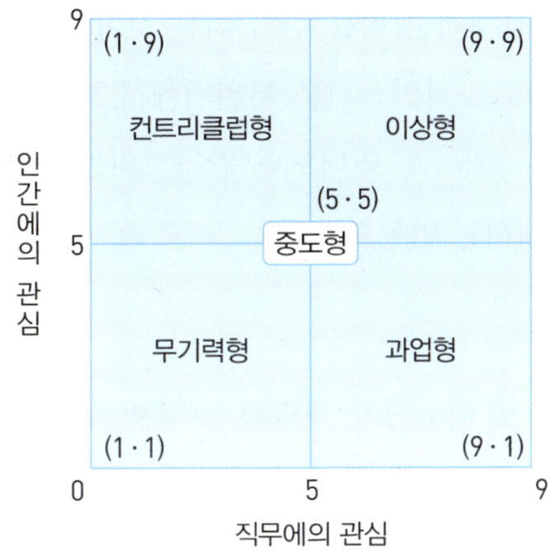

자료 : P.R. Lawrence & J.W. Lorsch, *Developing Organization: Diagnosis & Action Reading*, Mass.: Addison- Wesley Publishing, 1969, p.69

(2) 역할연기법(role playing)

모레노(J.L. Moreno)가 정신질환자의 치료를 목적으로 개발한 것으로 심리극(psychodrama)이라고도 한다. 무대에서 배역을 정해 피교육자로 하여금 실제로 연기를 하도록 하는 것이다. 연기와 토론을 통해 연기자는 물론 관람하는 피교육자가 현실적 상황에서 발생할 수 있는 문제의 원인과 합리적 해결방안을 발견하도록 한다.

이 기법의 목적은 부하와 관리자의 역할연기를 통해 공감대를 형성하고, 지도력을 향상시키고, 미래의 지위에 적합한 행동을 습득하도록 하는 것이다. 따라서 흥미와 실감을 주고, 문제점를 정확하게 발견하며, 직접 연기하지 않아도 자기판단을 할 수 있기 때문에 대인접점 근로자를 위한 교육훈련으로 적합하다. 그러나 많은 시간과 장소를 필요로 하며 질 높은 의사결정에는 한계가 있다.

(3) 사례연구법(case study)

1871년 하버드 법과대학 랑델(C.C. Langdell)이 학생들에게 현실의 문제를 인식시키기 위한 방안으로 시도되어, 현재에는 경영자의 실무교육을 위한 기법으로 활용되고 있다. 문제가 있는 실제 사례를 대상으로 토론함으로써 문제해결을 위한 판단력, 지식, 태도, 분석능력 등을 배양할 수 있다. 따라서 참가자의 학습의욕을 자극하고, 사색적 경험을 주기 위한 것이다. 동일 지위의 10~15명 정도의 사람들로 구성하고, 자연스러운 분위기에서 토론하고, 사고훈련으로서 많은 시간을 소요해서는 안되고, 리더보다 참가자의 주관에 의해 진행되어야 하고, 결과에 대해 비판해서는 안된다.

(4) 비즈니스 게임(business game)

1950년대 후반에 미국에서 개발된 경영자 교육훈련 기법이다. 피교육자를 5~6명 정도의 소그룹으로 분류하고 이것을 하나의 가상의 기업으로, 참가자들은 기업의 경영자로 간주한다. 이들 기업은 동종의 경쟁기업이며 경영자들은 경쟁에서 승리하기 위한 의사결정을 해야 한다. 이를 위해 교육자는 해당 기업에 대한 가상의 정보, 즉 생산능력, 기업규모, 매출액, 인력 및 조직구조, 제품의 원가 등을 제공한다. 이 자료에 의한 의사결정 결과는 다시 각 기업에 통보되며, 각 기업은 이 자료에 기초하여 차기의 의사결정을 하게 된다. 이 과정을 반복하여 자신들의 의사결정에 대한 성공과 실패요인들을 분석하고 실무에서 발생할 수 있는 문제들을 해결할 수 있는 능력을 배양한다.

이 기법은 현실의 문제해결 능력, 기업경영에 대한 전사적 차원의 지식, 의사소통의 개선에 도움이 될 수 있다. 그러나 많은 시간과 경비가 요구되며, 제한된 가상의 정보만이 제공되기 때문에 다양한 대안을 제시하기 어렵고, 승리에만 집착하여 비효율적인 의사결정을 할 수 있다는 단점이 있다.

(5) 서류함 기법(in-basket method)

문제해결능력이나 계획능력을 향상시키기 위한 것이다. 경영자가 근무하는 사무실과 비품, 업무와 관련된 가상의 자료(제품정보, 직무관련 서류, 주요인물, 일정표 등)가 들어있는 서류함을 준비한다. 참가자는 사무실에서 경영자가 일상적으로 수행하는 의사결정 자료를 기초로 2~3시간 내에 처리하고 평가자와 훈련참가자의 토론에 의해 분석한다.

의사결정의 내용은 몇 가지 차원(실천능력, 직무처리능력, 유연성 등)에 따라 평가한다. 현실적 상황에서 개인별 훈련이 이루어지기 때문에 문제해결능력에 긍정적이지만, 시간과 경비가 소요된다는 한계점이 있다.

(6) 모의실험(simulator method)

이 기법의 교육훈련은 두 가지 유형이 있다. 하나는 기계적인 모의실험 설비를 이용하는 것이다. 항공장비나 전투기와 같은 실제의 설비를 이용하는 것으로, 행동에 대한 즉각적이고 자극적인 피드백을 제공한다는 점에서 실습장 훈련과 유사하다.

다른 하나는 컴퓨터에 의한 시뮬레이션이다. 피훈련자가 의사결정을 하면 컴퓨터는 미리 입력된 프로그램에 따라 의사결정의 결과를 산출해 낸다.

교육훈련의 평가 05

1. 교육훈련 평가의 필요성

계획에 의해 실시된 교육훈련이 목적을 달성했는지를 평가하기 위해서는 다음과 같은 사항을 고려해야 한다.

① 기업의 장기 경영계획과 관련하여 실시되었는가
② 필요로 하는 사항은 충분히 다루어졌는가
③ 교육훈련 기법은 적절하였는가
④ 목표(정보, 지식, 기능의 습득 및 태도의 변화 등)는 달성되었는가
⑤ 성과는 향상되었는가
⑥ 개선이 필요한 것은 무엇인가
⑦ 평가결과를 인사관리제도에 어떻게 반영할 것인가 등이다.

2. 교육훈련의 평가대상 및 방법

교육훈련의 평가에는 첫째, 참가자를 대상으로 한 개별적인 평가가 있다. 교육훈련이 종료되면 참가자 개인을 상대로 특정 지식, 기술 등의 습득 정도를 평가하는 것이다. 둘째, 교육훈련이 전체적인 조직성과에 미친 영향을 평가하는 것이다.

교육훈련의 결과를 평가하기 위한 기준은 계량화할 수 있는 양적 자료와 계량화할 수 없는 질적 자료가 있다. 양적 자료에 의한 평가기준은 생산량, 단위당 생산소요시간, 재해율, 불량률, 재료소모율, 결근 및 이직률, 판매량 등이며, 질적 자료에 의한 평가기준은 근로의욕, 직무만족, 소속감, 자신감, 동기부여, 애사심 등이 있다.

평가방법으로는 동일한 자료를 이용하여 교육훈련 전과 후를 비교하는 전후비교법, 교육훈련을 실시한 실험집단과 실시하지 않은 통제집단 간의 결과를 비교하는 표준비교법, 시험을 통해 측정하는 테스트법이 있다. 또한, 동일한 훈련을 되풀이할 경우 실제적인 훈련의 효과를 측정하기 위하여 훈련집단의 평균값과 통제집단의 평균값을 비교하는 평균비교법과 관찰법, 면접법, 자료분석법 등이 있다.

표 5-1 평가단계의 내용

단계	분류	내용	평가방법
1	반응평가	교육훈련프로그램의 내용과 프로세스	질문지, 면접, 간담회
2	학습평가	학습내용의 이해와 습득	테스트, 과제, 실습, 강사 및 상사의 의견서, 면접
3	행동평가	태도 및 행동의 변화	실습보고서, 과제보고서, 실습개선보고서, 출근율, 인사고과, 의견서, 면접
4	결과평가(실적평가)	실적의 향상	생산 및 실적자료 개선보고서, 간담회

생애학습조직 06

1. 학습조직의 개념과 목표

(1) 학습조직의 개념

구성원들이 팀워크를 중요시하고, 공동으로 함께 배우고, 불편한 것을 극복하려 하고, 새로운 것을 배워가면서 지속적으로 발전을 추구해 가는 조직을 학습조직(organizational learning)이라고 한다. 급변하는 환경에 적응하기 위하여 자신의 지식 및 기능을 항상 습득해야 하는 생애학습사회에서 기업도 생애학습조직으로의 변화가 요구된다. 이러한 상황에서 인재육성은 일시적인 것이 아니고 지속적으로 이루어지는 것이며, 이러한 지속적인 육성에 의해 개인의 커리어가 형성되는 것이다.

학습조직을 제안한 아지리스(C. Argyris)는 높은 이론적 지식을 가진 근로자가 실무를 통해 학습한다고 하면서, 이러한 사람들로 구성된 조직이 학습조직이라고 하였다. 그러나 규칙이 존재하는 조직에서 창의력은 어떻게 발휘할 것이며, 기존의 규범과 규칙을 준수하는 학습과 수정 가능성을 포함한 학습을 어떻게 조화할 것인가 하는 것이 문제였다.

이와 관련하여 센지(P. Senge)는 근로자들에게 다음과 같은 사고가 필요하다고 하였다. ① 조직은 복잡한 관련을 갖고 있는 시스템이라는 것(system thinking), ② 개인으로서 성숙되어 있는 것(personal mastery), ③ 학습하고자 하는 준비가 되어 있는 것(mental models), ④ 비전을 공유하는 것(shared vision), ⑤ 팀으로서 학습해 가는 것(team learning)이다.

이 가운데 ⑤ 팀학습이 가장 중요한 것으로서, 모든 근로자들에게 학습하고자 하는 의욕과 능력을 증진시킬 수 있는 방법을 습득하도록 하는 것이다. 리더는 과거에 학습한 것에 집착하고 새로운 것을 학습하고자 하는 의욕을 상실해서는 안된다. 급변하는 환경에서 성공하려면 이러한 기본적인 딜레마를 해결해야 한다.

(2) 학습조직의 목표

조직에서 성공하는 사람은 학습할 수 있는 스킬과 능력을 갖고 있다. 그들은 개인주의적 영웅의 형태로서 학습하는 것이 아니라 타인과 협력하면서 학습한다. 학습조직은 자신의 경험과 과거의 역사로부터 학습하며, 타인의 경험 및 행동으로부터도 학습한다. 그들은 이렇게 습득된 지식을 신속하고 효율적으로 조직구성원들과 공유하는 것이다.

2. 학습조직과 인적자원관리

(1) 학습의 내용

성공적인 학습에는 학습능력을 필요로 한다. 단기적으로 유익한 기능의 전수를 위한 교육훈련의 내용을 지속적으로 학습능력을 개발하기 위한 것으로 전환해야 한다. 인재육성은 즉시 활용할 수 있는 능력의 양성이라는 특징이 있으며, 이러한 능력은 기술환경의 급격한 변화로 빠르게 사양화하는 특징이 있다. 따라서 환경변화에 능동적으로 적응할 수 있는 능력의 양성이 중요하며 이것이 경력개발의 기본적인 사고이다.

현재 중요하다고 생각하는 기능 및 기술은 빠르게 진부화하지만 새로운 기능 및 기술을 학습할 수 있는 능력(ability to learn)은 진부화하지 않는다. 따라서 조직에서 중요시하는 것은 학습하고자 하는 의욕이 있는 사람이다. 조직에서 이러한 능력을 소유한 사람은 학습능력이라는 관점에서 세 종류로 분류된다. 첫째는 적극적인 학습자(agile or active learner)로서 생애를 통한 경험으로부터 의미를 발견하며, 이로부터 학습하려고 하는 10% 내에 있는 사람이다. 둘째는 소극적인 학습자 혹은 수동적인 학습자(passive or random leader)로서 60%에 해당된다. 셋째는 학습거부자(blocked leadership)로서 창조적인 것을 거부하고 과거의 관습대로 행동하는 사람으로 30%에 해당한다.

(2) 학습조직의 조건

조직내 학습활동이 조직 및 근로자에게 충분한 이익을 제공하기 위해서는 다음과 같은 조건이 요구된다.

① 조직은 전략적 사업계획을 구비해야 하며, 이것을 실현할 수 있는 근로자의 기능과 지식에 관한 사항이 명시되어야 한다.
② 모든 학습욕구는 예측할 수 없기 때문에 경영자는 새로운 학습욕구가 나타나면 즉시 이것을 발견, 확정하고 그 욕구에 대응하는 준비를 동시에 실행해 나가야 한다.
③ 학습과 직무는 가능한 한 통합시켜야 한다. 모든 근로자들이 그들의 일상생활에서 경험하는 문제 또는 성공으로부터 학습하는 것을 장려해야 한다.
④ 근로자들의 능력개발이 어떻게 이루어지는지를 주기적으로 검토해야 한다.
⑤ 지속적인 능력개발에 대한 중요성을 인식하고 학습에 대한 투자는 최우선시해야 한다.

이상과 같은 학습활동으로 나타나는 인식의 변화는 다음과 같다.

① 개인의 성장을 위해 적합한 환경을 조성하는 기업이 우수한 인재를 확보할 수 있다.
② 경영자는 개인의 성장에 적합한 환경을 조성하고, 변화하는 직무는 그가 수행해야 할 새로운 역할로 인식하게 한다.
③ 변화와 혁신을 위한 정보체계를 경영층으로부터 일반근로자에 이르기까지 개방하고, 모두에게 주인의식을 갖도록 한다.
④ 고용근로(hired labor)에서 계약근로(contract labor)로 변화가 야기된다.
⑤ 톱 다운의 권위주의적 관리스타일로부터 네트워크형의 상호지원 시스템으로 이동된다.

3. 새로운 시대의 인재 육성

기업은 급변하는 내·외부의 환경에 적절히 적응할 수 있는 인재를 육성해야 한다. 이를 반영하여 새로운 교육훈련 기법들이 활용되고 있다. 특히 성과주의 정착을 위해서 action learning 등의 현장중심 교육훈련이, 교육시간 확보의 어려움과 학습결과의 시너지 효과를 위하여 e-learning, blended learning 등의 정보기술을 활용한 교육훈련이 실시되고 있다.

① action learning: 실제 경영현장에서 조직성과와 직결되는 이슈나 과제를 정해진 시점까지 해결하고, 이를 통해 개인과 조직이 함께 성장할 수 있도록 하는 교육훈련 기법이다. 현장에서 교육훈련이 이루어지기 때문에 문제해결능력과 리더십 개발을 기대할 수 있으며, 이를 통해 조직 전체를 학습중심 패러다임으로 전환할 수 있다.

② e-learning: 다양한 형태의 교육 컨텐츠를 통해 교육자와 학습자, 학습자와 학습자 간 쌍방향 커뮤니케이션이 가능하고, 학습자간 다양한 선택권이 주어지면서 상호 평가가 가능한 온라인 학습체계이다. 학습자가 자기주도형으로 과제를 수행하기 때문에 오프라인 기법보다 세밀한 설계가 필요하다. 그러나 개발 후에는 학습한 결과가 온라인에 축적되어 교육의 시너지가 있고, 학습자간 상호교류와 커뮤니티 형성을 통하여 지식관리시스템(KMS) 구축 등 학습조직의 구현에 도움이 된다.

③ blended learning: 학습자의 교육성과를 높이기 위해 다양한 교수방법, 설계전략, 콘텐츠 개발방식 등을 적절히 혼합하여 실시하는 교육훈련 기법이다. e-learning을 중심으로 하면서 pre-workshop, interim-workshop, post-workshop 등 별도의 action learning을 실시한다. 따라서 온-오프라인 교육기법을 혼합하기 때문에 학습성과를 극대화할 수 있다.

Chapter 06

근무평가

학습 목표

경영관리의 한 분야로서 근무평가는 인적자원관리의 합리화 또는 과학화를 위해 중요한 역할을 한다. 따라서 근로자의 가치를 객관적으로 평가함으로써 그들의 능력을 향상시키고, 인적자원관리에 대한 공정성을 지각하게 하고, 경영자에 대한 신뢰감을 향상시켜 사기를 높이고, 능률을 향상시키는 데 목적이 있다. 그러므로 기업은 끊임없이 인적자원을 개발하고 그들의 근무태도 및 근무실적을 효율적으로 평가하여 적재적소에 배치하고 활용해야 한다. 또한 적합한 능력을 소유한 인재를 유지하는 데 노력함으로써 기업 및 직무에 대한 만족도와 조직이 설정한 목표를 효율적으로 달성하는 데 기여할 것이다.

이 장에서는 근무평가의 개념과 중요성을 확인하고, 현재 실무에서 활용되고 있는 근무평가제도와 근무평가시 발생할 수 있는 심리적 오류에 대해서 고찰한다.

01 근무평가의 개념과 목적

1. 근무평가의 개념

근무평가는 능률평가(efficiency rating), 근로자 평가(employee rating), 수행평가(performance rating), 성적평가(merit rating) 등 다양하게 쓰이고 있다. 또한 근무평가는 과거의 실적에 따라서 서열을 결정하거나 우열을 비교하기 위한 전통적인 목적에서, 직무수행능력을 개발·향상시켜 성과를 달성하고자 하는 관점으로 전환되고 있다.

근무평가의 개념에 대해서 미이(J.F. Mee)는 근로자가의 현재 및 잠재적 유용성을 계획적이고 조직적으로 평가하는 것이라고 하였고, 랭스너(A. Langsner) 등은 근로자의 능력, 근무성적, 자질, 습관, 태도 등의 상대적 가치를 조직적이고 객관적으로 평가하는 절차라고 하였다. 따라서 근무평가는 근로자의 상대적 가치나 유용성을 객관적으로 평가한다는 공통점이 있다.

2. 근무평가의 목적

근무평가의 목적은 다음과 같다.

첫째, 기업방침의 전달과 수행이다. 근무평가는 기업방침을 구체적으로 포함하고 있다. 따라서 기업이 요구하는 성과와 역할을 이해할 수 있어 이를 기준으로 행동하게 된다.

둘째, 공헌에 대한 정당한 처우이다. 이를 위해 개인의 공헌도, 능력이나 행동을 정확하게 파악하고 기준에 따라 평가해야 한다.

셋째, 인재육성과 적정배치이다. 강점과 개선점, 잠재적 능력을 파악하여 적절한 업무지도와 개발계획을 수립하고, 적재적소의 배치가 이루어진다.

또한 프렌치(W.L. French)는 근무평가의 목적을 2가지의 범주로 분류하였다. 첫째, 직무수행에 대한 피드백으로서, 임금 및 승진, 구조조정, 성과 미달자에 대한 경고이다. 둘째, 지도(coaching) 및 능력개발로서, 업적개선과 가능성 개발을 위한 상담과 지도, 경력기회 및 경력계획을 통한 사명감, 관심 및 지원을 통한 동기부여, 상사와 부하의 관계강화, 개인 및 조직의 문제점 진단이다.

근무평가의 원칙과 절차 02

1. 근무평가의 원칙

근무평가를 실시하는 과정에서 지켜야 하는 원칙은 다음과 같다.

① 직무기준의 원칙: 담당직무를 기준으로 능력, 태도, 업적 등을 평가한다. 인품, 대인관계 등을 기준으로 감정평가가 되어서는 안된다.
② 공정성의 원칙: 평가요소별로 객관적 기준에 의해 공정하게 평가한다.
③ 독립성의 원칙: 평가자는 독립적 판단에 의거하여 평가한다.
④ 추측 배제의 원칙: 명확한 근거사실에 의거하여 평가한다.
⑤ 평가 불소급의 원칙: 평가결과에 대해 다시 소급하여 평가해서는 안된다.
⑥ 오차경향 배제의 원칙: 평가과정에서 주관적 오류는 최대한 배제한다.

2. 근무평가의 과정

근무평가는 일반적으로 다음과 같은 절차에 의해 이루어진다.

① 평가의 목표: 평가결과에 대한 명확한 활용목적, 구체적인 수행방침과 방향, 역할을 직접상사와의 상담에 의해 설정한다.
② 평가대상 및 평가방법·요소 결정: 평가대상과 평가결과의 활용목적, 업종이나 직무의 특성, 기업의 특성이나 환경, 조직문화, 근로자의 가치관이나 태도 등을 고려해서 결정한다.
③ 평가자 선정과 평가방법에 대한 훈련: 판단력과 분석력을 겸비한 전문가를 선정하고 평가의 공정성과 심리적 오류를 극복할 수 있는 훈련을 실시한다.
④ 평가 실시: 평가시기는 일반적으로 기말(12개월 후)이지만 반기(6개월)마다 할 수도 있으며, 실시과정에서 편견이나 오류를 최소화하도록 한다.
⑤ 평가사실의 확인: 일반적으로 1차 평가자는 피평가자를 가장 잘 관찰하고 있는 직접상사이며, 평가결과가 정확한지를 2차 평가자가 판단하고 조정한다.
⑥ 결과의 분석·검토·조정: 2차 평가결과는 최종평가 회의에서 검토하고 결정한

다. 이 경우 부문간 직무환경과 인원분포, 평가자의 퍼스낼리티의 차이 등을 고려하여 조정을 한다.

⑦ 피드백과 육성계획: 평가결과는 당사자에게 피드백한다. 피드백 내용과 육성계획은 1·2차평가자가 토론하여 결정한다. 평가결과를 설명하고 수용을 확인한다. 육성계획과 차기의 목표설정은 충분한 시간을 갖고 논의한다.

⑧ 자료의 활용과 보관: 평가결과는 인사제도에 활용되어야 하며 차기 평가를 위한 내부자료로 보관한다.

03 근무평가자 및 평가의 한계

1. 평가자 선정

일반적으로 근무평가는 자기평가(self rating), 수직적 평가(vertical rating), 수평적 평가(horizontal rating) 및 다면적 평가(triangle rating)로 구분한다. 수직적 평가는 다시 상부하향식과 하부상향식으로 구분하며, 전자를 상사에 의한 평가, 후자를 하위자에 의한 평가라고 한다. 수평적 평가는 동료에 의한 평가(peers rating)이며, 다면적 평가는 둘 이상 병행하여 실시하는 것이다.

① 자기평가: 스스로를 평가하는 것으로 자기진단, 교육훈련, 평가를 위한 보완적 자료로써 활용한다.

② 상사에 의한 평가: 부하의 직무와 정보를 가장 잘 알고 있는 상사가 평가한다.

③ 동료평가: 상대의 능력을 정확히 알고 있는 동일한 지위의 동료가 평가한다.

④ 하위자 평가: 유기적인 상하관계를 유지하기 위해 부하가 상사를 평가한다.

⑤ 외부인 평가: 평가의 독립성을 확보하기 위해 외부전문가가 평가한다.

⑥ 고객평가: 주로 고객접점 서비스 업체 등에서 소비자가 평가한다.

⑦ 복수평가: 이상의 방법 중 2개 이상을 병행하여 평가하는 것으로 상사평가의 보완적 방법으로서 주로 이용한다.

2. 근무평가의 구조

일반적으로 근무평가는 성과평가, 행동평가, 정성평가 능력평가에 가중치를 부여해서 이루어진다.

① 성과평가: 목표달성 상황과 직무수행 상황을 평가한다. 목표달성도는 외부요인을 고려하지 않고 객관적 지표만으로 평가하지만, 직무수행도는 노력한 과정을 고려하여 평가한다.

② 행동평가: 성과창출을 위한 행동을 평가한다. 성과를 창출하기 위한 자신의 구체적인 행동을 기술한다. 평가자는 그 행동에서 발휘된 역량을 확인하고 평가한다.

③ 정성평가: 직무에 대한 의욕으로서 규율성(규칙이나 상사의 지시에 따른 직무수행), 협조성, 적극성, 책임성 등을 평가한다. 의욕이 있는지가 아니라 행동으로 이행했는가를 평가한다.

④ 능력평가: 직무에서 요구되는 전문지식이나 기획력, 조정능력, 지도력 등을 평가한다.

또한 성과평가(능력, 업적, 태도 등), 경력평가, 가감평가(교육, 포상, 근태 등)를 기준으로 평가가 이루어진다.

3. 근무평가의 오류

평가자의 주관적 판단으로 인한 오류는 근무평가의 장애요인이 되고 있다. 근무평가 과정에서 나타날 수 있는 오류는 다음과 같다.

(1) 현혹효과(halo effect)

평가자가 좋아하거나 싫어하는 특징을 가진 피평가자에 대해서 모든 평가요소를 호의적이거나 비호의적으로 평가하는 것이다. 즉, 한 가지 평가요소가 특출하거나 반대로 특히 나쁜 경우에 다른 요소의 평가에까지 영향을 미칠 수 있는 오류이다. 이를 가장 잘 예방할 수 있는 것은 교육이다. 또한, 한 번에 모든 평가요소를 평가하지 않고 한 번에 한 가지 요소만을 독립적으로 평가하며, 평가요소를 줄이고, 복수의 평가자가 동시에 평가한다.

(2) 중심화 경향(central tendency)

평가자가 모든 평가요소를 보통이나 평균수준으로 평가하는 경향이다. 평가자가 평가요소에 대한 지식이 부족하거나, 피평가자에 대한 정보가 부족할 때, 평가에 충분한 시간적 여유가 없을 때, 피평가자와의 감정대립을 우려할 때, 평가를 위해 충분한 노력을 하지 않는 경우에 발생한다. 이를 예방하기 위해서는 강제할당법에 의해 분포를 제한하며, 부하와의 일상적 접촉으로 사전에 정보를 보유하고, 평가요소에 대한 충분한 지식을 습득해야 한다.

(3) 관대화 및 엄격화 경향(leniency and strict tendency)

평가자의 성격에 따라 후하거나 엄격한 평가가 이루어질 수 있으며, 이러한 오류를 일반화의 오류 또는 체계적 오류라고 한다. 관대화 경향은 집단내 우수한 인원이 많을 때, 부정적 결과는 자신의 지도력이나 통솔력의 부족으로 인식될까 두려워, 훈련부족으로 평가방법을 모를 때, 부하들에 대한 호의적 감정이 강하고, 부하들에 대한 정보가 부족할 때, 자기의 부하들이 낮게 평가되는 것을 피하기 위한 방편으로 발생한다. 또한 엄격화 경향은 집단내 우수한 인재가 부족할 때, 부하들에 대해 부정적 감정이 있을 때, 평가자의 부정적 성격이나 평가시의 부정적 정서상태 등에 의해 발생한다.

이러한 오류의 근본적인 해결책은 교육훈련이다. 또한, 정규분포를 기준으로 강제할당법을 채택하거나 평가요소에 대한 개념을 명확하게 제시하여 모호성을 최소화하는 방법 등이 있다.

(4) 논리적 오차(logical error)

평가요소 사이에 논리적인 상관관계가 높은 경우, 하나의 평가요소가 특출하면 다른 요소도 높을 것이라고 속단해 버리는 경향이다. 즉 숙련도와 작업성과는 높은 상관관계가 있기 때문에 숙련도가 높으면 작업성과도 높다고 평가하는 것이다.

이를 극복하기 위해서는 추상적이거나 의미가 중복되는 평가요소를 배제하여 실제 관찰 가능한 사실만을 평가하도록 하며, 유사한 요소가 있다면 그 개념을 명확히 하거나 두 요소를 시간적 여유를 두고 각각 평가한다. 또한, 교육훈련에 의하여 주관적 판단이나 추측에 의한 판단을 최소화하는 방안들이 있다.

(5) 대비의 오차(contrast error)

평가자가 자신의 감정이나 특성을 타인에게 귀속 또는 전가시키는 경향이다. 즉 보다 공격적이거나 완고한 사람은 타인에게서 그와 같은 성격을 쉽게 발견하고, 그와 같은 성격에 대하여 부정적으로 평가하는 경향이다.

이를 극복하기 위해서는 자신의 평가기준을 고집하는 자기식 평가를 피하고, 자기신고법이나 자기평가법 등을 도입하여 부하가 평가한 자료와 자신이 평가한 것을 비교하는 방안이 있다.

(6) 근접오차(proximity error)

유사한 정도가 높은 평가요소를 공간적으로나 시간적으로 근접하여 평가하게 되면, 평가결과가 유사하게 나타나는 경향을 말한다. 즉 능력을 평가하고 곧 이어 실적을 평가하거나, 동일 장소에서 평가할 때와 장소를 옮겨서 평가할 때도 같은 영향을 받게 된다. 이를 극복하기 위해서는 유사한 평가요소는 평가순서를 바꾸거나 시간적 간격을 두고 평가하는 방안이 있다.

(7) 상동적 태도(stereotyping)

특정인에 대한 편견(bias)으로서, 피평가자가 속한 사회적 집단(출신학교, 지역, 성, 연령, 인종 등)의 구성원은 모두 공통적인 특성을 지니고 있다고 보고 평가하는 것이다. 따라서 피평가자가 가지고 있지 않은 특성을 가지고 있는 것으로 평가한다.

이를 극복하기 위해서는 강제선택법과 목표관리 기법을 사용하며, 외부의 제3자에 의해 평가하게 할 수 있다. 현혹효과는 개인의 한 가지 독특한 특성에 따른 것이라면 상동적 태도는 한 가지 범주(single category)에 따라 판단하는 것이다.

(8) 최근결과에 대한 편중

피평가자의 과거의 성과나 행동보다는 최근에 일어난 사건을 기준으로 평가하는 경향이다. 평가시기가 다가오면 평가자에게 잘 보이려고 노력을 한다든지, 과거의 행동과 업적을 관찰하는 데 게을리 하여 피평가자의 정보가 부족하고, 시간적 압박 등이 원인으로 볼 수 있다. 이를 극복하기 위해서는 교육훈련에 의한 인식의 전환, 평가기간을 단축시키고 자주 평가하여 부하의 행동을 지속적으로 관찰하도록 해야 한다.

(9) 선택적 지각(selective perception)

인간은 자신의 내적 상태에 따라 특정 현상을 상이하게 지각한다. 즉, 평가자가 관심이 있는 것만을 듣거나, 보고자 하기 때문에 다른 정보에는 주의를 기울이지 않는 경향이다. 따라서 피평가자의 업적이나 행동의 중요성을 과대평가하거나, 이미 결정된 평가를 합리화시키기 위해 보다 복잡한 관계를 단순화시켜 버리기도 한다.

(10) 평가표준상의 오류

평가요소의 개념에 대한 지각과 이해가 다름으로써 발생하는 것이다. 평가결과가 복수의 평가자에 따라 상이하게 나타나는 것으로 알 수 있다. 즉, 만족도에 대해 평가자들이 직무만족도로 이해한다거나 인간관계 만족도로 이해하여 평가하는 것을 들 수 있다. 이것은 평가요소와 평가척도의 기준을 명확히 설정하여 예방할 수 있다.

근무평가의 기법 04

1. 전통적 기법

(1) 대인비교법

1) 서열법(ranking method)

순위법이라고도 하며, 피평가자들을 업적이나 능력 등을 기준으로 서열을 결정하는 것이다. 종합적으로 순위를 결정하는 방법과 각각의 평가요소에 순위를 결정하고 종합하는 방법이 있다.

순위를 결정하는 방법으로는 최상위에서 최하위까지 일괄적으로 순서를 결정하는 단순순위법(simple ranking method), 피평가자 중 가장 우수한 사람과 열등한 사람을 선택하고 남은 사람 중에서 다시 가장 우수한 사람과 그렇지 못한 사람을 교대로 선택하여 순위를 결정하는 교대순위법(alternative ranking method)이 있다.

이것은 전통적인 방법으로 사용하기 쉽고 간단하다. 반면에, 비교자의 수가 많아지면 사용하기 어렵고, 동일직무에서만 비교 가능하며, 부서간 비교가 불가능하고, 피평가자 간 업적이나 능력의 폭이 제시되지 않고, 평가기준이 모호하여 평가결과에 신뢰성이 없다는 단점이 있다.

표 6-1 서열법의 예시

평가요소 / 피평가자	직무의 양	직무의 질	지식기능	협조성	추진력	순위합계	종합순위
A	3	5	2	3	4	17	4
B	1	3	3	1	3	11	1
C	4	4	5	2	1	16	3
D	2	1	4	4	2	13	2
E	5	2	1	5	5	18	5

2) 쌍대비교법(paired comparison method)

짝비교법이라고도 하며 피평가자를 두 사람씩 짝으로 비교평가하는 것이다. 평가자는 두 사람 중에 누가 더 우수한가를 비교하여 선택하고, 각 개인의 순위는 우수하다고 평가된 횟수에 의해 결정된다. 따라서 피평가자들이 비교되는 횟수는 n(n－1)/2의 공식으로 계산된다.

이 기법은 단순하여 사용하기 쉽다. 그러나 피평가자의 수가 많으면 비교횟수가 증가하여 소집단에서만 사용할 수 있고, 단순히 순위를 결정할 때만 사용된다는 단점이 있다.

3) 강제할당법(forced distribution method)

많은 수의 근로자를 평가할 때 유용하다. 피평가자의 수가 증가하면 정규분포를 이룬다는 가정하에, 평가요소별로 몇 단계의 범위를 기준으로 피평가자를 분류하는 것이다. 즉, A·B·C·D·E와 같은 척도를 이용하며 각각의 척도에 10%, 20%, 40%, 20%, 10%와 같은 비율로 피평가자들을 분류한다.

이 기법은 관대화와 엄격화 경향을 어느 정도 극복할 수 있지만, 평가집단이 전체적으로 우수하거나 열등한 집단이라면 커다란 오류를 범할 수 있다.

표 6－2 강제할당법의 예

등급 / 요소	A(10%)	B(20%)	C(40%)	D(20%)	E(10%)
작업의 양					
작업의 질					
협동심					

(2) 평정척도법

각각의 평가요소를 정해진 등급에 따라 평가하는 것으로 오래되었지만 일반적으로 사용되고 있는 기법이다.

1) 단계식 평정척도법(multiple-step rating scales)

비연속 평정척도법이라고도 하며, [표 6-3]과 같이 각각의 평가요소를 단계별로 구분하여 문자나 부호 등의 방법(수·우·미·양·가 또는 A·B·C·D·E의 척도)을 이용하여 평가하는 것이다.

표 6-3 단계식 평가척도법의 예

소속	성 명				
요소 \ 평가	A	B	C	D	E
지도력					
계획력					
판단력					
이해력					
지식·기능					
합계점				평가자:	

2) 도식평정척도법(graphic scales)

이 기법은 평가척도에 대한 등급이 정의에 의해 결정되는 것을 제외하고 대인비교법과 유사하다. 평가자는 각 평가요소에 대하여 5개 등급 중 1가지를 선택할 수 있다. 만일, 평가자가 보다 구체적인 평가를 원한다면 5개의 각 등급 내에서 다시 상·중·하로 체크할 수 있다.

평가요소에는 두 가지 형태가 있는데, 하나는 창의성이나 신뢰성과 같은 객관적으로 측정할 수 없는 특성이고, 두 번째는 작업의 양과 질과 같은 객관적으로 측정할 수 있는 실적이다. 따라서 이 기법은 실적을 강조하면서 특성을 혼합하여 활용해야 한다. 평가요소의 수는 보통 9~12개 정도이며, 일반적으로 작업의 양과 질, 협동심, 책임감, 융통성, 리더십, 직무지식, 출근성적, 충성심, 신뢰성 및 창의성 등이 사용된다.

표 6-4 도식평정척도법의 예

견습공 훈련평가: 산업관계부 훈련과

이름	시간수		직무분류
평가일자	최종평가일자		직무개시일자

평가자에게: 이 평정은 피훈련생의 현재의 직무나 실제 실적에 관한 당신의 평가를 나타낼 것입니다. 평정의 가치는 당신의 공평성과 건전한 판단에 달려 있습니다. 평정시 회사의 이익과 개인의 사적 이익에 대하여 유념해야 합니다.

당신의 주의 깊은 분석을 돕기 위하여 다음과 같은 관련된 내용을 제안합니다.

1. 한 번에 한 가지 요소만을 고려하시오.
2. 동일한 직무에 종사하는 사람과 비교하여 직무의 요구와 그의 실적에 대한 당신의 판단에 근거를 두시오.
3. 시작하기 전에 각 등급에 대한 특성과 내역의 기술을 세밀히 읽고난 후 당신의 견해에 가장 가깝게 기술한 곳에 체크하시오.
4. 완성된 후 당신의 평가를 재검토하시오.
5. 피훈련생에 대하여 추가정보라고 생각되는 내용은 밑의 여백에 평가하시오.

	PERFORMANCE RATING(실적평가치)				
PERFORMANCE FACTORS (실적요소)	직무요구에 미충족	직무요구에 약간 부족	직무요구와 맞음	직무요구에 초과	직무요구에 훨씬 초과
작업의 질 정확성, 기술, 완전성, 정연성	한결같이 불만족 ☐	때때로 불만족 ☐	항상 만족 ☐	우수 ☐	한결같이 우수 ☐
작업의 양 정규임무, 과외 및 불시 임무	요구 수준 이하 ☐	자주 요구 수준 이하 ☐	요구 충족 ☐	요구의 초과 ☐	항상 요구 초과 ☐
신뢰성 교육이행, 안전습관, 창의력, 시간엄수, 출석	항상 감독 필요 ☐	때때로 감독 필요 ☐	보통 신뢰 가능 ☐	감독 필요 거의 없음 ☐	완전 신뢰 ☐
태도 회사·직무 및 동료근로자에 대한 태도, 협동	타인과 함께 일할 수 없음 무관심 ☐	종종 비협조 ☐	보통 함께 일함 ☐	종종 열의 표시 훌륭한 팀 일원 ☐	특별한 흥미 타인이 작업하도록 자극함 ☐
평가:					

부서감독자	고과감독자

(3) 체크리스트법(check list method)

체크리스트법은 피평가자를 직접 평가하지 않고 체크하여 보고하면, 보고된 행동에 대한 평가는 인사부에서 이루어진다. 이 기법은 피평가자와 그의 행위에 대한 질문항목이 제시되고, 평가자는 질문항목에 대하여 긍정인지 부정인지를 체크한다. 질문항목에 가중치가 부여될 수도 있다. 평가의 일관성을 유지하기 위해 동일한 질문을 방법을 다르게 하여 반복하고 있다는 것을 주의해야 한다(33번과 40번 항목).

이 외에 프로브스트법(probst method)과 오드웨이법(ordway method)이 있다. 프로브스트법은 구체적인 행동양식을 기술한 근무보고서와 평가된 사실을 채점하는 채점기준표 그리고 종합기준표로 구성되어 있다. 평가과정은 다음과 같다.

① 근무보고서에는 직무수행과 관련하여 피평가자의 행동을 나타내는 100여 개의 항목이 제시되고,
② 평가자는 이를 근거로 피평가자에게 해당되는 항목에 체크를 하고,
③ 체크된 각각의 항목은 채점기준표에 의해 제시된 점수를 부여하여 합산하고,
④ 합산된 점수는 종합기준표에 의해 A, A－, B, B－ ~ E－까지의 척도로써 등급을 결정한다.

표 6－5 체크리스트법의 예

	예	아니오
33. 모든 부하직원에 대하여 일관된 취급을 하는가?	______	______
34. 피평가자는 항상 부하를 옹호하는가?	______	______
35. 기계장비는 양호한 상태로 유지되는가?	______	______
36. 감독자는 직무에 관한 훌륭한 작업지식을 보여 주는가?	______	______
37. 피평가자는 근로계약 규정을 이해하고 따르려고 노력하는가?	______	______
38. 부하들이 존경을 보이는가?	______	______
39. 근무부서는 항상 정돈되고 청결한 상태로 유지되는가?	______	______
40. 감독자는 특정 부하에게 편애를 보이는가?	______	______

오드웨이법은 특수한 직무를 평가하는 A식 평가표와 프로브스트식과 같은 B식 평가표로 구성된다. B식 평가표는 A식 평가에 특수한 실적이 없는 경우 사용되며, A식 평가표는 프로브스트식과 같이 사실만을 체크하는 것이 아니라 그 증거를 제시해야 한다.

2. 현대적 기법

(1) 행위평정척도법(BARS)

BARS(Behaviorally Anchored Rating Scales)는 도식평가법의 결점을 보완하고 전통적인 평정척도법과 주요사건법을 결합하기 위한 시도로써 개발되었다. 행위평정척도법에는 제시된 행위기준에 대한 피평가자의 기대행동을 평가하는 행위기대척도법과, 피평가자의 특정 행위에 대한 빈도를 측정하는 행위관찰척도법이 있다.

1) 행위기대척도법(BES: Behavior Expectation Scales)

이 기법은 9개의 척도로 구성되며 각 척도에는 직무성과에 부합되는 피평가자의 행위지침이 제시되고, 제시된 행위지침을 기준으로 피평가자의 기대행동을 평가한다. 따라서 성공적인 평가를 위해서는 척도를 구성하는 행위지침이 중요하며, 이를 개발하는 과정은 다음과 같다.

① 전문가 집단이 척도를 개발하기 위해서 직무기술서를 작성한다.
② 직무기술서에 의해 직무수행 정도를 나타낼 수 있는 행위기준을 작성한다. 즉, 어떤 문제가 발생하면 즉시 감독자에게 전달할 것으로 기대할 수 있다 등이다.
③ 작성된 행위기준은 참석자들의 75%의 동의를 얻어 확정한다.
④ 확정된 행위기준은 바람직한 순서에 따라 완성된다.

이 기법은 사용하기가 쉽고 간단하며, 직무에 대한 구체적 적용이 가능하고, 효과적인 직무행위를 확인할 수 있고, 근로자를 훈련시키고 평가결과를 납득시키는 데 도움이 되며, 중요사건을 활용하기 때문에 피평가자에 대한 유용한

그림 6-1 판매관리자에 대한 행위기대척도법

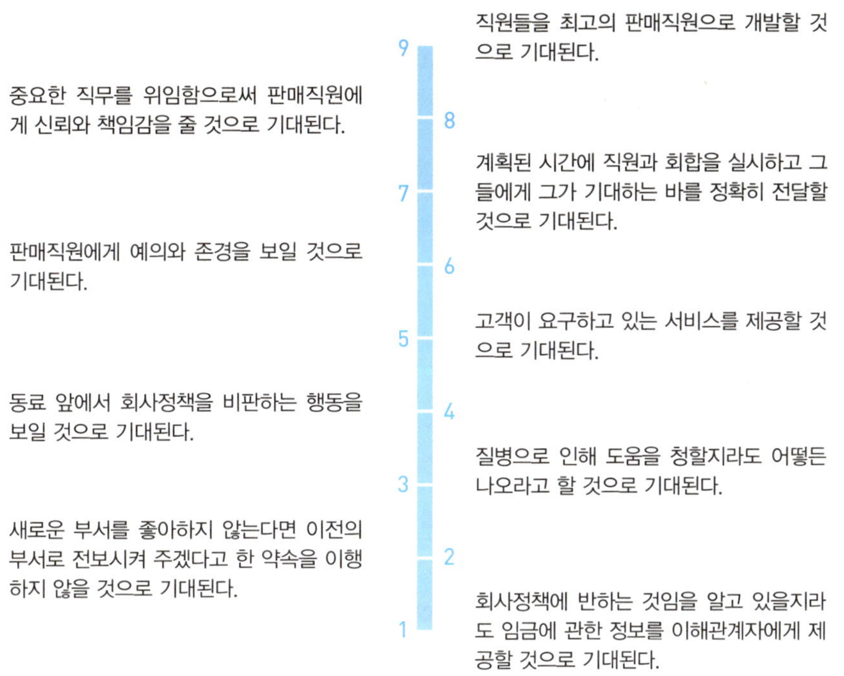

피드백이 된다. 반면에 개발과정에 시간과 비용이 많이 들고, 소규모 기업이나 유사한 직무가 아닐 경우 적용하기 어렵다는 단점이 있다.

2) 행위관찰척도법(BOS: Behavior Observation Scales)

이 기법은 목록화된 각각의 행위를 어느 정도 이행하고 있는지에 대한 빈도를 5점 척도로 평가한다. 신입사원에게 직무와 관련한 중요한 행동을 가르치는 데 유용하며 내용타당성이 있다는 장점이 있다. 그러나 평가자가 관찰한 피평가자들의 행동은 그들의 기억능력에 의해 영향을 받을 수 있다는 단점이 있다.

(2) 중요사건법

중요사건법(CIM: Critical-Incident Method)은 직무에 영향을 미치는 중요한 행동을 평가자가 기록하는 것이다. 중요사건이란 특정 직무를 수행하는 데 있어서 중대한 영향을 미칠 수 있는 긍정적이거나 부정적인 직무행동을 말한다.

표 6-6 웨이터 및 웨이트리스의 행위관찰척도법

이 표를 작성함에 있어서 만약 직원이 평상시에 이 행위를 나타낸 빈도가 50% 미만이면 ①에, 행위빈도가 50~64%이면 ②, 65~79%이면 ③, 80~89%이면 ④, 그리고 90~100%이면 ⑤에 동그라미 표시를 하시오.

15. 고객이 다가오면 곧 동료직원과의 이야기를 멈춘다.
    거의 그렇지 않다 ① ② ③ ④ ⑤ 거의 항상 그렇다

16. 음식주문이 되고 난 후 곧 고객에게 음료수를 제공한다.
    거의 그렇지 않다 ① ② ③ ④ ⑤ 거의 항상 그렇다

17. 손으로 머리를 만진다.
    거의 그렇지 않다 ① ② ③ ④ ⑤ 거의 항상 그렇다

18. 고객이 거스름돈을 요구할 때 미소를 보낸다.
    거의 그렇지 않다 ① ② ③ ④ ⑤ 거의 항상 그렇다

19. "후식을 드시겠습니까?"와 같이 주문을 권유한다.
    거의 그렇지 않다 ① ② ③ ④ ⑤ 거의 항상 그렇다

20. 고객이 들을 수 있는 거리에서 동료직원에 관하여 불평한다.
    거의 그렇지 않다 ① ② ③ ④ ⑤ 거의 항상 그렇다

합계: 불량(6~10), 적당(11~15), 충분(16~20), 우수(21~25), 탁월(25~)

평가결과는 피드백되어 자신의 직무수행 과정에서 어떤 행동변화가 필요한지를 알게 된다. 또한, 중요사건들이 수집되어 직무와 조직문제들에 대한 정보를 제공하며, 교육훈련의 목적을 설정하는 데에도 적합하다. 그러나 부하들의 행동을 기록하는 것은 과중한 직무이며, 즉시 기록하지 않으면 잊을 수 있고, 계량화하기 어려우며, 부정적인 사건은 긍정적인 사건보다 크게 부각된다는 단점이 있다.

(3) 자기신고법

피평가자가 자기신고서(self description)를 작성하도록 하여 스스로를 평가하는 것이다. 이 기법은 자신의 직무수행 능력이나 업적, 문제점을 인식하게 하고 이를 자기계발을 위한 자료로써 활용한다. 그러나 자신의 주관적 평가로서 자료의 신뢰성에 문제가 있기 때문에, 근무평가를 위한 보완적 자료로 활용하고 인사제도에는 반영하지 않는다.

표 6-7 자기신고법의 예

자기신고서의 작성은 기간중 직무수행 상황과 관리실적을 기술하는 것으로서 앞으로 자기목표의 달성을 위한 방향지침이 되기 때문에 솔직하고 구체적으로 작성하도록 노력할 것.

소속 직위	급호	성 명	현부서 발령일자	담당업무

1. 기간중 본인이 수행한 주요 업무 또는 특기할 만한 업적	(1) (2) (3)
2. 기간중 주요 목표미달 업무와 장차 업무 수행에 있어서 대책 사항	(1) (2) (3)
3. 자기계발을 위하여 특별히 실시한 사항	(1) (2) (3)

(4) 에세이 평가법

피평가자의 행동과 업적을 간단한 이야기의 형식으로 기술하며, 그 초점은 극단적 행동에 맞추어진다. 양질의 많은 정보를 수집할 수 있고, 수집된 정보는 정보화되거나 관리내용이 될 수 있다. 그러나 에세이(essay) 형식으로 개인간 비교가 어렵고, 현혹효과나 논리적 오차와 같은 심리적 오류가 개입할 가능성이 있다.

(5) 팀 구축법(team building approach)

팀의 결속력과 협동력 및 상호지원력 등을 기초로 팀 단위의 성과를 평가한다. 평가의 단위를 개인에 두고 있는 타 기법과는 달리 팀 단위로 하고 있으며, 평가의 주체도 팀의 목표달성 과정에서의 공헌도를 중시한다. 이 기법은 팀의 지원행위에 역점을 두고 독립적 기능과 상호의존적 측면에서 개인의 성과를 평가하며, 성과지향적 측면에서 개별 근로자를 동기화시키고 있다는 특징이 있다.

(6) 균형성과표(BSC: balanced score card)

기업의 비전과 경영목표를 개별 사업부문과 개인의 성과측정지표로 전환해 전략적 실행을 최적화하는 경영관리기법이다. 캐플런과 노튼(R. Kaplan & D. Norton(1992)에 의해 개발되었으며 재무, 고객, 내부 프로세스, 학습·성장 등의 분야에 대해 측정지표를 선정해 평가하고 각 지표별로 가중치를 적용해 산출한다. BSC는 비재무적 성과까지 평가하며, 성과를 창출한 동인(動因)을 찾아내 관리하기 때문에 그동안 재무적 성과에 초점을 두고 있는 EVA(경제적 부가가치)나 ROI(투자수익률) 등의 한계를 극복할 수 있다.

P / A / R / T

03

직무관리

Chapter 07

인적자원계획 및 모집

학습 목표

조직에서는 목표를 합리적으로 달성하기 위한 초기단계에서 계획을 수립한다. 인적자원계획은 인적자원 관리를 수행하기 위한 첫 번째 과정으로 현재 보유하고 있는 인적자원의 질과 수를 미래에 요구되는 인적자원과 비교해서 균형을 유지하기 위한 조직활동이다. 직징힌 유효인력을 확보하고 유지하기 위한 목적이다.

따라서 인적자원계획은 현재와 미래의 인적자원 수급에서부터 인건비 산정 등의 활동을 위한 기본이 되고 있기 때문에, 기업경영의 성패는 바로 인적자원계획의 여부에 달려 있다고 할 수 있다. 이러한 중요성으로 인적자원계획은 전사적 측면에서 다른 분야의 계획과 연계하면서 기업이 처한 환경적 요인을 고려하여 세부적인 계획을 마련하고 검토·보완 및 수정의 과정을 거쳐 시행해야만 한다.

이 장에서는 인적자원관리의 최초의 과정으로서 인적자원계획의 구체적인 내용과 이에 기초한 인적자원의 채용과 모집에 대해서 설명한다.

01 인적자원계획의 기초개념

1. 인적자원계획의 개념

인적자원계획은 경영활동의 효과적인 수행과 노동력의 경제적인 활용을 위해 부서 또는 직무별로 필요한 인원을 결정하고, 이를 유지·운용·통제하는 활동이다. 즉 경영능률의 향상, 인건비 절감, 선발계획 등을 위해 부서·직위·직종별로 필요한 적정인원을 산정하고, 다양한 조건의 변화에 따라 정원을 수정하고 적정하게 유지시키는 활동이다.

따라서 인적자원계획은 현재 및 미래의 시점에서 필요로 하는 능력의 인원수를 사전에 예측·결정하고, 이에 대응하여 사내·외의 공급인력을 예측하고 계획하는 것이다. 현재의 인력계획을 정원계획이라고도 하며, 예측을 필요로 하지 않기 때문에 정태적 계획이다. 이에 비해 미래의 인적자원계획은 예측을 필요로 한다.

이러한 인적자원계획은 근거에 기초해서 인력을 결정한다는 점에서 합리적인 인적자원관리를 위해 필수적이다. 또한 인원의 산정과 예측 이외에도 승진, 이동, 훈련, 임금 등과도 관련이 있다. 이 모든 관리는 각 직위에 대한 인원의 필요성과 현재 인원의 변동상황을 파악하지 않으면 불가능하기 때문이다.

2. 예측과 인적자원감사

인적자원계획의 핵심적 요소는 예측과 인적자원감사이다. 이 요소는 인적자원관리 과정에서 상이한 정보를 제공한다. 예를 들면, 모집 및 훈련계획을 수립하기 위한 정보를 제공한다. 여기에서 예측이란 특정 방법을 이용하여 미래에 요구되는 인적자원을 예측하는 시도이고, 인적자원감사란 현재의 인적자원을 효율적으로 활용하고 있는지에 대한 평가를 의미하기 때문이다. 특히 인적자원감사는 자신의 직무에 적합한 역할을 하고 있으며, 효과적으로 직무를 수행하고 있는지에 대한 문제이다. 따라서 기업의 미래를 위해 인적자원의 강점과 약점을 조화시키는 것을 가능하게 한다.

표 7-1 계층별 인적자원계획의 내용

	계획의 차원	인식 책임자	인식 내용
총괄적 인적자원 계획	전략적 인적자원계획	최고경영자 또는 인사담당 이사	전사적 차원에서 수립되는 경영전략에 따른 인사계획(경영환경 변화에 적응, 미래지향적 인적자원기능, 직관에 따른 판단력)
	관리적 인적자원계획	중간관리자 또는 인사부장	기업목적 지향적인 면에서 효율적인 인적자원의 배분계획(채용, 배치, 직무할당, 작업조건 등의 계획 내용 중심)
	업무적 인적자원계획	하위 관리자 (인사과장)	인적자원관리의 효과적인 집행을 위한 업무중심의 계획(배당된 과업 달성 중심)

3. 인적자원계획의 중요성

인적자원계획은 기업과 경영자에게 다음과 같은 측면에서 중요하다.

① 미래의 인적자원 부족이나 과잉 현상을 예측하고 사전에 해결할 수 있다.
② 필요한 인적자원의 수와 지식·경험·기술의 수준을 미리 결정하여 모집과 선발에 도움을 준다.
③ 기업의 내·외부로부터 충원, 이동, 승진, 이직 등에 관한 기초자료를 제공한다.

경영전략시스템으로서의 인적자원계획 02

1. 인적자원계획 과정

이반세비치(J.M. Ivancevich)는 인적자원계획을 미래의 조직목표를 달성하기 위하여 적합한 인적자원을 확보하는 과정이라고 하였다. 이를 위해 미래 어떤 능력의 근로자가 필요한가를 예측하고, 현재의 노동력과 비교하여, 모집·채용 및 정리되어야 할 근로자의 능력과 수를 결정하는 과정이다. 그는 이 프로세스를 [그림 7-1]과 같이 도식화하고 있다.

그림 7-1 인적자원계획 프로세스

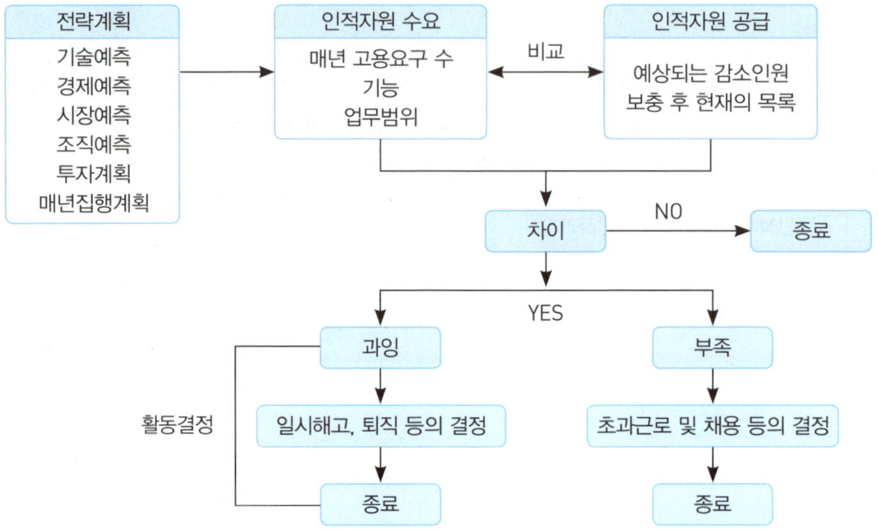

자료 : J.M. Ivancevich, *Human Resources Management*, Richard D. Irwin, 1995, p. 134.

이와 같은 인적자원관리의 하위시스템으로서 인적자원계획은 일반적으로 4개의 단계를 거친다. 제1단계는 상황분석 또는 환경조사, 제2단계는 인적자원 요구의 예측, 제3단계는 인적자원의 공급분석, 제4단계는 활동계획의 전개이며 구체적인 내용은 다음과 같다.

제1단계는 인적자원관리와 경영계획의 상호작용이다. 경영계획은 환경에 적응해야 하며, 인적자원관리는 기업이 그 환경에 적응할 수 있도록 하는 프로세스이다. 인적자원관리가 고용 및 선발기능을 효과적으로 지원하지 않는다면 기업은 경쟁 속에서 생존할 수 없다. 기업은 환경에 관련되는 정보를 수집하고 이 정보에 반응하는 능력을 구비해야 한다.

제2단계는 필요로 하는 근로자의 수와 능력을 결정하는 것이다.

제3단계는 미래 필요로 하는 인적자원을 내부에서 확보할 수 있는가를 확인하는 것이다. 이를 위해 주로 기능목록(인사기록 카드)이 사용된다. 기능목록(skill inventory)은 현재 근로자들이 보유하고 있는 기능·능력·경험 등을 기록한 것으

표 7-2 경영계획과 인적자원계획

	전략계획: 장기 전망	기술계획: 중기 전망	예산집행계획: 연간 전망
경영계획 프로세스	기업이념 환경조사 장점과 제약 목적과 목표 전략	계획된 프로그램 필요로 하는 자원 조직전략 신사업에의 참여·매수·분할의 계획	예산 부서·개인의 업적목표 프로그램 작성과 할당 모니터링과 성과 통제
	논점 분석	요구의 예측	활동 계획
인적자원계획 프로세스	기업의 요구 외부요인 내부공급분석 매니지먼트와의 관련	배치수준 배치믹스(질) 조직과 직무의 설계 이용 가능한 자원	모집·채용, 승진·이동 조직변혁 훈련과 개발 급여와 부가급부 노사관계

자료: T.A. Kochan and T.A. Barocci, *Human Resource Management and Industrial Relations*, Little Brown & Company, 1985, p. 115.

로, 기업은 이들을 필요로 할 때 신속하게 이용할 수 있다.

제4단계는 미래의 인적자원 공급과 수요를 분석한 후에, 차이가 있다면 어떤 활동을 취해야 하는지를 결정하는 것이다.

여기에서 주의해야 할 것은 인적자원계획은 기업의 경영계획과 밀접하게 관계한다는 것이다. 경영계획은 기업이 달성하려는 것과 달성방법에 대한 의사결정과 관련하며, 인적자원계획은 경영계획의 전개를 위한 수단이다. 따라서 전략이 설정되면 인적자원관리는 전략이 성공하도록 기능해야 한다.

경영전략과 인적자원관리의 관계는 다음과 같다. ① 인적자원관리는 인적자원계획, 조직개발 등의 영역을 기초로 변화하는 환경에 적응하기 위한 기업의 전략적 대응 속에서 이루어지며, ② 인적자원의 확보와 활용을 통해서 기업의 유효성과 근로자의 노동생활의 질을 개선하고자 하는 통합적 관리과정이다.

따라서 인적자원관리에는 전략적 의미가 부여되어 있어 단순히 직능별 수준의 기능으로 이해하면 안된다.

2. 기업성장의 사이클과 인적자원관리

인적자원계획을 첫 번째 단계로 하는 인적자원관리는 기업의 생명주기(life cycle)가 어느 단계에 있는가에 따라 상이하다. 코찬(T.A. Kochan) 등은 이에 관해서 〈표 7-3〉과 같이 설명하고 있다. 생명주기의 표준모델은 4개의 발전단계, 즉 도입, 성장, 성숙 그리고 쇠퇴로 분류한다. 이들 단계를 인적자원관리의 4개의 기능영역, 즉 모집·선발·인원배치, 급여와 부가급부, 훈련과 개발, 노사관계와 관련시켜 설명하고 있다.

표 7-3 기업생명주기 단계에서의 인적자원활동

인적자원 직능	생명주기단계			
	도입기	성장기	성숙기	쇠퇴기
모집 선발 배치	최선의 기술적·전문적 재능의 흡수, 유기능자의 모집과 선발	상응한 수와 능력의 유자격자의 추가 모집과 선발, 매니지먼트 성공계획, 승진 등에 의한 급속한 내부노동시장의 관리	일시해고를 극소화하고 새로운 직위 제공을 위한 충분한 이동의 촉진, 재조직화가 직무를 이동시켜 유동성의 촉진	노동력 소멸과 재배치의 계획과 실시
보수 또는 부가급부	필요로 하는 재능을 흡수하기 위한 노동시장의 비율에 적응 또는 그 이상	외부시장에 적응하면서도 내부 공평성의 고려, 공식적 급여구조의 확립	급여 통제	보다 엄격한 비용통제
훈련과 개발	장래의 기능요구를 결정하고 경력계획을 설정	매니지먼트 개발과 조직개발을 통해서 효과적 매니지먼트 팀의 형성	고령자의 적응성과 기능의 유지	재훈련과 경력상담서비스의 실현
노사 관계	기본적 노사관계 이념과 조직의 설정	근로질서유지, 근로자의 모티베이션과 모럴의 유지	노동비용의 통제와 노동질서의 유지, 생산성의 개선	생산성 개선과 근로규칙의 유연성 달성, 직무보장과 근로자 조정정책 교섭

자료: T.A. Kochan and T.A. Barocci, *Human Resource Management and Industrial Relations*, Little Brown & Company, 1985, p. 105.

인적자원 요구 03

인적자원계획의 목적은 적합한 능력의 근로자가 미래의 어떤 시점에서 이용될 수 있을 것을 예측하여 준비하는 것이다. 인적자원계획에 관한 내용은 다음 [그림 7-2]와 같이 수요예측과 공급예측, 인적자원 조치로 분류할 수 있다.

1. 인적자원의 수요예측

미래에 필요로 하는 인적자원의 수나 능력을 예측하여 계획을 수립하는 것이다. 이를 위해서는 먼저 기업의 미래전략이 설정되어야 하고, 각 기능별·부서별 활동수준과 연간예산 등도 고려해야 한다. 따라서 하나의 기법보다는 여러 기법들을 병행해서 그 한계점을 극복해야 한다. 일반적으로 이용되고 있는 수요

그림 7-2 인적자원 수요와 공급예측 및 조치

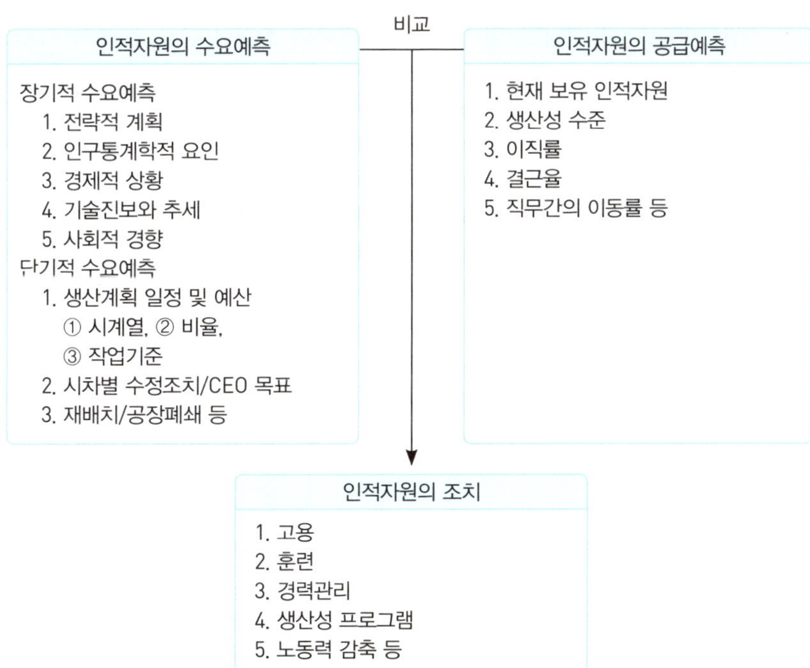

예측 기법은 다음과 같다.

1) 경영자의 경험(managerial judgment)

환경의 불확실성이나 정보부족 등으로 통계기법이나 자료를 사용할 수 없는 경우, 과거 경영자의 직관이나 경험에 의해 결정한다. 이 경우 일선 부문관리자의 요청에 의해서, 경영자가 부문관리자에게 조언을 요청해서, 경영자가 미래의 사업계획이나 방침·목표를 설정해 주고 부문관리자가 이를 근거로 예측하는 방식 등이 있다.

2) 추세분석(trend analysis)

과거의 인적자원 수요 현황을 그래프로 표시하고, 기간별 소요 현황과 변화의 추세에 따라 미래의 인력을 예측한다. 장단기 인력수요 예측에 많이 사용한다. 수학적 정밀성과 시계열분석 기법이 이용되지만 장기예측의 정확성은 충분하지 않다.

3) 회귀분석모형(regression model)

생산량이나 판매량 등의 변화를 예측하여 소요인력을 통계적 기법으로 추정한다. 그러나 이 경우 소요인력보다 생산량이나 판매량 등의 예측이 더 쉽고 양자의 관계가 안정적이라는 가정이 전제되어야 한다.

4) 작업연구기법(work study techniques)

작업시간과 작업량의 측정이 가능할 때 사용한다. 따라서 생산량이 기준이 되므로 생산직에 적합하다.

$$\text{소요인력} = \frac{\text{생산단위당 표준작업시간} \times \text{연간 생산단위}}{\text{연간 작업일수} \times \text{평균출근율} \times \text{일일평균 작업시간}}$$

5) 델파이 기법(delphi method)

기업의 미래에 전문지식을 소유한 12~16명 정도의 집단을 구성한다. 대상은 일선감독자로부터 최고경영자까지로 하며, 경우에 따라 외부인사도 초빙한다. 이들은 대면접촉이 금지되고 서면으로 정보를 제공한다. 전문가는 익명으로 인력수요에 대한 질문지에 답을 한다. 제출된 질문지는 종합하여 다시 전문가에게 보내지고 이 과정은 3~5회 정도 반복된다. 이 기법은 여타의 통계적 기법보다 타당성이 높다.

6) 화폐적 접근법

미래의 특정 시점에서 근로자를 보유할 수 있는 인건비의 지불능력에 의해 결정한다. 즉, 매출액이 증가하여 작업량도 증가하지만, 매출이익이 이에 상응해서 증가하지 않는다면 수요인력을 보유할 수 없게 된다.

$$\text{보유가능인력} = \frac{\text{허용인건비 총액}}{\text{종업원 1인당 평균인건비}}$$

여기에서 허용인건비 총액은 매출액, 부가가치율, 부가가치 노동배분율에 의해 결정된다. 부가가치란 매출액에서 원재료와 같은 제조원가를 뺀 매출이익이다. 부가가치 노동분배율이란 부가가치, 즉 매출이익에서 인건비가 차지하는 비율로서 노동집약적 산업일수록 그 비율이 크다. 이를 고려해서 보유가능인력을 산정하면 다음과 같다.

$$\text{보유가능인력} = \frac{\text{매출액} \times \text{부가가치율} \times \text{노동분배율}}{\text{1인당 평균인건비}}$$

2. 인적자원의 공급 예측

기업에서 요구하는 인적자원의 공급예측 기법은 다음과 같다.

1) 인사기록카드(personnel inventory)

인사기록은 특정 직무와 부서에 적합한 능력을 갖춘 인물을 효율적으로 활용하기 위해 작성된다. 이것은 현재 이용 가능한 인적자원에 대한 정보의 원천으로서, 이를 근거로 인력공급을 예측한다.

2) 생산성 수준(productivity)

미래에 대한 인적자원의 예측은 대부분 비율분석에서와 같이 과거의 자료와 경험에 근거한다. 그러나 이 기법은 생산성 변화에 대한 추세를 미래에 적용하는 것으로, 기업의 환경적 변화가 높은 경우에는 적용하기가 어렵다.

3) 이직률(turnover rate)

이직률은 비율을 근거로 계산되어야 한다. 여기에는 퇴직, 사망, 전출 등으로 이직한 자와 당해 월의 조사기간부터 급여지급이 정지된 자를 포함하여 다음과 같이 산출한다.

$$\text{이직률} = \frac{\text{당월 이직자 수}}{\text{전월 말 근로자 수}} \times 100$$

4) 결근율(absent rate)

결근이란 일정이 계획된 작업에 나오지 못하는 것이다. 가장 공통적인 측정은 상실된 계획시간의 비율이며 다음과 같이 산출된다.

$$\text{결근율} = \frac{\text{특정 기간내 결근일수}}{\text{평균근로자수} \times \text{특정 기간내 근로일수}} \times 100$$

5) 직무간 이동(movement among jobs)

어떤 직무는 타 직무를 위한 인적자원의 공급원이 된다. 예를 들면, 지사의 관리자는 과단위 관리자로부터 확보된다. 직무간 이동률을 결정하기 위해서는 다음과 같은 기록을 고려해야 한다. ① 지사 관리자의 정상이직률, ② 과단위 관리자의 정상이직률, ③ 과단위 관리자로부터 지사 관리자로의 정상승진율, ④ 지사 관리자의 과단위 관리자로의 평균강등률 등이다.

3. 인적자원 조치

특정 시점에서 인적자원의 수요와 공급이 균형을 유지하도록 하는 것은 기업이 다양한 인적자원 조치를 수행할 근거를 제공한다. 주로 이용되고 있는 조치들은 다음과 같다.

1) 정리해고(make a worker redundant)

정리해고는 영구적인 경우와 일시적인 경우가 있다. 일시적 해고는 매출부진 등이 원인으로 근로자의 수를 적정수준으로 감축시키는 것이며 정상화되면 복귀하는 것을 원칙으로 한다.

2) 무급휴가(leaves of absence without pay)

노동비용을 일시적으로 줄이기 위해 무급휴가제를 실시한다. 기업은 재정적 어려움을 해결할 수 있고, 개인은 신분을 유지하면서 자유로운 시간을 활용할 수 있다.

3) 대여(loaning)

경영환경이 악화될 때 자사의 유능한 근로자를 일시적 또는 잠정적으로 필요로 하는 기업에 대여함으로써 인적자원을 적정규모로 유지한다.

4) 작업공유(work sharing)

한 사람의 작업량과 근무시간을 2인이 공유하여 수행한다. 기업은 비용절감과 유능한 인재의 이직을 방지하고, 개인은 신분을 유지할 수 있다.

5) 조기퇴직(early retirement)

법정 퇴직기간 이전에 일정한 조건을 제시하여 퇴직을 유인한다. 단기적인 인력감축 효과는 있으나 장기적으로는 손실이 발생할 수 있다.

6) 자연감축

고용동결전략이며 정년퇴직, 사직, 전직 등으로 결원이 발생해도 대체인력이나 후임자를 고용하지 않는다.

7) 고용(hire)

예상공급이 예상수요보다 적으면 새로운 인적자원이 추가될 가능성이 있다. 고용을 결정하기 위해서는 미래의 경기전망과 사업계획, 작업량, 이직률과 결근율, 노동시장의 전망 등을 고려해야 한다.

8) 훈련(education and training)

고용이 유일한 해결책은 아니다. 내부 인재를 재교육시킴으로써 고용효과를 기대한다.

9) 경력관리(career management)

직무환경의 변화에 적응하기 위해 개인의 경력을 계획적으로 관리해 가는 것이 노·사 모두에게 유익하다. 경력이동을 기록하고 축적하는 시스템을 보유하여 효과를 극대화할 수 있다.

10) 생산성 프로그램(productivity programs)

노동력의 효율성을 극대화시키기 위한 특별 프로그램을 신설하여 고용의 증가 없이 이용 가능한 인적자원의 공급을 가능하게 한다.

04 인적자원 채용계획

1. 채용계획

경영자가 기업가치의 제고와 같은 궁극적인 목적을 설정하고 이를 실현시키기 위한 이상적인 관념을 경영이념이라 한다. 경영이념을 전제로 기업이 어느 경영분야에서 경쟁하고 있는가를 경영전략으로서 책정한다. 경영전략을 실행하는 것은 사람이다. 따라서 전략을 실현하는 것을 가능하게 하는 인재요건이 잔략으로부터 도출되는 것이다.

예를 들어, 경영이념으로 고객만족의 향상을 추구한다면, 타사에는 없는 독특한 상품을 제공하는 차별화 전략을 실행할 수 있다. 이 경우 새로운 아이디어를 제시할 수 있는 창의성이 높은 인재가 요구될 것이다.

어떤 인재를 채용할지가 결정되면, 채용할 대상자와 인원수가 결정되게 된다. 주로 고용형태와 직무경험을 고려한다. 예를 들어, 단기간의 정형적 업무라면 계약직이나 비정규직을 대상으로 한다. 인원수는 단기와 장기의 관점에서 결정한다. 단기적으로는 인건비를 고려하여 부가가치를 기초로 적정한 인원수를 산출한다. 장기적으로는 경영전략의 실행을 위해 필요한 인재, 전직이나 정년 등으로 이직한 인재의 수를 예측하여 결정한다.

다음으로 채용시기를 결정한다. 가장 일반적인 것은 신규졸업자를 대상으로 특정시기에 채용하는 것이다. 그러나 최근에는 시기를 지정하지 않고 연중 상시 채용을 하는 기업이 증가하고 있다.

마지막 단계에서 모집과 선발의 방법이 결정된다. 이상 4개의 단계가 채용계획으로 채용활동의 지침이 된다.

2. 채용 방법

채용 방법은 다양한 관점으로 접근할 수 있다.

첫째, 결원을 보충하기 위한 채용과, 중장기 채용계획에 기초한 채용이다.

둘째, 즉시 활용하기 위한 직업능력에 의한 채용과, 능력개발을 예정한 채용이다. 결원보충형에서는 즉시 활용할 수 있는 경력자 채용이, 중장기 채용계획에서는 훈련을 예정한 신규자 채용이 일반적이다.

셋째, 채용시기에 따라 결원보충형은 수시채용이나 부정기 채용이다. 또한 신규채용은 정기채용이 일반적이지만, 상시채용으로 전환되고 있다.

넷째, 복수의 사업소를 소유한 기업의 본사 일괄채용과, 각 사업소의 개별적 채용이다. 본사채용자는 사업소 간 이동가능성이 있지만, 사업소 채용자는 해당 사업소로 캐리어 형성의 범위가 한정되는 것이 일반적이다.

인적자원 모집 05

1. 모집의 개념

채용계획에 의해 신분이나 능력 등을 포함한 채용자 수가 결정되면 모집활동을 하게 된다. 인적자원을 확보하고자 할 때에는 기업 내·외부에서 충원하는

그림 7-3 인적자원계획과 채용관리

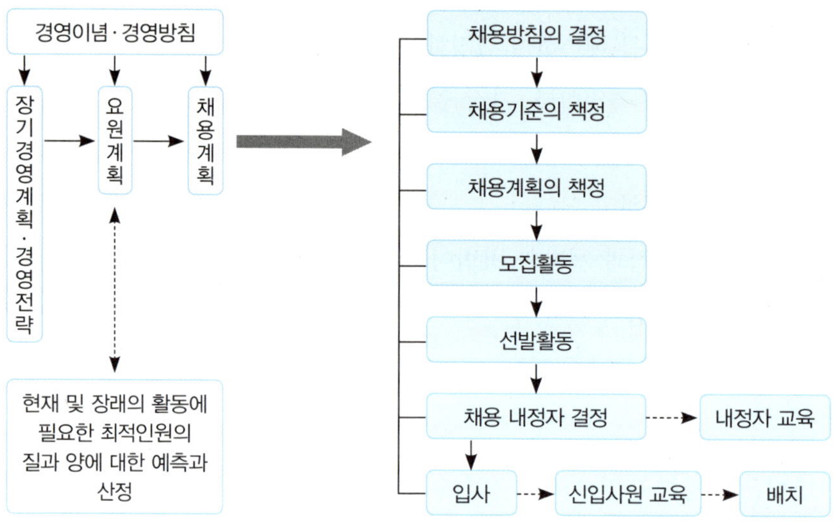

방법이 고려된다. 내부로부터의 확보는 승진이나 재배치에 의해, 외부로부터의 확보는 모집과 선발에 의해 이루어진다. 따라서 내부로부터의 확보를 소극적 고용활동, 외부로부터의 확보를 적극적 고용활동이라고 한다.

모집이란 기업의 목표와 직무특성에 일치되는 유능한 인력을 유인하는 조직적 활동으로, ① 자격을 갖춘 사람에게 고용의 기회를 제공하고, ② 기업에 대한 긍정적 인상을 심어 주고, ③ 자신의 자격요건과 관심을 확인할 수 있는 기회를 제공한다. 따라서 양질의 지원자를 많이 유인하려는 노력이 있어야 한다.

2. 모집의 목표

모집활동은 기업이 요구하는 특정 기술과 지식·능력에 대한 근로자들의 수요가 공급보다 클 경우, 지속적인 경영활동을 위해 필요한 인적자원을 확보하는 과정이다.

이러한 모집활동의 목표는 인력유인의 최적화와 모집비용의 최소화이다. 첫째, 인력유인의 최적화는 지원자의 욕구와 기업의 목표가 일치하는 적합한 인력을 최대한 유인하는 것이다. 지원자가 많으면 직무요건에 가장 적합한 사람, 즉 최적의 기술과 지식 그리고 능력을 갖춘 사람을 선발하게 된다.

둘째, 모집비용의 최소화는 무자격자나 부적합한 인력은 지원하지 않도록 충분한 정보를 제공하는 것이다. 지원자의 수가 많으면 유능한 인력의 선택에 유리하지만 상대적으로 많은 비용이 소요된다.

3. 인적자원계획으로서의 모집과정

이반세비치(J.M. Ivancevich)는 모집이란 일을 원하는 지원자의 수 및 종류이고, 직무가 제공될 때 이를 수용할 것인지에 영향을 미치는 조직활동이라고 하였다. 그래서 모집은 선발과 직접적으로 관계한다([그림 7-4]).

인적자원계획은 특정 시기에 유자격 근로자를 확보하여 특정 직무에 배치하기 위해 이루어지는 절차이다. 특히, 경영전략과 인적자원계획의 통합에 대한 성공 여부가 기업의 경쟁력을 좌우한다.

따라서 전략적 인적자원계획은 ① 기업의 전략적 목표설정, ② 목표달성을 위한 기능·경험과 인원의 결정, ③ 내부자를 제외하고 추가해야 하는 인원 결정, ④ 새로운 인원을 확보하기 위한 실행계획의 책정으로 이루어진다.

또한, 인적자원계획은 경영전략으로부터 도출되며, 경영전략은 중장기 경영계획의 형태로 나타난다. 중장기 경영계획의 전제로서 경영이념과 장기적인 비전의 설정이 필요하다. 이와 같은 관계가 [그림 7-5]에 나타나 있다.

그러나 모집에는 노동시장에 관한 정보수집이 전제가 된다. 이 외에도 ①

그림 7-4 모집과 인적자원관리의 관계

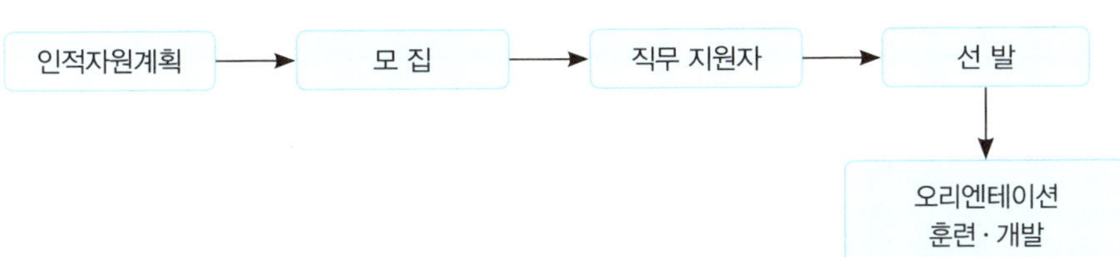

자료: J.M. Ivancevich, *Human Resource Management*, Richard D. Irwin, 1995, p. 192.

그림 7-5 경영전략과 인적자원계획

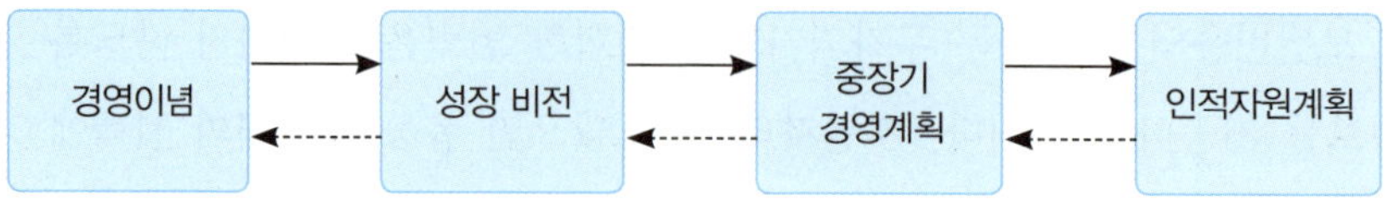

자료 : J.M. Ivancevich, *Human Resource Management*, Richard D. Irwin, 1995, p. 192.

경기변동의 동향, ② 타 기업이나 업종의 구인 및 채용 동향, ③ 총인건비에 점하는 모집인원의 질과 양, ④ 모집시기, ⑤ 정규직과 비정규직, 파견근로자, 신입 및 경력근로자 등의 비율을 검토해야 한다.

4. 모집활동에 대한 평가

모집활동은 모집의 원천 및 방법을 결정하고 지원자를 확보하는 것이다. 모집활동에 대한 평가는 인적자원 확보의 마지막 과정으로 이루어진다. 평가내용은 첫째, 모집방법에 대한 평가, 둘째, 확보된 지원자의 수와 질, 셋째, 투입된 비용 및 시간이다. 평가는 기업간 비교에 의해서도 이루어지지만, 자체에서 연도별 모집활동의 결과를 비교하여 평가한다.

모집활동에 대한 평가결과 모집활동에 문제가 발견되면 원인을 규명한다. 모집활동에 대한 평가의 목적은 그 원인을 찾아 보완함으로써 모집에 대한 통제활동을 원활히 하려는 것이다.

06 인적자원의 공급원

1. 외부모집

새로운 직무나 직무능력, 아이디어를 위해 다양한 배경을 가진 인재가 요구될 때 외부로부터 인원을 보충한다.

1) 광고(advertising)

다음과 같은 이유로 광고를 활용한다. 첫째, 특정집단이 구독하는 매체를 통해 전문지식과 관심이 있는 인력을 유인할 수 있다. 둘째, 독자가 스스로 확인할 수 있도록 회사, 직업 및 직무에 관한 정보를 제공할 수 있다.

2) 직업소개소(employment agency)

비영리적인 공공 소개기관과 수수료를 받는 사설소개소가 있다. 공공 소개기관은 국가 및 지방자치단체에서 취업안내 및 고용조정을 하는 것이며, 사설소개소는 취업희망자와 기업의 양측에서 수수료를 받고 전문적인 고용서비스를 제공한다.

3) 현 직원의 추천(recommendation of present employees)

현 직원이 추천하도록 요구받았다면 그는 일종의 예비심사를 하게 된다. 현 직원은 회사와 피추천자를 잘 알고 있으며 이들을 만족시키도록 노력할 것이다. 그러나 파벌을 형성하여 조직분위기나 인간관계를 해칠 수 있다.

4) 교육기관(educational institution)

많은 기업들은 교육기관과 구조적 관계를 유지하고 있다. 대상학생의 능력을 파악하거나 추천서의 타당성에 문제점이 있기 때문이다. 따라서 교육기관에서는 취업상담제도 등을 활용하여 적합한 인재의 선택과 표준화된 추천서의 개발 등에 노력하고 있다.

5) 노동조합(labor unions)

노동조합을 통해 인적자원을 확보하는 것으로, 독점적으로 통제된 노동력의 원천에서 모집해야 되는 불이익은 부분적으로는 모집비용의 절약으로 상쇄된다.

6) 수시지원자(casual applicants)

모집형태가 정시모집에서 수시모집으로 변화되고 있다. 수시지원자는 방문과 인터넷을 통한 자발적인 지원자이다.

7) 족벌연고자(nepotism)

가족소유 기업에서 친인척의 고용은 모집과정에서 불가피하게 이루어진다. 능력에 근거한 고용은 아니지만, 기업에 대한 관심과 애사심이 높다는 장점이 있다.

8) 인적자원의 임대(lease)

인적자원의 단기변동을 조정하기 위해 시간이나 직무단위로 임대가 고려된다. 이러한 관행은 관리직이나 전문직 분야에서 이루어진다. 기업은 직무에 적합한 전문직 근로자를 일시적으로 확보할 수 있다.

9) 게시광고(bulletin)

회사내 일정한 장소나 가두에 게시하는 것이다. 경비를 절약할 수는 있으나 그 범위가 한정되어 있다는 단점이 있다.

10) 인턴사원제(internship)

인턴사원제란 수련과정 또는 현장실습을 통해 필요로 하는 인재를 조기에 유치하기 위한 방법이다.

2. 내부모집

현 직원을 대상으로 승진이나 직무이동과 같은 형태로 이루어진다.

1) 기능목록 및 인력배치표

인사부서에서 보유하고 있는 근로자들에 대한 기능목록이나 인력배치표를 이용하여 직무에 적합한 인재를 찾아 활용한다.

2) 사내공모제도

새로운 인적자원이 필요한 경우 사내의 지원자 중에서 적성, 능력 등을 고려하여 공개선발하는 제도이다. 공모대상 직무에 관심과 의욕이 있고 능력과 자격요건을 갖추고 있다면 직군전환도 가능하며, 자기개발의 성과에 따라 등급이 높은 직무로 전환할 수도 있다.

3) 일시해고자 이용

경영환경의 악화로 일시해고된 근로자를 상황이 호전되어 충원이 필요하면 고용하는 것이다. 이것은 단체협약에 기준이 명시되어 있고, 해당 직무를 수행하던 근로자를 우선 충원하는 것을 원칙으로 한다.

3. 모집원에 대한 장·단점

기업이 인적자원의 공급을 어디에 두는가에 따라 장·단점이 있다. 내부모집의 경우에는 ① 사기와 동기유발 효과가 있고, ② 자신의 기업이나 직무를 잘 알고 있고, ③ 능력을 효율적으로 개발할 수 있고, ④ 인사기록 카드 등을 통해 정보를 이용할 수 있고, ⑤ 모집활동이 간편하고, ⑥ 비용이 저렴하다는 장점을 가지고 있다.

그러나 ① 외부인재의 차단으로 환경적응 능력이 낮아지고, ② 조직의 정체성이 심화되며, ③ 파벌조성의 위험이 있고, ④ 승진경쟁으로 위화감이 조성되고, ⑤ 모집범위가 협소해서 유능한 인재를 확보할 수 없고, ⑥ 승진에 실패하면 사기가 저하된다는 단점이 있다.

인적자원 공급의 원천을 외부에 두었을 경우의 장·단점은 내부모집과는 반대가 된다.

Chapter 08

선발 및 배치

학습 목표

선발이란 특정 기준에 의해 지원자 중에서 해당 조건을 갖춘 사람을 채택하는 것을 말하며, 배치란 선발된 인원을 그들의 능력이나 적성에 따라 직무를 부여하는 조직적 활동이다. 따라서 그 사람이 그 직무에 필요한 적성을 가지고 있는지의 여부가 문제가 된다. 이때 적성이란 단순히 직무수행능력뿐만 아니라 주위의 환경적 요인, 예컨대 물적 자원의 활용과 환경적 변화에 대한 대처능력 그리고 대인관계에 적응해 나가는 정서적 능력까지를 포함한다.

유능한 인력을 확보하는 것이 기업의 생존에 필수적인 것은 말할 나위도 없다. 기업환경에 적응하지 못하는 인력이 있을 때는 장기적 손실을 감수해야 하기 때문이다. 따라서 기업에서는 이로 인한 오류를 최소화하기 위하여 다양한 기법의 개발과 적용에 의한 선발 및 배치가 이루어져야 할 것이다.

본 장에서는 인사선발을 위해 사용되고 있는 선발도구에 대해 소개하고, 인사선발을 위한 의사결정과 이후에 발생할 수 있는 현실적 상황을 인식시키고자 한다. 또한 적성과 능력 그리고 잠재적 능력개발을 고려한 배치의 원칙을 숙지시키고, 효과적인 직무수행을 위한 배치방법에 대해 학습하고자 한다.

01 선발의 개념과 절차

1. 인사선발의 개념

셔먼(A.W. Sherman) 등은 선발이란 지원자 중에서 특정 직무에 가장 적합한 자질을 갖추었다고 판단되는 사람을 선택하는 것이라고 하였고, 플리포(E.B. Flippo)는 특정 직무를 효과적으로 수행할 수 있는 최적의 인적 요건과 적성 및 기술을 지닌 사람에게 조직구성원의 자격을 부여하는 것이라고 하였다. 따라서 선발과정 자체가 채용여부를 결정하기 때문에 인적자원 확보 활동의 역할을 하며, 이를 위해서는 직무분석에 의해 직무내용이 명확해야 하고 이에 기초하여 노동력의 질적 요건이 확립되어야 한다.

선발은 어떻게 이루어지는가에 따라서 공개선발(open selection), 비공개선발(closed selection), 추천선발(recommendation selection)로 분류한다.

2. 선발기준

모집으로 인한 지원자를 대상으로 선발절차에 들어가게 된다.

첫째, 신입자의 선발방법은 서류전형, 필기시험, 면접 등이 일반적이다. 또한 기술·연구직에서 중요한 선발요소는 전문지식, 열의·의욕, 이해력·판단력이고, 관리직은 열의·의욕, 일반상식과 교양, 행동과 추진력 등이다. 관리직은 훈련가능성을 중시하기 때문에 전문지식보다는 일반적 지식수준이 선발기준이지만, 최근에는 전공분야나 전문능력을 포함하는 경향이 있다.

둘째, 경력자의 선발은 특정 직무에서 요구하는 요건을 충족하고 있는지가 기준이 된다. 즉시 직무를 수행할 수 있는 능력이 중요한 선발요소이다. 또한 선발 이후에 타 직무에의 이동을 전제로 한다면, 잠재능력이나 훈련가능성에 대한 여부도 포함해야 한다.

3. 인사선발 프로세스

이반세비치는 지원자가 통과해야 하는 선발과정을 다음 [그림 8-1]과 같이 설명하고 있다.

그림 8-1 선발결정 프로세스

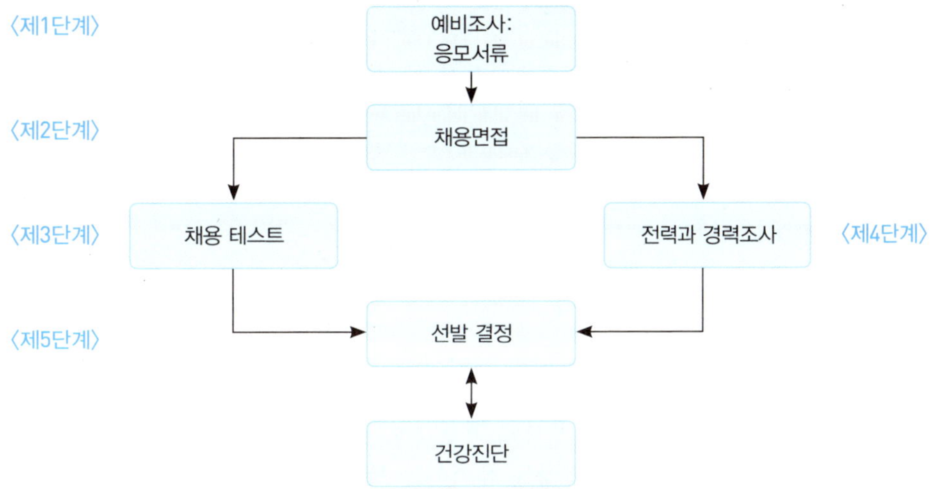

자료: J.M. Ivancevich, *Human Resource Management*, Richard D. Irwin, 1995, p. 229.

① 제1단계 – 예비조사(preliminary screening): 지원자에게 응모서류를 작성하도록 한다. 채용을 위해 최소한의 자격을 가지고 있는지를 결정한다.

② 제2단계 – 채용면접(employment interview): 선발에서 가장 중요한 영향을 미친다. 그러나 결과의 신뢰성과 타당성에 대한 문제가 있다.

③ 제3단계 – 채용 테스트(employment test): 개인의 특성을 측정하려는 메커니즘(필기시험이나 시뮬레이션 실습 등)이다. 기계에 대한 재능, 퍼스낼리티, 직무지식, 직무수행 능력을 측정한다.

④ 제4단계 – 경력조사와 추천장(reference checks and recommendation): 경력조사는 지원서류에 나타난 특정 기업 및 직무에 대한 이력을 확인하는 것이다. 또한 지원자를 공정하게 평가할 수 있는 사람을 선택하여 추천장을 요구한다. 이것은 지원자의 과거행동 및 능력을 확인할 수 있는 방안이 되기 때문이다.

⑤ 제5단계 – 건강진단(physical examination)과 선발결정: 특정 직무를 수행할 수 있는 정신 및 신체적 건강상태를 확인하며, 이상의 단계를 거쳐 직무에 가장 적합하다고 판단되는 지원자를 선택한다.

02 인사선발 도구

선발도구는 기업이 요구하는 능력, 소질, 지능, 신체적 조건 등을 지원자가 구비하고 있는지를 측정한다. 따라서 한 가지보다는 다수의 선발도구를 사용하는 것이 좋다.

1. 심리검사

(1) 성격검사

성격이란 한 개인이 어떠한 사람이라는 것을 특징지을 수 있는 요인으로 인지적이고 정동적이며, 외형적인 행동특성이다. 따라서 성격은 안정적이고 변하기 쉽지 않기 때문에 일관성을 유지하는 특성을 가지고 있다. 이러한 특성으로 인해 타인 또는 환경과의 상호작용 과정에서 표출되는 행동은 쉽게 변하지 않고, 이것이 직무수행 과정에 영향을 미칠 수 있다. 일반적으로 사용되고 있는 성격검사는 다음과 같다.

1) 관찰법

① 비구조적/구조적 관찰: 비구조적 관찰법은 특정 형식이나 기준에 구애받지 않고 개인의 성격이나 행동에 관한 질문을 하고 이에 대한 반응을 관찰하는 것이다. 짧은 시간에 다양한 행동에 대한 정보를 얻을 수 있으나 검사결과에 대한 타당성이 문제가 된다. 반면에 구조적 관찰법은 이미 정해진 측정도구에 따라 이루어지며, 모든 지원자들로부터 동일한 형식의 자료를 얻고자 할 때 사용한다. 즉, 미리 준비된 구조화된 질문을 하고 이에 대한 반응을 관찰하는 것이다. 모든 지원자에게 동일한 질문이 주어지기 때문에 타당성이 높지만, 추가질문이 허용되지 않아 상세정보를 수집하는 데에는 한계가 있다.

② 반구조적 관찰: 비구조적 관찰법과 구조적 관찰법의 문제점을 극복하기 위한 것이다. 모든 지원자에게 일정 부분 미리 정해진 구조화된 질문을 하고, 이후에는 비구조화된 질문에 의해 진행한다.

2) 투사법

비구조화된 성격검사로 로샤잉크반점검사(rorschach inkblot test)가 있다. 이 검사는 총 10장의 카드를 사용한다. 카드에는 대칭의 잉크반점(데칼코마니)들로 만들어진 추상적인 무늬가 있으며 지원자는 이를 보고 자신의 생각을 말함으로써 평가하게 된다. 또한 주제회화통각검사(thematic apperception test)가 있다. 이 검사는 다양한 그림이 그려져 있는 카드를 제시하고 지원자가 그 그림을 주제로 이야기를 진행함으로써 평가한다. 그러나 투사법은 검사결과의 신뢰도와 타당도에 대한 문제가 있다.

3) 질문지법

① 16개 성격요인 설문지(16ft): 카텔(R.B. Cattel)에 의해 개발되었다. 16개 성격요인에 374개 문항으로 구성되어 있다. 16개의 성격특성 각각에 점수를 부여하여 평가한다.

② 미네소타 다면적 성격검사: 대상자의 과거, 현재 및 미래의 행동에 관한 정보를 얻기 위하여 신념, 감정, 태도 및 지각 등에 대한 자기보고를 요구한다. 각 문항이 자신에게 해당하는지를 확인하고 그 결과는 정상집단의 반응과 비교되어 평가된다. 정신질환 진단을 위하여 개발되었으나 이후 일반적으로 널리 이용되고 있다.

③ 캘리포니아 성격검사: 미네소타 다면적 성격검사와 비슷한 문항을 사용한다. 예를 들면 나는 파티에 참석하면, • 그림이다 • 배경이다 같은 형식으로 사회성, 사교성, 자기수용성, 책임감 등을 측정하며 실험집단과 통제집단을 비교함으로써 평가된다. 그러나 이 기법은 문항의 이해도, 검사에 대한 태도 등에 따라 결과가 상이하다는 단점이 있다.

④ 마이어-브릭스 유형지표(MBTI: The Myers-Briggs Type Indicator): 자기보고식 검사로서 자신이 선호하는 경향들이 행동에 어떤 영향을 미치는지를 파악한다. 성격유형은 16개이며, 외향형과 내향형, 감각형과 직관형, 사고형과 감정형, 판단형과 인식형의 분리된 선호경향으로 구성되었다. 선호경향은 교육이나 환경보다는 잠재적인 선천적 심리경향으로서, 개인은 자신의 기질과 성향에 따라 각각 네 가지의 한쪽 성향을 띠게 된다.

(2) 지능검사

지능이란 특정사물이나 현상을 받아들이고 생각하는 능력으로, 다양한 문제에 대처할 수 있는 지각적·인지적이며, 언어적인 능력과 관련이 있고, 비교적 영구적이고 안정된 속성이라고 할 수 있다. 지능검사를 위해 다음과 같은 기법들이 이용된다.

1) 스탠포드 – 비네검사

널리 알려진 이 기법은 정신적으로 지체된 아동들의 지능을 검사하기 위한 목적으로 개발되었다. 계산력, 기억력, 어휘력과 관련된 연령대별 문제들로 이루어져 있으며, 검사자는 처음부터 더 이상 답할 수 없을 때까지 실시한다. 정상적인 아동의 평균점수로부터 정신연령이 도출되고 스턴(W. Stern)에 의해 다음과 같은 공식이 도출되었다.

$$IQ(\text{Intelligence Quotient})=\frac{MA(\text{정신연령})}{CA(\text{생활연령})}\times 100$$

예를 들면, 6세 아동이 5세의 문제는 다 완성하고, 6세의 문제는 5개 중 4개를, 7세의 문제는 4개를, 8세의 문제는 2개를, 9세의 문제는 완성하지 못했다면 기초연령은 5세이고 최고수준은 9세이다. 이 아동의 정신연령은 6세부터 9세까지의 문제 중 해답한 문제를 더하고, 이를 5로 나누어 그 수를 기초연령에 더하면 된다. 즉, 4(6세)+4(7세)+2(8세)/5=2이고 이를 기초연령 5에 더하면 이 아동의 정신연령은 7세가 된다. 여기에서 5로 나눈 것은 한 연령을 대표하는 문제의 항목이 5개이기 때문이다.

2) 웩슬러의 검사

이 기법은 언어성 검사와 동작성(실행) 검사로 구분되어 있으며 모두 11개의 하위검사로 되어 있다. 언어성 검사는 지식, 이해, 수리, 유사성, 수 암기, 어휘 등 6개의 하위검사로, 동작성 검사는 숫자·부호, 그림 완성, 나무토막 쌓기, 그림 배열, 물건 맞추기 등 5개로 되어 있다. 각 개인의 점수는 정확하게 정답을 한 문항수에 의해서 계산된다.

그러나 2008년부터는 언어성과 동작성을 세분화한 네 가지 지표를 사용한다. 언어이해, 작업기억, 지각적 추리, 처리속도 지수이다. 언어이해는 공통성, 어휘, 지식(상식)이며, 작업기억은 숫자 외우기, 산수문제이고, 지각적 추리는 나무토막 짜기, 행렬추리, 퍼즐 맞추기이고, 처리 속도는 동형찾기와 기호쓰기이다.

3) 집단검사

제1차 세계대전 당시 개발된 집단검사로서, army alpha와 army beta가 있다. 이것은 스탠포드 – 비네검사와 웩슬러의 검사내용으로서 수리력과 언어능력에 관한 요인으로 구성되었다. army alpha는 언어능력이 있는 사람을, army beta는 언어능력이 없는 사람을 대상으로 한다. 또한 제2차 세계대전 당시 개발된 군대일반분류검사(army general classification test)가 있다. 이 기법은 종전과 더불어 기업과 정부기관에서 선발을 위한 기법으로 사용되었으며, 언어·수리·공간능력과 같은 문항으로 구성되어 있다.

(3) 적성검사

개인의 특성이나 능력을 특정 직업이나 직무에서 요구하는 특성이나 능력과 대비시켜 적부를 판정하는 것으로, 지능·학력·기능은 물론 특성, 흥미, 신체적 특성까지를 포함한다. 그러나 적성은 선천적인 소질과 후천적인 소질이 복합되어 있는 것으로 보고, 유전적인 소질을 검사하는 것을 적성검사, 경험적이고 학습적인 소질을 검사하는 것을 성취검사라고 한다.

1) 신체적 적성검사

① 체격검사: 특정 직업이나 직무에 적합한 체격적 요건에 대한 검사로, 체격의 발달과 영양상태를 파악한다.

② 체력검사: 신체적 지구력을 체크하기 위하여 실시하며 호흡기 능력검사, 순환기 기능검사, 근력검사, 신경기능검사 등을 한다.

2) 정신적 적성검사

① 소질검사: 성격적으로나 기질적으로 직무수행자로서 적합한지를 판단하기 위해 실시한다. 주의력을 위해서 미로검사·한자부호검사·수열비교검사·환치

(換置)검사를, 추리력을 위해 입방체 계산검사·기하학적 구성검사를, 사고 및 판단력을 위해서 차례 맞추기·회화완성검사를, 지능을 위해서 각종 지능검사를 실시한다.

② 득성검사: 후천적 환경으로부터 습득된 능력을 검사하기 위한 학습검사, 기능검사, 흥미검사 등이 이루어지며, 학습검사는 상황에 대한 학습능력과 적응력을, 기능·흥미검사는 직무에 대한 기능과 흥미를 판단하기 위해 실시한다.

2. 전기(傳記)자료

(1) 지원서(application blank)

지원서는 개인에 대한 정보를 요구하며, 면접질문의 근거를 제공하기 때문에 모든 응시자가 작성한다. 개인에 대한 신상자료가 포함되어야 하며, 선발에 유용한 정보를 수집할 수 있어야 하고, 평등고용법령에 위배되지 않아야 한다.

지원서의 각 항목에 가중치를 부여하여 채점하는 가중치지원서(weighted application blank)가 있다. 이 기법은 선발과정에서 개인적 편견을 극복할 수 있으며, 이를 위해서는 직무의 요구사항과 직위에 따라 차이가 있어야 한다.

(2) 신상명세서(biographical inventories)

지원서보다 지원자의 이력에 대한 상세한 정보까지 요구하고 있으며, 선다형식 검사로 구성되어 있다. 특정 직무를 위해서 개발되었으며, 직무성공과 상관이 높은 과거의 경험을 내용으로 한다. 항목에 대한 처리는 가중치지원서와 비슷하다.

(3) 신원조회 및 추천서

지원자를 알고 있는 사람들로부터 정보를 제공받는 것이다. 과거 지원자의 직무지식과 대인관계 등에 대한 정보를 수집하는 데 목적이 있지만 타당도에 대한 문제가 있다.

미국 공무원 선발위원회에서 개발한 고용추천 질문지가 있으나 대부분 지원자에 대해 긍정적으로 응답하여 타당성이 결여되었으며, 이를 보완하기 위해 강제선택 질문지법(force-choice questionnaire)이 개발되었다. 이것은 문항의 내용은 모두 긍정적이지만 그 속에는 변별력이 있어 많이 사용하고 있다.

(4) 이력서와 자기소개서

지원자의 문화적 배경이나 개인적 특성 및 지식을 알아보기 위해 학력과 과거의 경력을 기입한 이력서가 작성되며, 개인만의 특성·경험·특기 등에 관한 정보를 수집하기 위하여 자기소개서가 이용되고 있다.

3. 필기시험(paper test)

특정 직무에서 요구하는 교양이나 지적 수준을 측정하기 위해 이용되지만, 단편적인 부분만을 측정한다는 한계가 있다. 따라서 직무수행 과정에서 요구되는 창의력이나 잠재력을 측정하기 위한 보조적 도구를 병행 실시하여야 하고, 지적 수준이 일정기준에 미달하는 지원자를 배제하기 위한 목적으로 사용하는 것이 좋다.

선발면접 03

1. 면접(interview)의 개념 및 중요성

면접이란 특정 목적을 위해 두 사람 사이에서 이루어지는 대화에 의한 상호작용이다. 즉, 지원자의 직무능력에 대한 정보획득을 목적으로 하는 고용주와 직업을 탐색하는 지원자 사이에서 이루어지는 구두적 상호작용이다. 따라서 면접은 쌍방적 커뮤니케이션으로 지원자에 대한 정보수집과 함께 지원자에게 회사 및 직무에 대한 정보를 제공하는 목적을 가지고 있으며, 더불어 회사를 알릴 수 있는 기회이기도 한다.

면접에서는 ① 단편적 지식보다는 잠재적 능력, 지도력, 적응력, 발전성 등 전인격적인 능력, ② 급변하는 환경에 적응할 수 있는 능력, ③ 높은 직무능력과 의욕을 가진 인재를 원하기 때문에 중요하다.

2. 면접의 형태

면접은 기법과 구조, 참가자의 수에 따라 다음과 같이 분류할 수 있다.

(1) 구조화에 따른 분류

1) 구조적 면접(structured interview)

특정 직무에 대해 미리 준비된 질문을 모든 지원자에게 하는 것이다. 이를 위해서는 사전에 직무분석을 통해 직무와 관련된 질문을 개발해야 한다.

모든 지원자에게 동일한 질문을 하기 때문에 편견을 제거하여 타당성이 높으나, 추가질문이 제한되기 때문에 다양한 정보를 수집할 수 없는 단점이 있다.

2) 비구조적(non-structured) 면접

면접자에게 폭넓은 권한을 부여하여 특별한 형식에 구애받지 않고 진행하는 개방형 기법이다. 심층정보를 수집할 수 있다. 그러나 체계적이고 조직적이지 못하여 타당성이 결여되고, 많은 시간이 요구되고, 면접자의 흥미 위주로 진행될 수 있다는 단점이 있다.

3) 반구조적(semi-structured) 면접

구조적 면접과 비구조적 면접의 절충적 형태로서, 각각의 기법이 가지고 있는 문제점을 극복하기 위해 이용된다. 사전에 준비된 질문을 하면서 상황에 따라 이 외의 질문도 허용되는 것이다.

(2) 참가자 수에 따른 분류

1) 집단면접(group interview)

지원자를 집단으로 구성하고 특정 주제를 부여하여 자유토론을 하도록 한다. 면접자는 이를 관찰하여 지원자의 적격 여부를 판정한다. 다수의 지원자를 비교·평가할 수 있고 시간을 절약할 수 있는 장점이 있다.

2) 위원회면접(board interview)

한 명의 지원자에게 3~5명 정도의 면접자가 질문을 함으로써 진행한다. 심층정보를 수집할 수 있지만, 지원자의 심리적 부담으로 돌출적 행동을 할 위험이 있다.

(3) 기 타

1) 강압적 면접(stress interview)

제2차 세계대전 당시 미 정보국의 요원선발을 위해 개발된 기법이다. 작전 수행 과정에서 감정이 고조되었을 때, 그 감정을 어떻게 유지하고 위기상황을 극복하는지를 파악하려는 것이다. 면접자는 지원자에게 악의나 적대감정을 가지고 있는 것으로 가정하고, 지원자가 이러한 상황에서 자신의 감정을 어떻게 관리하는지를 파악하는 것이다. 따라서 면접자의 전문적 지식이 요구된다.

2) 순차적 면접(sequential interview)

여러 계층의 관리자에 의해 이루어지는 면접이다. 각 관리자는 하나의 기준으로 지원자를 평가하며 직무수행에 적합한 기능과 특성에 중점을 두고 있기 때문에 신뢰성과 타당성이 높다.

3. 면접의 절차

1) 제1단계: 계획과 준비

지원서를 검토하고 의문 사항에 대해 질문할 내용을 준비한다. 또한, 직무분석에 의한 직무사항과 요구사항에 대해서 숙지하고 안정적이고 조용한 면접 장소를 선정한다.

2) 제2단계: 신뢰감 형성

긴장을 해소하고 상호 신뢰감을 형성하기 위한 분위기를 조성한다. 이를 위해 가벼운 대화로부터 시작하여 지원자의 긴장을 해소하고 점차 본격적인 면접 과정으로 들어가는 것이 좋다. 이것은 지원자가 탈락하더라도 기업의 긍정적 이미지 조성에 도움이 된다.

3) 제3단계: 질문

단답식 질문은 피하고 지원자가 상세한 대답을 하도록 한다. 또한, 지원자의 대답을 막거나, 대답이 면접자와 일치하지 않는다고 해서 이에 대한 감정을 나타내서는 안된다.

4) 제4단계: 마감

긍정적으로 마무리해야 하며 다음 행동에 대한 안내가 있어야 한다.

5) 제5단계: 분석 및 평가

면접자는 즉시 면접시에 기록한 내용을 검토하고 평가해야 한다. 이때에 개인의 주관적 편견이 개입하지 않도록 한다.

4. 면접의 한계점

면접과정에서 발생할 수 있는 오류는 일반적으로 다음과 같다.

① 현혹효과(halo effect): 면접자가 지원자의 어떤 하나의 특성에 과도하게 영향을 받았을 경우, 이것이 지원자의 다른 부분에도 영향을 미치는 것이다.

② 첫인상: 지원자와의 최초대면에 의한 인상이 다른 요인에까지 영향을 미치는 것이다. 특히, 지원자의 부정적인 측면을 발견했을 때 강하게 나타난다.

③ 면접자의 지배: 지원자보다도 면접자의 의견이 지배적일 때 나타난다.

④ 일관성의 결여: 지원자들이 서로 다른 절차나 질문에 의해 평가되었을 때 나타난다.

⑤ 중심화경향: 면접자가 면접의 취지를 알지 못하거나, 평가를 위한 지식이 없거나, 지원자에 대한 정보가 부족할 때 평균이나 중간 정도로 평가하는 것이다.

⑥ 순서에 의한 오류: 지원자의 면접순서에 의해 영향을 받는 것이다. 예를 들면, 매우 유능한 지원자를 면접한 후 유능한 지원자를 면접하게 되면 그가 평균 이상임에도 상대적으로 낮게 평가하는 것이다.

⑦ 편견(bias): 특정 학교·지역, 인종, 성별, 종교, 그리고 지원자의 신체적 특성 등에 대해 면접자가 평소 가지고 있는 감정이 영향을 미치는 것이다.

⑧ 면접자의 평가능력: 직무에 대해서 정확하게 알고 있지 못하거나, 면접에 대한 평가능력이 없는 경우에 나타난다.

⑨ 비구두적 커뮤니케이션: 대부분의 면접이 지원자의 언어능력에 의해 평가되고 있다. 언어 이외의 비구두적 표현, 즉 행동·인상·미소 등에 의한 평가가 소홀하여 나타난다.

⑩ 부적절한 질문: 직무 이외의 질문, 예컨대 지원자와 논쟁이 되거나 면접자의 흥미에 관한 질문을 함으로써 나타난다.

⑪ 심리적 부담: 면접자가 정확한 평가를 해야 한다거나 시간적 제약으로 인해 심리적으로 부담을 안고 있을 때 나타난다.

선발 의사결정 04

선발 의사결정에 직접적인 영향을 미치는 것은 선발비율(selection ratio)이다.

$$\text{선발비율}=\frac{\text{선발예정자 수}}{\text{총 지원자 수}}$$

여기에서 지원자 수보다 선발예정자의 수가 많을 수는 없으므로 선발비율은 1에서 0까지의 값을 갖는다. 선발비율이 1에 접근한다는 것은 지원자 대부분이 선발됨을 의미하고, 0에 접근한다고 하는 것은 극소수만이 선발된다는 것을 의미한다. 따라서 선발비율이 1에 접근할수록 기업에서는 바람직하지 않으며, 0에 접근할수록 유능한 지원자를 선택할 가능성이 높다.

다음 〈표 8-1〉은 선발 의사결정에 따른 결과이다. 표에서와 같이 어떠한 선발 의사결정하에서도 다음과 같은 4가지 가능한 결과를 예상할 수 있다. ① 성공하리라고 예측되고 채용 이후에 성공적으로 직무를 수행하는 경우(성공적인 수락결정), ② 성공적이지 못한다고 예측되고 채용되었더라도 성공적으로 직무

표 8-1 선발 의사결정의 가능한 결과

구분		선발의사결정	
		수락	거절
채용 후 직무성과	성공(만족)	① 옳은 결정	③ 잘못된 거절 (제1유형)
	실패(불만족)	④ 잘못된 수락 (제2유형)	② 옳은 결정

를 수행하지 못하는 경우(성공적인 거부결정)이다.

문제는 ③ 선발했어야 하는 지원자를 거부하는 경우(제1유형), ④ 거부했어야 하는 지원자를 선발하는 경우(제2유형)이다. 제1유형은 특정 지역이나 인종, 학교, 성별 등의 편견에 의해 선발이 이루어졌을 때 나타나는 오류이다. 제2유형은 능력과 자격이 없음에도 불구하고 선발되는 경우로서, 교육훈련 등의 추가 비용이 발생하게 된다.

모집은 지원자의 이익과 처우, 삶의 보람 및 능력발휘의 기회를 제공하는 활동이다. 이 과정에서 기업은 직업안정법, 장애인고용촉진법, 고령자고용촉진법, 남녀고용평등법 등의 법률을 준수해야 한다. 또한 기업의 분위기, 관행, 요구하는 능력과 행동 등을 이해시켜 지원자가 스스로 선택하게 해야 한다.

선발이 결정되면 신속하게 본인에게 통지한다. 선발결정부터 입사까지는 상당한 기간이 있다. 이 기간에 교육을 실시하여 기업에 대한 친근감을 높이고 바람직한 직업인이 되기 위한 지원이 이루어져야 한다.

05 인적자원 배치

1. 인적자원 배치의 개념

기업이 외부로부터 채용한 신입자의 배치에는 두 가지 유형이 있다. 첫째는 영업소나 공장 등에 전원 배치하고 일정 기간 후에 적합한 직무를 수행하게 하는 것이다. 현장경험이 미래 직무수행에 도움이 될 것으로 보는 것이다. 둘째는 처음부터 예정했던 직무에 배치하는 것이다. 이 경우에도 적성 등을 관찰하는 기간을 두고 직무를 변경할 수 있는 기회를 제공하기도 한다.

배치는 직무와 사람의 관계를 적절히 조합하여 기업성과는 물론 개인의 만족도를 높이려는 것이다. 따라서 배치는 인적자격과 직무요건을 적합화시키는 것이다. 효율적인 인원배치를 위해서는 먼저 직무분석을 통해 직무내용을 충분히 검토하고, 그 직무를 가장 잘 수행할 수 있는 지원자의 적성에 대한 평가가

그림 8-2 적정배치의 과정

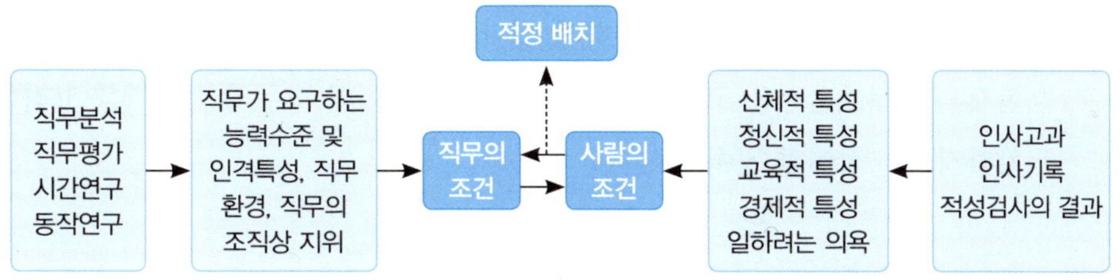

이루어져야 한다. 여기서 고려해야 할 사항은 특정 직무에 대한 지원자의 태도이다. 지원자의 성장 가능성, 현재 및 잠재적 능력이나 적성 등을 고려하여 개인의 목표와 조직의 목표가 일치할 수 있는 적재적소의 인원배치가 이루어져야 한다. 이러한 관계가 [그림 8-2]에 나타나 있다.

2. 인적자원 배치의 원칙

인적자원 배치는 다음과 같은 원칙을 고려해야 한다.

(1) 적재적소주의

직무에 적합한 능력과 적성을 가진 사람을 배치하여 직무의 효율성을 극대화 한다. 그러나 기업이 활용할 수 있는 인적자원에 대한 한계로 모든 직무에 최적의 인재를 배치할 수는 없다.

적재적소의 판단에는 능력, 성격, 의욕이 중요하지만, 능력과 의욕에 관한 판단은 모순이 될 수 있다. 직무에 적합한 능력은 있지만 의욕이 결여되고, 의욕은 있지만 능력이 결여된 경우도 있다.

(2) 인적자원의 형성

인간의 능력은 교육 및 훈련만이 아니라 직장에서의 체험학습을 통해서도 형성된다. 적재적소는 단기적 직무의 효율성을 결정하지만, 인재형성의 영향은 장기적인 효과이다. 배치를 위해서는 미래의 인적자원을 이용하는 방법도 고려해야 한다.

의욕을 가진 인재가 특정 직무에 배치되고 그 직무를 성공적으로 수행한다면 그것에 적합한 능력을 형성하게 된다. 이것은 적재적소와 모순되는 것으로, 현재의 직무효율성을 고려한 적재적소의 결정, 미래 직무의 잠재력을 고려한 배치결정과는 상이한 것이다.

(3) 비공식집단의 형성

직장내 인간관계는 직무지식 및 능력에 의해 형성되지만, 감정적 요인이 수반되기도 한다. 감정에 의해 형성된 집단을 비공식집단이라고 하며, 이렇게 형성된 사람과의 관계를 속인적 네트워크라고 한다.

적재적소의 배치결정이 어려운 것은 하나의 배치가 [그림 8-3]과 같이 3개의 장을 변화시키기 때문이다. 적재적소의 배치는 사람과 직무, 사람과 사람의 관계를 변화시키며 이것에 의해 3개의 장이 변화한다. 어느 것을 우선적으로 또는 총합적으로 고려해야 하는가는 기업 및 직무가 추구하는 관점에 따라 상이하다.

제1은 정보의 상호작용으로, 사람들이 정보를 교환·처리함으로써 의사결정을 하고 있는 장이다. 제2는 사람들의 학습의 장이다. 제3은 집단 속에서 인간의 감정이 상호작용하는 장으로 기능한다. 이것으로부터 비공식집단의 중요성이 강조된다.

그림 8-3 배치의 직접적인 영향

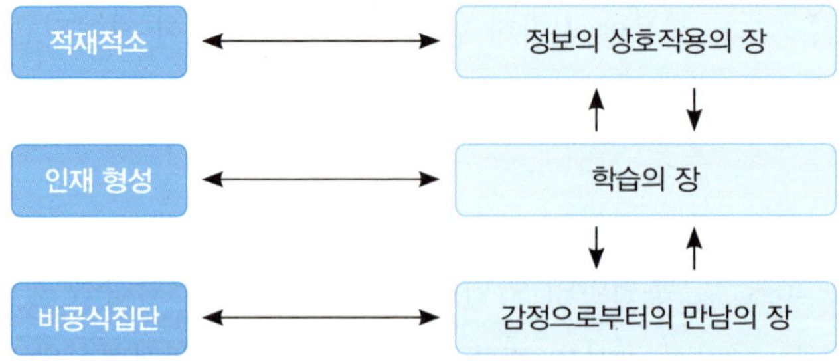

3. 인적자원 배치 기법

채용이 되면 수행해야 할 직무를 할당해야 한다. 직무배치에 대해서 단네트(M.D. Dannet)는 적성검사를 선발도구로 하였을 때의 예로서 〈표 8-2〉와 같이 설명하고 있다.

첫째, 순수선발(pure selection) 방식이다. 각 직무를 기준으로(직무기준 수직으로) 적성검사 점수가 가장 높은 사람을 적임자로 배치한다. 이 경우, 어떤 사람은 여러 직무에 중복 배치되지만(A·G), 어떤 사람은 어떠한 직무에도 배치되지 않게 된다(E·J). 또한 A(직무 I), B(직무 V), G(직무 II·IV) 세 사람만 배치되기 때문에 이 외의 직무를 위해 추가 모집에 대한 문제가 발생한다. 이때 평균 적성검사 점수는 0.8이 된다.

표 8-2 직무배치의 결정

배치대상자		직무					비고
		I	II	III	IV	V	
A		0.9	0.7	0.8	0.6	0.7	
B		0.7	0.6	0.4	0.4	0.9	
C		0.4	0.5	0.7	0.5	0.5	
D		0.4	0.5	0.6	0.3	0.2	
E		0.3	0.5	0.1	0.4	0.4	
F		0.3	0.3	0.5	0.4	0.4	
G		0.8	0.7	0.5	0.7	0.6	
H		0.5	0.4	0.6	0.4	0.3	
I		0.4	0.5	0.2	0.1	0.1	
J		0.2	0.1	0.3	0.1	0.1	
배치	순수배치 방식 (각 직무에 가장 적합한 사람을 배치)	A(0.9)	A 또는 G(0.7)	A(0.8)	G(0.7)	B(0.9)	적합성 평가의 평균 (0.8)
	직업지도 방식 (각 대상자에 대해 가장 적합한 직무를 배치)	A(0.9) G(0.8)	E(0.5) I(0.5)	C(0.7) D(0.6) F(0.5) H(0.6) J(0.3)	-	B(0.9)	적합성 평가의 평균 (0.63)
	절충배치 방식 (순수배치와 직업지도 방식의 결합으로 가장 적합한 사람을 배치)	A(0.9)	E 또는 I(0.5)	C(0.7)	G(0.7)	B(0.9)	적합성 평가의 평균 (0.74)

둘째, 직업지도(vocational guidance) 방식이다. 대상자를 기준으로(사람기준 수평으로) 적성검사 점수가 가장 높은 사람을 적임자로 배치한다. 이 경우, 각 직무가 요구하는 자격요건을 갖추지도 못한 사람이 배치되는 경우가 발생하며(직무 II·III), 직무에 적합한 사람이 없는 경우도 있다(직무 IV). 따라서 직무에 적합한 사람이 없기 때문에 배치할 수 없거나, 필요 이상의 인원을 채용하여 배치하는 일이 발생한다. 이때 평균 적성검자 점수는 0.63이 된다.

셋째, 두 방식을 절충한 배치이다. 직무수행을 위한 최적의 자격요건을 갖춘 사람들로 배치하고, 각 개인의 능력이 최대한 이용될 수 있도록 고안된 방식이다. 합리적인 배치방식이라 할 수 있으며, 이때 평균 적성검사 점수는 0.74가 된다.

4. 배치의 새로운 경향

배치는 사람과 직무를 연결하고, 직무수행에 필요한 능력을 사람에게 요구하는 것이다. 기업은 개인의 적성과 능력을 평가하고 그에 적합한 직무를 수행하게 하거나, 능력개발을 위한 배치를 한다. 기업의 일방적 결정에 의한 배치가 이루어졌다.

그러나 최근에는 자신의 직무에 대한 희망과, 기업의 인재활용의 필요성을 조정하여 결정하는 경향이 있다. 기업주도형 배치로부터, 기업과 개인의 욕구를 조정하는 조정형 배치이다. 이것은 경력의 자기결정과 자기관리를 요구하는 사람이 증가하고, 캐리어의 선택을 개인에게 위임하는 것이 직무수행에 대한 의욕이 높아지기 때문이다. 자기신고제도나 사내공모제도를 활용하는 방법이 있다.

기업에서 개인이 경험할 수 있는 경력은 직무의 내용과 범위, 능력개발기회를 결정하는 것이다. 따라서 조정형 배치는 능력개발기회의 선택을 자신에게 위임한다. 자신이 희망하는 경력을 실현하기 위해 필요한 능력개발의 기회를 자신이 선택하고 실현하는 것이다.

Chapter 09

이동과 이직관리

01 인적자원 이동의 기초

02 인적자원 이동의 유형

03 이직의 기초개념

04 이직관리

05 인사이동의 새로운 사고

학습 목표

기업은 급변하는 경영환경 조건에 능동적으로 대처할 수 있는 능력을 가져야 하며, 이러한 능력은 인적자원을 관리하는 부문에 있어서 대단히 중요하다. 즉, 다양한 경영 여건이나 사업계획 또는 직무와 개인 간의 부적합 등의 원인으로 기업은 인적자원에 대한 이동을 시행하게 된다.

그러나 이러한 인적자원의 이동은 단지 내부적 이동에만 국한되는 문제가 아니고, 근로자의 이직이나 해고 그리고 퇴직에 이르기까지 광범위한 분야를 포함한다. 따라서 이러한 분야에 대한 적절한 관리활동은 노동의 정착화를 기할 뿐만 아니라, 인간과 직무의 적합화를 도모함으로써 안정된 기업으로서 경영활동을 효율적으로 수행할 수 있기 때문에 중요하게 다루어야 할 것이다. 또한 이직의 긍정적이며 부정적 효과를 파악하고 효과적인 이직관리를 위한 방안을 습득하고자 한다.

01 인적자원 이동의 기초

1. 이동의 기초개념

인적자원 이동은 신규 근로자로서 조직 참여, 직무이동(transfer), 승진(promotion), 강등(demotion), 일시해고(layoff), 해고(discharge), 사직(resignation), 퇴직(retirement) 등이다. 그러나 모든 사람들이 이러한 경력변경에 직면하는 것만은 아니지만, 몇 가지는 대부분 경험하게 된다.

기업은 결원보충이나 인건비 절감을 위해 또는 근로자의 관심이나 능력에 따라 새로운 직무로 이동시킨다. 근로자 역시 관심이나 능력발달에 따라 이동을 소망한다. 이와 같이 성장 및 발달에 대한 개인의 욕구를 조직의 욕구와 적합시키는 것이 이동의 목표이다. 따라서 직무분석을 통해 특정 직무에 적성과 능력에 적합한 인재를 배분해야 한다.

이러한 의미에서 배치전환은 현재의 직무와 동등한 가치가 있는 직무로, 승진은 현재의 직무보다 가치가 높은 직무로, 강등은 현재의 직무보다 가치가 낮은 하위직무로 이동하는 것이다. 또한, 직무에 근로자를 배분하는 것을 배치, 상이한 직무로 옮기는 것을 이동이라고 하고, 이러한 활동을 이동관리라고 한다. 이동의 모든 유형은 〈표 9-1〉과 같다.

여기서 전적(轉籍)이란 회사의 명령에 따라 퇴직하고 자회사, 관련회사, 거래처 등에 재취직하는 것이다. 또한 직위 및 직무의 변경과 처우 및 능력등급의 변경은 성질이 다르다. 후자에는 직능자격제도가 있으며, 기업 내에 서열 및 처

표 9-1 인사이동의 전체도

교육이동	직위의 변경	배치전환	처우·능력 등급의 변경	사외이동
• 유학 • 주재	• 승진 • 강등	• 직무의 변경·교대·확대·충실, 역할부여, 과제할당, 교육배치, 배치전환 • 부문내 이동 • 부문간 이동	• 승격 • 승급 • 직무변경	• 전적 • 파견
도입배치				

우를 명확히 하기 위해 설정되어 있는 제도이다. 이것은 직무의 난이도, 책임감, 내용을 기초로 직능자격을 설정하고, 각 직능자격에 해당하는 직무수행능력 및 기대수준 등의 직능자격 요건을 설정하며, 이 자격요건(자격등급)에 기초하여 인사처우가 이루어진다.

2. 이동의 중요성

이동은 조직구조의 변화, 고용조정, 개인의 경력개발을 위해 이루어지며, 정기적 이동과 부정기적 이동이 있다. 정기적 이동은 적성발견이나 능력개발, 인적교류를 목적으로 하며, 부정기적 이동은 필요에 따라 이루어진다. 또한 초임자의 배치는 인사부서가 권한을 가지고 있지만, 이후의 이동에 관해서는 각 직능분야의 책임자가 가지고 있는 경우가 많다. 기업내 이동의 이점은 다음과 같다.

① 능력을 고려한 승진기회를 제공하여 동기부여한다.
② 상이한 직무를 수행하는 과정에서 가능성을 파악할 수 있다.
③ 내부 인재에 대한 정보는 알고 있기 때문에 신뢰도가 높다.
④ 회사에 장기체류할 가능성이 높다.
⑤ 내부에서의 이동은 보다 신속하고 경비를 절감할 수 있다.

3. 이동의 목적

인사이동은 노동력의 효율적 활용, 업무수행을 위한 팀워크의 향상, 원만한 인간관계의 유지, 교육훈련의 효과 향상, 매너리즘의 방지 등 인적자원의 불균형 해소를 위해 재배치를 하는 것이다. 인사이동의 구체적인 목적은 다음과 같다.

① 과도한 전문화를 억제한다. 과도한 전문화는 부문간 커뮤니케이션을 억제하고, 직무전환과 기술 및 환경변화에 적응을 어렵게 하고, 개인의 승진경로도 제약한다.
② 다양한 네트워크를 형성한다. 직장이나 직무의 변경으로 다양한 인적 결

합이 형성된다. 이렇게 형성된 네트워크는 공식적 정보전달 경로를 보완하는 역할을 한다.

③ 적성의 발견이다. 자신이나 인사관리자도 능력을 완전히 파악하고 있는 것은 아니다.

④ 인센티브 효과이다. 승진을 수반한다면 효과는 확실하지만, 자신이 선호하는 직무로의 이동도 긍정적 인센티브 효과가 있다.

⑤ 배치의 고정화를 방지한다. 고정화에 의해 전문화가 진행되지만 습관도 발생한다. 습관은 전문적 지식이 우선되고 상식이 통하지 않을 수도 있다.

⑥ 조직의 활성화이다. 이질적인 집단도 시간이 지나 비공식적인 집단이 형성되면 동질화하여 상호 협력적 분위기를 조성한다.

4. 이동시 유의사항

이동의 시기는 신규종업원 채용시, 경영계획 및 기업환경이 변화할 때, 근로자의 업무처리능력이 향상될 때, 기업이 위기에 직면할 때이다. 또한 이동은 기업규모, 직무내용 및 범위, 작업환경과 조건, 기업의 장래성, 개인적 특성 등을 고려해서 이루어져야 한다. 이동을 원활하게 진행하고 거부감을 제거하기 위해서는 다음과 같은 사항을 고려해야 한다.

① 이동 후에는 직무수준을 낮추어 설정한다: 처음부터 정상적인 직무를 부여하면 성적고과에 부정적이기 때문에 이동 후의 복원기간 내에는 직무수준을 낮추어야 한다.

② 복원기간 중의 능력고과는 유예한다: 복원기간 중에는 능력고과를 실시하지 않는다.

③ 이동 후에는 교육에 전력한다: 복원기간에는 평가보다 교육에 노력한다.

④ 복원할 수 없는 이동은 제한한다: 복원기간에 복원할 수 없는 이동은 하지 않는다.

⑤ 이동 초기에 업적고과는 중지한다: 복원기간에 업적고과는 하지 않는다.

⑥ 이동시 직무경력점수를 가산한다: 이동 초기에 능력고과는 낮지만 직무경력점

수를 가산하여 유리하게 한다.

⑦ 원하지 않은 이동은 삼가한다: 이동은 경력개발에 대한 본인의 의사를 존중해야 한다.

인적자원 이동의 유형 02

1. 배치전환

승진을 수반하지 않고 동일수준의 다른 부서나 직무로 이동하는 것이다.

(1) 배치전환의 원칙

1) 적재적소주의

개인의 능력과 적성, 성격에 적합한 직무에 배치하여 최고의 성과를 기대한다.

2) 실력주의

능력을 발휘할 수 있도록 하고, 공정하게 평가하고, 상응하여 처우한다. 기존의 능력과 더불어 새로운 능력을 개발·양성하는 것도 포함한다.

3) 인재육성주의

능력이 신장될 수 있도록 한다. 새로운 직무수행 과정에서 지식이나 기능은 자연스럽게 습득된다. 도전적인 직무수행을 통해 능력이 신장되고, 성장욕구 및 자기실현욕구가 충족될 수 있다.

4) 균형주의

이동은 모두에게 평등·공평하며 균형 있게 이루어져야 한다. 이동은 실력증진과 사기향상 등을 위해 전체와 개인의 조화가 이루어져야 한다.

(2) 배치전환의 유형

1) 이동범위에 따른 분류

① 과간 배치전환: 업무의 내용이 유사한 부서 간에 수평적으로 이루어지는 것이다.

② 부문간 배치전환: 부와 부, 또는 부문과 부문 사이에 이루어지는 것이다.

③ 공장간 배치전환: 생산업무가 유사한 것을 전제로 공장과 공장 사이에서 이루어지는 것이다.

④ 회사간 배치전환: 회사 전체를 통해 필요한 인력을 폭넓게 배분하는 것이다.

2) 이동목적에 따른 분류

① 생산 및 판매상황에 따른 배치전환: 생산이나 판매가 감소하고 있는 부문의 인력을 증가부문으로 이동하거나, 이직으로 결원이 발생한 부문으로 이동한다.

② 인원대체를 위한 배치전환: 해고의 상황을 피하려는 것으로, 근속연수가 오래된 근로자를 유사직무의 다른 근로자와 대체하여 고용과 조직안정을 도모한다.

③ 만능공 양성을 위한 전환배치: 기술 및 능력의 범위를 확대하고 직무상의 융통성과 유연성을 향상한다.

④ 근무교대를 위한 배치전환: 교대근무의 경우, 특정 시간대에서 다른 시간대로 이동한다.

⑤ 구제적 배치전환: 배치가 잘못되었을 때 이를 시정하기 위한 조치이다.

이상의 유형에서 ①·②·③은 기업환경의 변화에, ④·⑤는 개인적 문제에 따른 배치전환이다.

2. 승진

책임도 크고 등급이 높은 직무로 이동하는 것이다. 그리고 승격은 기업내 자격의 향상이며, 직무의 장(長)으로 승진하는 것과는 다르다.

(1) 승진의 기능

1) 인센티브 기능

승진은 욕구충족에 의한 동기부여의 수단으로 권한을 확대하고 승급을 수반한다. 권한이 확대되면 자신의 의사로 진행할 수 있는 직무가 증가하고, 스스로 잠재능력을 발휘하고, 직무로부터 달성감을 인식하게 된다. 또한 승진은 승급을 수반하기 때문에 인센티브로서 기능한다.

2) 능력개발 기능

인간은 직무를 통해 자신의 능력을 성장시킨다. 승진은 새로운 능력개발의 기회를 제공한다. 직무에 따라 이에 적합한 능력도 상이하기 때문이다. 따라서 승진을 위해서는 어떤 능력을 개발하고, 어떤 경력을 경험해야 하며, 어떻게 능력개발을 촉진할 것인지를 고려해야 한다.

3) 적재적소의 실현

승진은 적재적소를 실현하는 기능을 한다. 특정 직무수행에 필요한 능력과 자질을 갖춘 적합한 인재를 승진시켜 능률을 향상시킬 수 있다.

(2) 승진기준

승진기준이 불명확하면 불만이 발생할 수 있다. 따라서 기준을 명확히 하고 객관적으로 실시해야 한다. 승진을 위한 이용되고 있는 기준은 다음과 같다.

1) 연공과 능력

능력에 따른 승진은 개인주의와 경쟁이, 연공에 따른 승진은 성과와 세대갈등이 발생할 수 있다. 따라서 능력과 연공을 절충한 자격주의 승진제도를 채택하기도 한다.

자격주의란 승진에 필요한 자격요건을 규정하고, 이러한 자격을 취득한 사람을 승진시키는 제도이다. 자격요건으로는 학력과 연령, 근속연수, 성별 등의 속인적 요인과 기능, 지식, 기술, 태도 등의 능력적 요소를 포함한다.

2) 인사고과

현재보다 상위의 직무수행을 위해 적성과 능력이 중요하다. 특히 잠재능력은 미래의 직무수행을 위해 중요하게 평가한다.

3) 연수평가

교육훈련에 대한 평가결과이다. 교육훈련은 승진 자격자를 대상으로 하거나, 특정 직위에서 요구하는 지식이나 능력 등을 고려하여 실시한다.

4) 경 력

해당 직급에서의 근속연수를 기준으로 하지만, 능력신장 과의 관계를 고려한다. 능력은 일정기간 동안에 향상되지만, 이후에는 새로운 기술의 도입과 심리적 노후현상 등으로 체감될 수 있기 때문이다.

5) 승진시험

승진 적격자를 대상으로 시험에 의한 결과를 기준으로 한다. 시험은 직무에서 요구하는 지식 및 능력을 측정하기 위한 내용이어야 한다.

이러한 기준을 기반으로 각종 인사기록 등을 참조하여 다양한 승진판단항목, 즉 판단력, 창의력, 책임감, 통솔력, 업무수행능력과 역량, 인간적 특질과 성격, 지적 및 교육수준, 협조성, 이 외의 공적 등을 고려해야 한다.

(3) 승진방침

승진의 중요성을 고려하여 다음과 같은 방침에 따라 실시되어야 한다.

① 근로자의 사기를 위하여 사내승진의 비중을 높인다. 이를 위해 내부승진의 범위를 명확히 해야 한다.
② 공모제도 등을 통해 사내·외를 불문하고 승진의 기회를 제공한다.
③ 승진경로를 명시하여 대비를 하도록 한다. 직무분석에 의해 직무요건을 명시하고, 특히 경력관리와 연계되도록 운영한다.
④ 승진을 위한 훈련을 강화한다. 또한 승진의 사후관리로서도 이루어져야 한다.
⑤ 승진에 대한 조언은 스탭부서인 인사부가, 결정은 해당 라인부서가 한다.
⑥ 개인이나 노조가 이의를 제기하면 사용자는 노사협의와 교섭의 범위에서 해결해야 한다.

(4) 승진의 형태

승진은 상위직무로의 직급승진, 사원·계장·과장·부장과 같은 직위승진, 직위와는 무관하게 자격처우만의 자격승진 등이 있다.

1) 직계승진

직무중심적 능력주의에 입각한 제도로서, 직무자격 요건에 적합한 자를 승진시키는 것이다. 직무담당자의 경험, 능력, 숙련, 기능 등의 신장에 의하여 새롭게 담당하는 직무가 보다 높은 직계에 있는 경우에 승진이 되는 것이다. 따라서 보다 높은 수준의 직무를 담당하게 될 때 승진한 것으로 볼 수 있다.

2) 자격승진

개인이 소유하고 있는 특정 조건이나 능력을 인정하여 이에 대한 처우로서 현재의 지위보다 높은 단계로 승진시키는 것이다.

① 신분자격승진: 승진기준을 속인적 요소(학력, 근속연수, 근무상황, 기본급 등)에 두고 있다. 능력상승에 의한 직위승진제도에서 승진 적체를 해소하기 위해 적용되기도 한다. 따라서 독립적으로 채택하기보다 직위승진과 결합해서 사용한다.

② 능력자격승진: 지식, 기능, 능력 등의 잠재력을 평가하고, 미래에 대한 유용성이나 신장도를 추측하여 자격제도상의 상위자격으로 승진시키는 것이다. 개인의 능력이나 자격에 의한 승진제도로서, 직무와 관계없는 속인적 요소에 의한 신분자격승진과는 다르게 직무와 관계있는 속인적 요소에 의한 승진이다.

③ 직위승진: 직위란 조직단위별로 구성원을 효율적으로 지휘하고 통제하기 위한 조직의 장의 명칭으로 직위계열상의 승진을 의미한다.

④ 대용승진: 준승진제도라고도 하며 연공주의와 능력주의를 절충시킨 것이다. 승진은 시켜야 하나 담당직책이 없는 경우 인사적체와 사기 저하를 방지하기 위해 직위상징이나 명칭을 형식적으로 부여하는 것이다.

⑤ OC 승진: 조직변화(organization change) 승진제도로서, 승진대상에 비해 직위가 부족한 경우 조직변화를 통한 직위계층을 늘려서 승진의 기회를 확대하는 것이다.

3. 강등

강등(downgrade)은 현재의 지위나 임금수준보다 낮은 직무를 할당하는 것으로, 직무난이도와 책임수준 역시 낮아진다. 등급이나 계급을 낮춘다는 의미로서 좌천과는 비슷하지만 차이가 있다. 좌천은 공식적으로 직급을 떨어뜨리는 강등과는 다르게 직급은 유지하거나 명목상으로는 승진하되 중요도나 선호도가 낮은 보직으로 발령을 내는 방식이다

03 이직의 기초개념

1. 이직의 개념

이직(separation)이란 자의 또는 타의에 의해 일시적이거나 영구적으로 고용이 종료되어 기업을 떠나는 것이다. 자의적 이직이란 사직을 말하며 개인적 사정이 원인이고, 비자발적 이직은 타의에 의한 것으로 고용기간 만료, 규칙위반, 사망·장애 등의 원인으로 떠나는 것이다.

따라서 이직은 일반적으로 사직(quits)과 해고(dismissal)로 구분된다. 사직은 의원사직과 권고사직이 있다. 여기서 사직은 의원사직을 의미하며 스스로 떠나

그림 9-1 이직의 유형

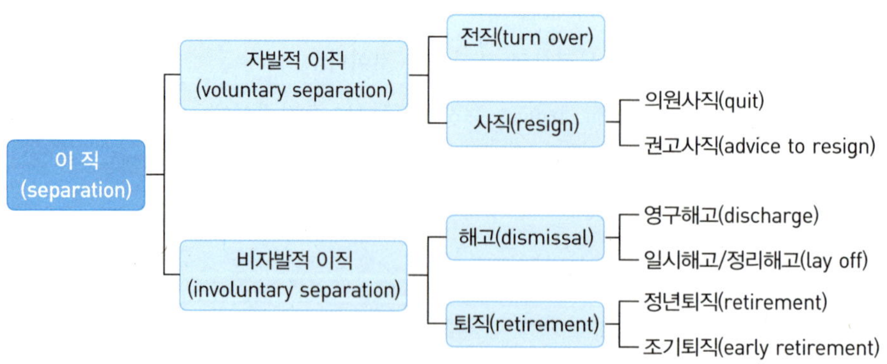

는 것이다. 퇴직은 퇴직과 관련된 이익과 인센티브 및 기타의 원인으로 떠나는 것이다.

반면에, 해고는 무능력, 규칙위반, 결근, 불복종 및 개인적 과오 등이 원인으로, 일시해고는 개인의 의사보다 기업의 필요에 의해서 이루어지며, 정리해고는 경영환경의 악화 등으로 이루어지고 상황이 호전되면 복귀하기도 한다.

2. 이직의 중요성

(1) 거시적 관점

높은 이직은 고용을 창출하고 지위를 향상시킨다. 인적자원은 생산성이 낮은 곳에서 높은 곳으로, 즉 임금이 낮은 곳에서 높은 곳으로 이동한다. 따라서 인적자원을 효율적으로 배치하는 원동력이 된다. 그러나 노동시장이 지나치게 유동적이 되고, 이동기간의 실직상태는 사회적 비용도 야기한다.

(2) 기업의 관점

무능한 인력을 유능한 인력으로 대체할 수 있는 기회를 제공한다. 또한 불황기나 자동화로 인원감축이 필요할 때 자발적 이직은 노동력의 효율적 이용을 위해 긍정적이다. 그러나 높은 이직은 사기 저하와 인간관계 악화, 투자비용과 신규고용으로 인한 손실이 발생한다. 또한 경영층의 이직은 기업의 효율성과 목표추진의 장애를 초래하고, 대외적으로 기업이미지를 실추시킬 수도 있다.

(3) 개인적 관섬

대부분의 이직자들은 높은 임금과 자기발전의 기회를 원한다. 또한, 적성에 맞는 직무와 새로운 도전의 기회를 제공받을 수 있다. 그러나 이직으로 기술축적이 어려우며, 경력과 권리의 상실을 수반하고, 이직기간의 심리적 갈등과 이직비용 등의 문제가 발생할 수 있다.

(4) 잔류자의 관점

이직은 내부승진의 기회를 제공하며, 협력을 요하는 직무에 무능력자의 이직은 협동심과 직무성과에 긍정적이다. 또한, 새로운 인력의 영입은 분위기 쇄신과 자극을 제공하며, 적성에 맞는 직무로 이동이 가능하고, 현재의 직무에 대한 만족도는 높아진다. 그러나 잔류자에게 과도한 직무를 수행하게 하며, 협동을 요하는 직무에서 성과가 저하될 수도 있다. 또한, 외부인력의 영입은 승진에 불만이 발생할 수 있으며, 사기 저하와 직무태도의 악화를 초래할 수도 있다.

3. 이직률과 비용

(1) 이직률의 측정

이직률은 기업환경에 따라 상이하며, 평균근로자의 이직률을 기초로 계산된다. 따라서 정책적으로 통제가 가능하고 제반 기업환경을 고려해서 이직률의 적정수준을 결정해야 한다. 즉, 업계 전체의 평균이직률을 고려하기보다는 기업의 인력상황 및 환경조건을 분석해서 이직수준의 최적화를 도모해야 한다. 이직률은 다음과 같이 계산된다.

$$\text{이직률} = \frac{\text{이직자 수}}{\text{전월 말 근로자 수}} \times 100$$

(2) 이직비용

이동은 노동력의 안정성을 측정하는 기준이 된다. 지나친 이동은 바람직하지 않으며 많은 비용을 수반한다. 이직으로 인해 발생하는 비용은 다음과 같다.

① 모집과 면접 과정에서의 비용
② 감독자 및 신규인력에 대한 훈련비용
③ 실적보다 높게 지불해야 하는 신규인력의 임금
④ 신규인력의 상대적으로 높은 사고율
⑤ 이직과 충원시기에서 발생하는 생산성 감소
⑥ 충원과 훈련기간 동안 생산설비의 불충분한 활용
⑦ 신규인력의 활용으로 인한 불량률의 증가
⑧ 납품기일 준수를 위해 초과근로수당을 지불해야 하는 잠재적 가능성

이직관리는 이직률을 완전히 제거하는 것이 아니다. 이직은 새로운 아이디어, 유능한 인재의 영입, 인건비 절감 등의 형태로 조직에 기여할 수 있다. 그럼에도 높은 이직률은 많은 비용을 발생시킨다.

4. 이직의 원인과 가능성

(1) 이직의 원인

이직은 경제상황, 대체직무의 수, 개인의 능력, 노동시장, 기업환경 등 다양한 요소에 의해 결정된다. 이직에 영향을 미치는 요인은 다음과 같다.

① 개인적 요소

연령: 연령이 높을수록 이직은 감소한다. 중고령층은 대체직무와 재취업의 가능성이 낮으며, 생활의 안정을 원한다.

경력: 경력이 높을수록 이직은 감소한다. 이것은 적성과도 관계가 있으며, 경력 초기단계에서 적성과의 불일치로 이직은 증가한다.

성별: 일반적으로 남성에 비해 여성의 이직이 높다. 이러한 결과는 개인이나 직무특성 등에 의해 영향을 받기 때문에 의미가 없다.

근속연수: 근속연수가 높을수록 이직은 감소한다. 근속연수에 따른 높은 임금과 지위 등이 원인이다.

교육수준: 교육수준이 높을수록 자아실현을 위한 높은 수준의 직무를 원하기 때문에 이직은 증가한다.

가족상황: 가정에서의 책임감이 높을수록 안정과 안전을 원하기 때문에 이직은 감소한다.

② 기업요인

임금: 임금이 높을수록 이직은 감소하지만, 개인의 기대수준과 차이가 있다면 증가한다.

직무환경: 휴식시간, 직무조건과 환경 등이 좋을수록 이직은 감소한다.

모집과 배치: 모집과 배치의 과정에서 적성과 능력을 고려할수록 이직은 감소한다.

복리후생: 건강과 생활, 노후대책 등에 대한 정책이 좋을수록 이직은 감소한다.

직무 자체: 직무에 대한 흥미, 도전감, 승진기회, 학습기회 등에 대한 인식이 높을수록 이직은 감소한다.

노조 및 노사협의회: 활발한 노조활동과 충실한 협의제도는 이직을 감소시킨다.

교육훈련: 환경변화에 적응하기 위한 교육훈련은 이직을 감소시킨다.

승진 및 발전기회: 경제적·사회적 지위, 기업 내 지위향상은 이직을 감소시킨다.

인정감: 업적에 대한 인정과 조직의 신뢰는 이직을 감소시킨다.

감독방법: 호의적인 감독유형, 인간관계, 관리기술 등은 이직을 감소시킨다.

동료관계: 동료와의 협조 및 친밀성, 팀워크가 좋을수록 이직은 감소한다.

(2) 이직 가능성

이직은 직무만족과 높은 관련이 있다. 마치와 사이먼(J.G. March and H.A. Simon)은 기업이 제공하는 유인과 공헌도의 정도가 같거나 유인이 많을 때 계속 일을 하고자 한다고 하였다. 개인이 원하는 보상을 기업이 충족시켜 주지 못하기 때문으로 기업을 떠나려 한다는 것이다.

즉, 직무에 만족할수록 이직에 대한 욕구는 감소하는데, 직무만족은 첫째, 개인의 자아상과 직무와의 적합성, 둘째, 직무만족에의 예측가능성, 셋째, 직무와 다른 역할과의 양립성의 요인에 의해 결정된다.

또한, 기업이탈 가능성은 그가 선택할 수 있는 기업의 수에 의존한다. 재취업의 가능성이 높은 기업의 수가 많다면 이직은 증가한다.

04 이직관리

1. 사직관리

전직이 수행하던 직무를 타인에게 양보하고 대체직무로 이동하는 것이라면, 사직은 기업을 떠나는 것이다. 사직은 개인사정과 노동시장, 조직적 요소 등이 원인으로 이에 대한 이해가 필요하다.

따라서 사직을 예방하기 위해서는 임금, 역할명료성, 직무요구의 충족, 기업성장의 비전과 제도적 개선 등에 노력해야 한다. 또한 사직사유를 정확하게 판단하고, 상담을 통해 사유를 확인하고, 이를 해결할 수 있는 방안을 모색해야 한다. 특히, 채용시의 관련 정보와 현재의 자료를 통해서 원인을 분석하고, 동일한 사직자가 발생하지 않도록 제도적 장치를 구비해야 한다. 훈련비용을 증가하고 관리의 효율성과 공정성을 유지하면서 제도적 문제점을 개선하는 관리적 행동도 요구된다.

사직자가 발생하면 기업은 개인적인 노동의 질과 유효성, 초래되는 비용 등을 고려하여 사직을 허용하거나 만류해야 한다. 노동력의 질적 향상과 유지를 위해서는 유효인력의 적정수준을 유지해야 한다. 기업에는 대체 가능한 인력과 불가능한 인력이 있고, 절대로 필요한 인력과 필요 없는 인력이 있다. 따라서 노동력의 다양성을 요구하고 있는 기업에서 사직관리는 중요하며, 이러한 측면에서 대체인력을 개발하기 위한 노력이 요구된다.

2. 퇴직관리

퇴직(retirement)이란 일반적으로 정년퇴직과 중도퇴직을 의미한다. 정년퇴직은 일정한 연령에 자동적으로 퇴직하는 것으로 법률적 근거에 따라 결정된다. 그러나 급격한 기술혁신으로 경영이 다각화되고 이에 적응하기 위해 중도채용

그림 9-2 고용관계의 종료형태

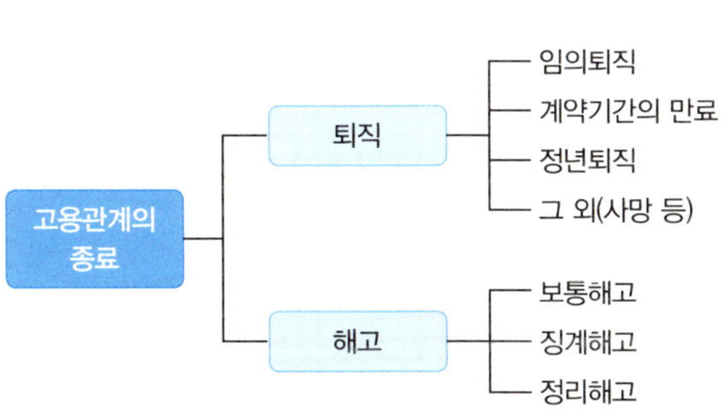

이 증가하고 있으며, 이에 수반해서 중도퇴직도 증가하고, 특히 개인사정에 의한 퇴직이 증가하고 있다.

이러한 상황을 고려하여 복수의 퇴직코스를 선택할 수 있도록 하는 선택정년제도가 도입되고 있다. 이것은 개인의 희망 및 기업이 필요로 하는 상태를 고려해서 유연하게 퇴직선택이 가능한 제도이다.

정년퇴직 및 선택정년, 중도퇴직 등은 기업의 분위기를 쇄신하여 근로자의 능률향상을 도모하고, 승진경로를 부여하고, 모럴의 향상과 경영활동을 활발하게 한다. 또 임금상승을 억제하고, 정년제를 통해 고용을 보장함으로써 근로자의 공헌도를 향상시키는 것을 목표로 한다. [그림 9-2]는 고용관계 종료의 다양한 형태를 나타내고 있다.

3. 해고관리

해고(discharge)란 기업이 근로자를 일방적으로 사임시키는 것을 말한다.

(1) 징계해고 관리

개인의 부정·부당한 행위에 대한 처분으로, 경우에 따라 피하기 어렵고 또 필요한 조치이다. 징계해고를 위해서는 다음과 같은 정책구성이 필요하다.

① 해고에 이르는 경우를 명확하게 문장화해 둔다.
② 모든 근로자에게 철저하게 주지시킨다.
③ 징계해고의 경우에는 즉각적으로 사실분석을 행한다.
④ 인사부서뿐만 아니라 상위의 관리직이 재검토한다.
⑤ 완전하게 처리될 때까지 당사자는 기업에 체류하도록 한다.
⑥ 근로자가 정당한 것이라고 주장한다면 재조사한다.

(2) 무능력 근로자의 해고관리

무능한 근로자를 해고하는 경우 고용주는 필요한 선택이고 절차가 될 수밖에 없다고 하는 상담이 필요하고, 가능한 문제를 야기시키지 않도록 배려가 있어야 하며, 항상 기록을 보유해 두는 것이 바람직하다.

인사이동의 새로운 사고 05

최근에는 이동을 결정할 때 개인의 희망을 중요시하는 경향이 있으며 대표적인 제도가 자기신고제도와 사내공모제이다.

1. 인사이동의 새로운 경향

(1) 자기신고제도

자기신고제도는 자신의 직무가 적성에 맞는지, 어떠한 직무를 원하는지, 어떠한 교육을 원하는지를 정확히 파악하고, 이들의 의견을 반영한 직무순환, 교육, 이동 및 승진, 승격 등을 통해 능력을 개발할 수 있는 기회를 제공함으로써 인간존중의 경영을 실천하기 위한 제도이다. 이를 위해 상사와의 면담이 이루어지고, 자기신고 자료와 상사의 조언 및 상담내용 등이 인사정보로써 이동에 활용되는 것이다.

자기신고제도의 도입목적은 다음과 같다.

① 직무 및 커리어 등에 관한 자신의 희망을 파악하고, 이를 고려한 배치 및 이동이 이루어짐으로써 의욕을 갖고 직무에 몰입하도록 한다.

② 자기신고서에 기입하는 내용은 적성 및 직업능력, 희망직무, 커리어 등에 관한 것으로, 자신의 미래에 대한 능력개발 목표를 보다 구체적으로 인식하게 한다.

③ 자기신고서에 의한 상담을 통해 상사와의 관계가 원활해지고, 직무 및 커리어 등에 관한 부하의 희망을 적절하게 파악할 수 있게 된다.

그러나 자기신고제도는 운용과정에서 문제도 발생한다. 예를 들면, 자기신고서를 솔직하게 기입하지 않아 상사와의 상담과정에서 부정적 신뢰관계가 발생할 수 있다. 또한 희망하는 신고내용이 모두 실현되는 것은 아니기 때문에, 이러한 과정이 계속되면 사기가 저하되거나 자기신고제도를 경시하게 된다. 더불어 새로운 사업 분야에 적합한 인재를 자기신고서의 내용을 기초로 발굴한다는 것은 한계가 있다.

(2) 사내공모제도

사내공모제도는 직무의 내용을 명확하게 명시하고, 이를 수행하고자 하는 인재를 사내로부터 모집하는 제도이다. 해당 직무에 적합한 인재를 커리어 및 자기신고 자료로부터 발굴하는 것이 아니라, 자신이 스스로 지원하도록 하는 제도이다.

사내공모제도의 도입목적은 다음과 같다.

① 인재발굴의 수단이다. 예를 들면 신규사업에 진출하는 경우, 그 사업에 적합한 인재를 기존의 사업내용을 전제로 한 인사정보에 의해 찾아내기란 어렵다. 물론 사외인재를 고용할 수도 있지만 사내에서 적합한 인재를 발굴하기 위해 활용한다.

② 인적자원 활성화 시책이다. 자신이 선택한 직무를 수행하게 되면 의욕 및 도전정신이 향상된다.

③ 조직의 활성화 시책이다. 라인관리자는 유능한 인재를 자신의 부서에 두고 싶어하기 때문에, 적재적소 및 이동에 의한 인재육성이 저해되기 쉽다. 이러한 문제를 해결하고 인적자원의 사내 유동화를 촉진하며, 조직의 활성화를 실현하기 위해 이용한다.

④ 능력개발의 활성화 시책이다. 정기 인사이동의 보완책으로 활용하고 있으나, 사내공모의 적응범위를 확대하여 개인의 능력개발 의욕을 높이는 효과를 기대할 수 있다. 자신이 희망하는 직무에 지원하기 위해 요구되는 능력개발에 전념하기 때문이다.

그러나 사내공모제도의 운용상의 유의점은 다음과 같다.

① 지원과정에서 개인의 자율성이 보장되어야 한다. 인사부서에 직접 지원하도록 하거나, 선택되지 않아도 응모 사실을 비밀로 하는 등의 배려도 요구된다.

② 공모에 선택되지 않은 근로자에 대한 배려이다. 정기이동 등을 통해 희망과 사기를 유지하도록 해야 한다.

2. 인적자원관리 시스템의 변화

최근 인적자원관리 시스템에 다양한 변화가 진행되고 있으며 이에 대한 내용은 다음과 같다.

첫째, 정년이 점으로부터 존(zone)으로 변화한다. 지속적으로 정년이 연장되고 있지만 선택정년제 및 조기퇴직 우대제도가 도입되어 정년 전에 퇴직의 기회를 부여하는 것이다.

둘째, 정년과는 별도로 직위정년제 및 직위임기제가 도입되고, 또한 승진경력을 다변화하기 위하여 전문직제도가 도입되고 있다.

셋째, 정년연장에 따른 임금수준 증가에 대한 대책으로 임금곡선을 억제 및 하향시키기 위한 임금피크제나 퇴직금제도의 새로운 변화가 진행되고 있다.

넷째, 정년 후 재고용 및 근무연장을 위한 계속고용제도가 도입하고 있다.

Chapter 10

경력관리

학습 목표

최근 급변하는 직무환경으로 인해 근로자의 직무수행 능력의 불균형에 대한 문제가 중요시되고 있다. 이러한 상황변화는 직무능력의 진부화를 가속화시키는 원인이 되고, 이에 적응하지 못하는 근로자는 구조조정의 대상이 되고 있다. 또한 근로자의 욕구다양화와 가치관의 변화로 경력개발과 경력관리가 변화하고 있다. 이러한 상황에서 직무내용과 더불어 직무 이외의 생활, 개인적 특성 등을 고려한 경력개발이 이루어지고 있다. 경력에 대한 기준과 조직과 개인의 관계에 대한 변화가 촉진되고 있는 것이다. 따라서 기업뿐만 아니라 근로자 스스로가 급변하는 환경에 적응할 수 있는 능력을 개발하기 위한 프로그램의 활성화가 계획적으로 실시되어야 한다.

이 장에서는 경력개발 단계와 프로그램 및 근로생활 활성화 방안 등에 대하여 살펴본다.

01 경력개발의 개념 및 단계

1. 경력개발의 개념과 중요성

(1) 경력개발의 개념

경력개발(career development)이란 개인과 조직의 목표를 달성할 수 있도록 근로자들이 장기적인 경력목표를 설정하고 이를 달성하기 위한 경력계획을 수립하여 능력을 키워나가는 것이다. 이에 대하여 홀(D.T. Hall)은 경력개발이란 전 생애를 통해서 진행되며, 직무에 대한 다양한 경험이나 활동과 관련된 개인적 태도와 행동의 연쇄적 과정(목표에 도달할 때까지 단계를 세부적으로 분류하는 것)이라고 하였다. 태도와 행동의 연쇄로서 경력에는 객관적 경력(직위, 직책, 활동, 의사결정 등)과 주관적 경력(직무에 대한 바램, 경험, 가치, 욕구, 감정 등)이 있다.

객관적 경력은 외부에서 관찰 가능한 것이지만, 주관적 경력은 자신의 경력을 어떻게 인지하는지에 대한 것으로, 어디에 비중을 두는지에 따라 상이한 의미를 갖는다. 예를 들어 승진의 가능성이 없는 사람을 객관적 경력으로 접근하면 경력정체이지만, 주관적 경력으로 접근하여 자신이 원하여 그 지위를 유지하고 있다면 경력만족이다. 조직에서 경력개발을 이해하기 위해서는 개인이 어떤 선택을 하는지와 더불어, 선택의 이유 및 감정을 이해하는 것이 필요하다.

(2) 경력개발의 변화

최근 경력개발은 다음과 요인에 의해 변화하고 있다.

① 경력개발의 다양화

자신의 직무생활을 어떻게 수용하고 발전시키기를 원하는지 주관적 경력의 관점으로 접근하는 것이다. 경력에 대한 영향요인은 성별, 직무기대와 자율성, 직무와 생활의 균형 등이지만, 이들 요인에 의해 개인이 추구하는 이상적인 경력은 상이하다.

샤인(E.H. Schein)은 자신의 이상적인 경력은, 자신의 능력, 직무에 대한 동기와 욕구, 자신의 가치를 기반으로 추구하게 된다고 하였다. 예를 들어, 관리직으로 승진하는 것보다 전문직으로 능력개발이나 가치를 중요시 한다면 경력의 방향성은 명확해진다.

② 경력관점의 변화

그동안 고용안정과 직무요구 능력개발을 위하여 기업주도의 경력개발이 이루어졌다. 그러나 노동시장의 유연화로 종신고용의 개념이 사라지면서 경력에 대한 인식도 변화하고 있다. 기업을 위해 일을 하고 평가를 중시하는 경력의식이, 자신의 능력이나 가능성, 가치를 발견하는 것으로 변화하고 있다. 또한 일과 생활의 균형(work life balance)을 고려한 근무방식이 요구되고 있다.

이러한 조직과의 관계변화에 따라 개인적 요인을 중시하는 경력개념이 주목받고 있다. 따라서 직무내용과 더불어 직무 이외의 생활이나 개인적 요인 등을 포괄하는 경력관리가 요구된다.

③ 노동시장의 변화

일상적으로 다른 기업으로 이동할 수 있는 환경이 조성되었다. 이에 따라 기업과 개인은 전문적 능력을 요구하고 있다. 그동안 기업에만 경력을 측정하는 척도가 있어, 자신에 대한 평가를 의미하는 승진이 사회적 지위를 나타내는 경향이 있었다.

그러나 노동시장의 발달로 외부에서 자신의 능력과 시장가치를 평가할 수 있어, 특정 기업에 구애받지 않는 경력경로와 경력개발이 가능하게 되었다. 이러한 외부 노동시장의 발달이 경력에 대한 기준과 가치관의 변화, 조직과 개인의 관계변화를 촉진하고 있다.

(3) 경력개발의 중요성

경력개발이 중요한 이유는 기업이 성과위주로 인재의 현재가치를 평가하기 때문이다. 예를 들면, 성과향상을 위한 언어능력이나 직무수행 능력이 그것이다. 경력이 의미하는 것은 개인주의적 문화를 배경으로, 개인의 선택과 책임을 기반으로 스스로를 나타내 가는 것이다.

따라서 경력개발의 주체는 조직만이 아니라 개인이다. 경력은 타인으로부터 평가되는 것도 아니고 조직에 의해 구속되는 것도 아니다. 그동안 기업의 결정에 의해 이동하고, 부여된 직무를 수행하고, 경력개발이 이루어졌다. 그러나 직무에 적응하기 위해서는 경력이 가장 중요하고, 자신이 주도적으로 책임을 지고 이행해야 한다는 의식의 전환이 이루어지고 있다. 경력의 중요성은 사회환경의 변화에 대응하기 위한 것으로 일회성으로 진행되는 것이 아니다. 경력개발은 개인과 기업이 새로운 관계를 모색해 가는 과정에서 인적자원관리의 중요한 과제가 되고 있다.

2. 개인의 선택과 조직선택의 조화

경력개발의 책임은 개인에게 있다. 개인은 자신의 근로생애를 자율적으로 계획하고 필요한 능력 및 행동특성을 개발해 나가야 한다. 경력을 협의로 해석하면 기업 내에서의 경력이다. 결국 직무수행 능력이나 직위상승을 위한 경로로써 객관적으로 접근하게 된다. 그러나 이 경로를 개인의 의지로써 선택하고 자율적으로 설계해 가는 것은 현실적으로 어렵다. 기업에는 한정된 직위에 누구를 승진시키며, 누구에게 직무를 수행하게 할 것인지에 대한 선택의 권한이 있기 때문이다. 또한 개인의 경력선택에 대해 조직은 적재선발이라는 과제를 갖고 있다. 기업에는 권한과 명령에 기초한 조직의 원리가 있고, 개인의 경력은 조직의 명령에 좌우되기 때문이다.

그러나 기업이 경력은 개인에 의해 이루어지는 것이라고 인정한다면, 개인의 의견을 무시한 일방적인 이동은 하지 않을 것이다. 즉 개인의 의지를 존중하면서 이동을 결정한다는 것이다.

요약하면 개인과 조직의 관계는 개인의 선택과 조직의 선발이 조화를 이루는 방향으로 변화한다. 따라서 자신이 원하는 경력을 선택하기 위하여 부단히 직무수행능력을 향상시켜야 한다. 선발에는 경쟁이 존재한다. 따라서 목표로 하는 직위 및 직무를 획득하기 위하여 경력 경쟁력을 향상시키는 것은 개인의 과제이다. 또한 직무수행능력이 경력형성 과정에서 중요하다. 따라서 기업은 개인의 직무수행능력의 향상을 지원하기 위하여 원하는 직무를 지속적으로 제공해야 한다. 이것이 근로자가 경력선택의 기회를 높여 나가는 것이다.

3. 선택과 선발 사이클로서 경력개발

경력개발은 개인의 선택과 조직선발의 조화라는 새로운 관계로 변화해 간다. 이러한 관계는 기업을 하나의 노동시장이라고 보고 양자를 조화시키는 선택과 선발 사이클로서 설명할 수 있다([그림 10 – 1] 참조).

이 관계는 사내공모제를 생각하면 이해가 쉽다. 즉 ① 조직은 모집하는 직무에 대한 내용과 구비해야 할 개인적 요건(기술 및 경력) 등을 공개한다. 기업을 노동시장으로 간주하고 구인명세서를 제시한다. ② 개인은 구인명세서를 관람하고, ③ 자신의 경력목표와 비교하여 직무를 선택하고 응모한다. ④ 조직은 응모자 안에서 선발한다. ⑤ 직무로 이동하고 새로운 경력을 축적한다. 이것은 일회성이 아니라 차기 선택과 선발 사이클의 단계로 진행한다.

먼저 선택과 선발 사이클의 전제에는 특정 능력의 인재를 필요로 하는 직무이다. 구인명세서는 직무에 대응해서 정의된다. 문제는 그 직무를 수행하는 인재의 능력요건을 어떻게 형식화하는가이다. 이러한 인재상은 단순히 경험 및 기업 내 자격으로서 공시하는 것으로는 불충분하다. 구인요건에 관한 상세한 정보를 문서화하는 것이 필요하며, 이것이 선택과 선발 사이클의 제1의 요건이다.

그러나 구인명세서가 명시되어도 이러한 능력을 가진 인재가 기업 내에 없

그림 10 – 1 선택과 선발 사이클

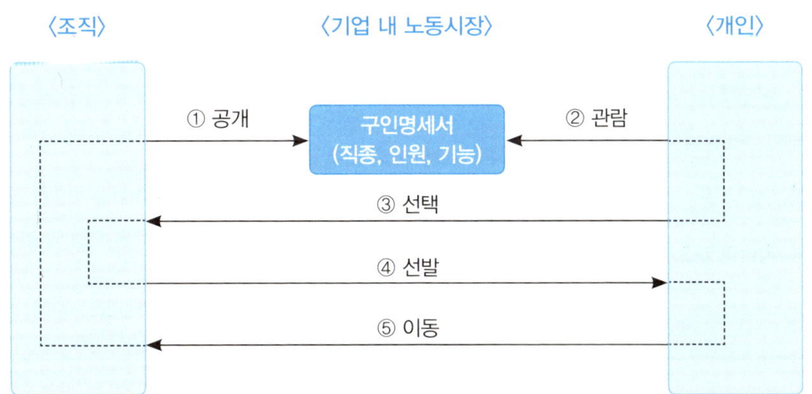

다면 의미가 없다. 구인명세서에 대응해서 부족한 능력개발을 위한 프로그램이 요구된다. 이것이 선택과 선발 사이클의 제2의 요건이다. 이때 이용되는 능력개발 프로그램은 OJT와 off JT, 자기개발 원조로 구성되지만 가장 중요한 것은 OJT이다. 기업내 교육에서도 선택과 선발의 조화가 중시된다. 이를 위해 자기책임에 의한 자기선택형 연수와, 소수로 한정한 선발형 연수로 이원화하고 이를 병행해 가야 한다.

제3의 요건은 정확한 선발을 기초로 하는 인재접근이다. 배치전환은 노동력의 수요조정과 인재육성을 목표로 한다. 이 중 인재육성을 위해 계획적으로 이동시키는 것이 직무순환이다. 그러나 장기간 특정 직무에 대한 경험을 통해 인재를 육성하려는 계획, 즉 CDP에 기초해 직무순환이 이루어지는 것은 극히 소수로 한정된다. 이때 주의할 것은 특정 정보를 관찰할 수 없을 때 은폐된 정보가 있다고 간주하여 역선택을 하는 것이다. 그 결과 기업 내 노동시장에서 부적합한 인재가 거래될 수 있다.

4. 경력단계

이반세비치(J.M. Ivancevich)는 경력단계로서 확립단계, 발전단계, 유지단계, 퇴직단계를 제시하였다. 여기에서는 그린하우스의 경력개발 5단계 모델을 제시한다(〈표 10-1〉).

표 10-1 경력개발의 5단계

단계	전형적 연령기	주요한 과제
1. 직무에 대한 준비단계	0~18세	직업적 자아상의 발전, 대체적인 직업의 평가, 최초의 직업선택의 전개, 필요한 교육의 추구
2. 조직참여	18~25세	조직으로부터 바람직한 직무 제공, 정확한 정보에 기초한 직무의 선택
3. 초기경력: 확립과 발전	25~40세	직무의 학습, 조직규칙 및 규범의 학습, 선택된 직업 및 조직에의 적합, 능력의 향상, 꿈의 추구
4. 중기경력	40~55세	초기경력 및 성인 초기의 재검토, 꿈의 재확인 또는 수정, 성인 중기에 대한 적당한 선택, 직무에 있어서 생산성의 존속
5. 후기경력	55~퇴직	직무에 있어서 생산성의 존속, 자존감의 유지, 효과적인 퇴직 준비

자료: J.H. Greenhause, *Career Management*, Dryden Press, 1987, p. 87.

① 제1단계 - 직무에 대한 준비기: 직업에 적합한 이미지 형성, 직업 탐색, 직업선택의 전개, 필요한 교육을 선택한다.

② 제2단계 - 조직 참여: 자신의 경력과 관련된 직무 및 조직의 선택이다. 자신의 경력가치의 만족과 재능을 발휘할 수 있는 직무를 선택한다.

③ 제3단계 - 초기경력(확립과 발전): 자신의 적소(適所)를 발견하고, 선택한 페이스대로 성공하기 위해 노력한다.

④ 제4단계 - 중기경력: 초기경력에 의해 형성된 행위패턴을 재검토하고, 중기에 적합한 행위패턴을 형성하기 시작한다.

⑤ 제5단계 - 후기경력: 생산적인 공헌자로서 자기가치 및 존엄의 감정을 유지하고, 의미 있고 효과적인 퇴직을 위해 사전에 계획한다.

경력관리와 경력개발 02

1.경력관리와 경력개발 개념

그린하우스(J.H. Greenhause)는 경력관리는 정보를 수집하고, 통찰이 이루어지고, 목표를 설정하고, 목표를 달성하려는 전략적 문제해결 과정이라고 하였다. 자신 및 직업생활과 관련된 정보를 수집하고, 직업 및 직무에 따라 자신의 능력, 관심, 가치 그리고 선호하는 라이프스타일의 정확한 상(像)을 개발한다. 이러한 정보 및 상에 기초해 경력목표를 설정하고, 목표를 달성하기 위한 전략을 실현하고, 전략의 효과와 목표의 타당성에 관해서 지속적으로 피드백을 해가는 프로세스이다.

그는 이것을 [그림 10 - 2]와 같이 설명하고 있다. 경력개발 사이클은 문제해결적 의사결정 과정이다. 자신과 자신이 처한 환경을 정확하게 인식할 수 있는 정보를 집약한다. 목표가 설정되고, 계획 및 전략이 실시되고, 그리고 피드백되어 지속적인 경력관리를 위한 정보를 준비한다. 특히, 이 경력관리모델의 유효성은 정보를 공유하고, 필요한 자원을 효율적으로 활용하고, 자신의 경력을 관

그림 10 - 2 경력관리 모델

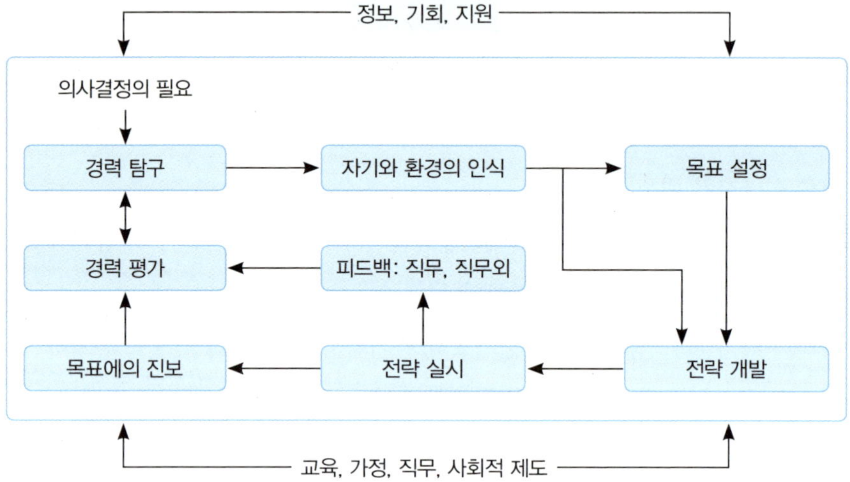

자료 : J.H. Greenhause, *Career Mamgement*, Dryden Press, 1987, p. 18.

리하도록 지원하는 조직의 의사 및 능력에 달려 있다. 경력개발이란 개인이 일련의 이러한 단계를 개발하는 지속적인 프로세스이다.

경력관리와 경력개발의 관계에 대해서 구테리지(T.G. Gutteridge)는 [그림 10 - 3]과 같이 설명하고 있다.

경력개발은 개인적 프로세스인 경력계획과 제도적 프로세스인 경력관리로 분리되지만 상호 관련된 기능으로 구성되어 있다. 경력계획은 개인이 직업, 조직, 직무 그리고 자기계발에 대해서 인지하고 선택하는 활동이다. 또한 경력관리는 특정의 인적자원활동(직무순환, 잠재적 평가, 경력상담, 개인의 관심과 능력을 직무에서 발휘하기 위해 설계된 교육훈련 등)에 관계한다.

물론 [그림 10 - 3]과 같이 인적자원계획과 경력개발은 상이한 목표를 실현하려는 것이지만, 서로의 목표를 부정하는 것은 아니다. 인적자원계획의 목표는 직무수행에 필요한 능력을 예측하는 것, 이용 가능한 내부인재의 목록을 작성하는 것, 그리고 필요로 하는 인재와 이용할 수 있는 인재의 차이를 인식하여 미래의 인적자원을 예측하는 것이다.

그림 10-3 경력관리와 인적자원계획의 공통사항

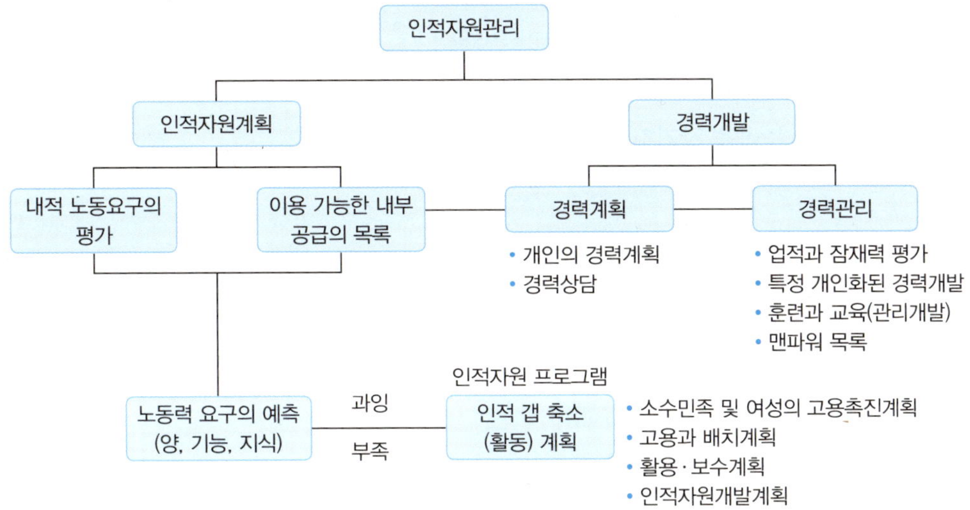

자료: T.G. Gutteridge, "Organizational Career Development Systems: The Stage of the Practice; in D.T. Hall and Associates, *Career Development in Organizations*, Jossey-Bass, 1986, p. 57.

인적자원 예측의 결과는 인적자원의 요구를 충족시키려는 인사부서의 차기 실행계획에 이용된다. 다음으로 실행계획은 경력관리 프로세스(이들 계획은 경력 활동을 수립할 때에 개인의 목표와 결합된다)에서 투입(input)이 된다. 또한 개인의 경력계획도 내부 인적자원 공급의 예측을 위해 유익한 투입이 된다.

이와 같이 인적자원계획과 경력개발은 동일한 프로세스가 아니라는 것은 확실하다. 인적자원계획은 조직의 전체적인 고용에 대한 요구를 충족시키기 위한 방법을 확인하는 것이다. 한편, 경력개발은 개인의 발달 및 경력에 대한 관심과 이를 실현시키기 위한 제도적 경력기회를 조화시키는 것이다.

2. 경력변경

프렌치(W.L. French)는 강등, 희망 없는 직무 및 지역에의 이동, 일시해고, 해고, 장기간의 실업 등과 같은 경력변경은 개인에게 경력위기라고 하였다. 또한 경력관리는 모집, 선발, 훈련, 인원배치 등의 정책 및 제도의 계획에 관계한다. 조직에서 개인의 경력변천은 불가피하다. 이러한 변천에 의한 위기를 어떻게 관리하는가는 개인 또는 조직에서 중요한 과제이다. 이에 대해 경력개발 프로그램(CDP : Career Development Program)은 승진·승격뿐만 아니라 능력개발 영역의 문제이다. 이것은 근로자의 직무생활과 진로를 장기적 시각으로 설계하고, 그들의 능력을 장기간에 걸쳐 개발하려는 것이다.

03 경력개발 프로그램

1. 경력개발 프로그램의 개념

직업을 선택하고 그 직업에서 필요로 하는 지식, 기능, 기술 등을 습득하기 위해서는 장기간의 체험(business career)이 중요하다. 직무를 통해 습득된 체험은 개인의 성장과 직업능력의 발달을 촉진하는 요인이 된다.

티데만(D.V. Tiedeman)은 직업능력의 발달(경력개발)은 근로를 통해서 형성되는 능력이라고 보고, 직무수행 과정에서의 행동과 목표를 추구하기 위한 방법의 중요성을 지적했다. 경력개발 프로그램은 다양한 조직에서 필요한 인재를 계획적이고 체험적으로 육성하기 위한 것이라고 할 수 있다.

경력(career)이란 생애·이력, 특별한 훈련을 요하는 직업이나 직무라고 하는 의미가 있고, 개발(development)이란 발달·진전·발전이라는 의미가 있다. 또 프로그램(program)은 계획, 예정, 과정, 학습계획 등의 의미가 있다. 이러한 의미에서 경력개발 프로그램(CDP)은 경력개발제도 또는 경력관리제도라고 한다. 경력개발제도 또는 경력관리제도로서 CDP는 기업이 장래 필요로 하는 인재확보를 위하여 개인의 경력을 적극적으로 육성하고 발전시킴으로써, 인재를 효율적으로 활용하기 위한 종합적인 학습계획이다.

따라서 각각의 인생단계(life stage)에 적합한 경력을 축적하고, 축적된 경력을 활용·발전시키기 위한 계획을 명확히 하여 능력개발이 계획적으로 이루어지도록 하는 것이 CDP의 핵심 내용이다.

2. CDP의 구조

알핀 등(J.C. Alpin and D.K. Gerster)은 [그림 10-4]와 같이 CDP를 제시하고 있다.

CDP의 목적은 개인의 경력실현을 가능하게 하고, 기업이 적절한 시기와 직무에 적합한 인재를 배치하기 위한 것이다. 효과적인 CDP를 위해 수행되는 여러 활동은 [그림 10-4]와 같다.

그림 10-4 경력개발 프로세스

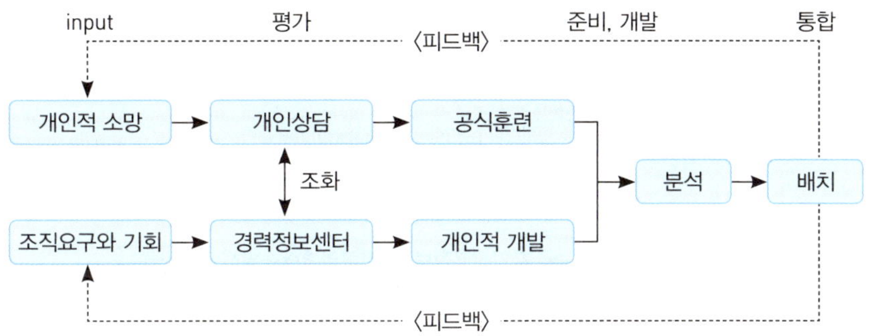

자료: J.C. Alpin and D.K. Gerster, "Career Development: An Investigation of Individual and Organizational Needs," *Personnel*, 1978, p. 25.

이와 같이 CDP는 기업이 미래에 필요로 하는 인재를 확보하는 것이고, 이를 기반으로 하는 것이 장기경영계획이다. 또 개인의 경력을 활용·발전시키기 위해서는 승진·승격, 배치, 이동, 파견 등의 관리계획과, 인사고과, 자기신고제도 등에 의해 수집된 정보를 적절하게 관리할 수 있는 체제가 정비되어야 한다.

더불어 능력개발을 촉진하는 OJT, off JT, 자기계발원조 등에 대한 제도를 정비하고, 이러한 제도의 운영을 위해 수집된 정보가 활용될 수 있도록 해야 한다. 고용관리, 교육훈련관리, 인사고과에 관한 시책이 CDP를 구성하는 핵심내용이며, 이들 시책은 유기적으로 연동하는 구조로 되어 있다. 이에 대한 내용이 [그림 10-5]에 나타나 있다.

그림 10-5 CDP를 구성하는 관리활동

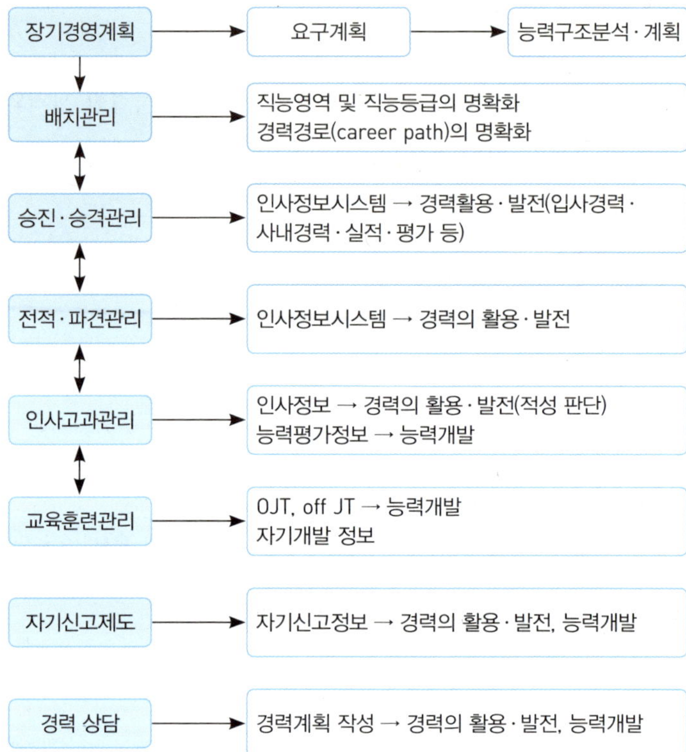

04 멘토링과 커리어 개발

1. 멘토의 개념과 유형

근로자들은 직무수행 과정에서 직무에 대한 태도나 지식, 기능 등을 변화시켜 직위 및 지위의 상승을 원한다. 이와 같은 변화를 커리어 상승, 커리어의 전개, 커리어 개발 등으로 표현하고 있지만, 일반적으로 커리어 발달(career development)이라고 한다. 커리어 발달이란 직업생활을 통해서 자기발견·확립·발달을 위한 프로세스라고 할 수 있으며, 직업생활에 들어가기 이전의 발달 프로세스도 범위에 두고 있다.

커리어 발달 측면에서 직무수행에 만족하고 있는 사람은 성공적이며, 성공적인 사람은 직무에 만족하고 있는 것으로 보아 인간의 심리적 측면, 특히 만족감에 관심이 집중되고 있다.

직업관 및 커리어관은 직무생활 이전부터 준거집단(부모, 친구, 스승 등)의 행동모방을 통해 발달해 가고, 그의 삶의 방식을 포함한 다양한 요인에 의해 학습되고 있다. 이후 직접적인 학습 및 훈련을 통해 직무관련 행동을 의식적으로 하게 되고, 직무생활에 들어서면서 기업에서의 교육훈련 및 자기개발을 위한 활동을 하게 된다. 그러나 성공적인 커리어 발달을 위해서는 상사나 선배 및 지인들의 지도·조언 및 상담 등이 요구된다. 이를 통해 중요한 직무수행의 기회를 확보하는 등 자신의 능력과 의욕만으로 해결할 수 없는 부분에 대한 지원이 이루어져야 한다.

이와 같은 역할과 기회를 직·간접적으로 부여하여 커리어 성공을 지원하는 사람들을 멘토(mentor)라고 하며, 커리어 발달과 관련해서 중요하게 다루어지고 있다.

(1) 멘토의 정의

멘토는 역할모델, 지원자, 동반자, 지도자, 안내자, 상담자 등으로 정의된다. 멘토는 그리스 시인 호머(Homer)의 오디세이(Odyssey)에 등장하는 오디세우스(Odysseus)의 친구로서, 그 아들의 양육을 위탁받은 멘토(Mentor)에서 유래한다. 헤밀턴(S.F. Hamilton)은 멘토란 원조 및 지도를 받는 사람(protégé, mentee)에게 광범위하고 장기적으로 지원활동을 하는 경험이 있는 연장자라고 하였다. 필립 존스(L. Phillips-Jones)는 멘티의 목표달성을 위해 도와줄 수 있는 영향력을 가진 사람으로서, 그들은 전문적 지식 및 노하우 등을 통해 멘티의 복리후생, 훈련 및 커리어를 촉진하는 힘을 갖고 있다고 하였다.

따라서 멘토는 그들의 경험이나 지식 및 다양한 형태의 영향력을, 이것들을 갖고 있지 않는 멘티에게 부여함으로써 그들의 커리어 발달을 지원한다. 이러한 의미에서는 엔더슨 등(E.M. Anderson & A.I. Shannon)은 보다 숙련되고 경험 있는 사람이 훈련과 경험이 거의 없는 멘티의 개인적 발달을 촉진하기 위하여 역할모델이 된다든지, 교육·후원·격려한다든지, 상담 및 지원활동을 제공하는 인재육성 프로세스라고 하였다.

(2) 멘토의 유형

필립존스(L. Phillips-Jones)는 일차적 멘토와 이차적 멘토로 분류하였다. 일차적 멘토는 비이기적이며 이타적인 특징으로 커리어 기능과 심리·사회적 기능의 측면에서 긍적적으로 작용한다. 그러나 이차적 멘토는 사무적 관계로서 멘토와 멘티 모두의 이익을 위한 커리어 기능만 한다.

쵸(G.T. Chao) 등은 비공식적 멘토와 공식적 멘토로 분류하였다. 비공식적 멘토는 멘티를 진심으로 지원해 주고 싶은 욕망, 그리고 그의 조언과 원조를 진심으로 수용하려는 멘티의 의사에 의해 성립한다. 그러나 공식적 멘토는 지위의 기능으로서 멘토십 프로그램에 참가하는 것에 의해 성립하고 여기에는 어느 정도의 압력이 존재한다.

따라서 비공식적 멘토 및 일차적 멘토는 유사한 생활환경, 동일 문화권 및 학교 출신자 등에서 나타나며, 개인의 가치관을 공유하기 쉬운 관계가 아니면 성립하기 어렵다. 반면 이차적 및 공식적 멘토는 의식적으로 멘토와 멘티 관계가 제삼자에 의해 결정되고, 멘토링의 결과는 평가되는 시스템이라고 할 수 있다.

2. 멘토의 기능과 효과

(1) 멘토의 역할

크램(K.E. Kram)은 멘토의 기능에 대하여 〈표 10 - 2〉와 같이 설명하고 있다.

크램의 커리어의 기능은 커리어 상승에 관한 것이고, 심리·사회적 기능은 개성 및 자기효능감의 촉진에 관한 것이다. 또한 암스트롱(M. Armstrong)은 이차적 멘토의 역할을 다음 〈표 10 - 3〉과 같이 제시하고 있다.

일반적으로 멘토의 존재가 멘티의 커리어 발달을 지원한다. 그러나 멘토에 있어서도 경험하지 못한 것을 지원함으로써 만족감 및 자신감이 향상되기도 한

표 10-2 멘토의 기능분류

1. 커리어 기능(career function)	
스폰서십(후원)	멘티의 승진을 지원하기 위한 (인간)관계를 갖고 있는 것
지도(코치)	코치, 멘티의 실적 및 잠재능력을 촉진하기 위하여 적절하게 긍정적이며 부정적인 피드백을 부여하는 것
보호	상이한 상황에서 서포트를 하는 것. 멘티의 통제할 수 없는 실패에 대해서 책임을 지는 것. 필요하다면 완충행동을 하는 것
표출(exposure)	멘티가 자신의 능력을 타인에게 나타내게 할 수 있도록 기회를 만들어 주는 것
도전적인 직무 제공	보다 고도의 직무 및 직위로 이동하기 위하여 성장 및 준비에 자극을 부여함으로써 프로테제의 지식 및 기능을 신장시키는 것
2. 심리·사회적 기능(psychosocial function)	
역할모델	달성능력, 자신감, 전문적인 사고방식을 부여하기 위하여 높은 가치의 행동, 태도 및 기능을 보이는 것
카운슬링	개인적이고 전문적인 딜레마를 돌파하기 위하여 원조적이고 신뢰적인 대화의 장을 마련하는 것
수용과 승인 (acceptance and confirmation)	계속적인 지지, 경의, 상과 칭찬의 제공 이것들은 자신의 이미지를 강화한다. 이것들을 상시 강화함으로써 자신의 가치를 높이고 조직에 공헌하는 유인이 된다.
우정	일상적 과업의 요청을 초월해서 성숙한 대응과 친밀감을 확대하는 것

자료 : K.E. Kram, "Mentoring in the Workplace", in Hall, D.T., *Career Development in Organizations*, The Jossey-Bass Publishers, 1986, Chap. 5.

표 10-3 이차적 멘토의 역할

- 자기개발 프로그램 및 학습계약을 작성할 때에 조언한다.
- 학습프로그램에 대한 전반적인 원조.
- 새로운 직무를 수행하기 위해 필요한 지식 및 기능을 어떻게 습득할지를 가르친다.
- 특히 커리어의 초기단계에서 사람들이 직면하는 관리적·기술적 인간관계에 대한 문제를 취급하는 방법에 대해 조언한다.
- 독특한 가치 및 조직행동(관리스타일)의 형태를 취하는기업의 징후 및 기업문화에 대한 정보를 부여한다.
- 특수한 기능의 지도를 위해 실제로 직접하는 것뿐만 아니라, 멘티를 올바른 방향으로 인도하여 대처하고 있는 프로젝트에 대한 기능을 전수한다.
- 멘티의 소망 및 관심에 대해서 대화하거나, 그들의 문제에 대해서 공감적인 분위기를 조성하는 부모와 같은 태도와 자세를 제공한다.

자료 : M. Amstrong, *A Handbook of Personal Management Piactice*(5th ed.), Kogan Page, 1995, p.860.

다. 자아존중감이나 직무에 대한 흥미를 활성화함으로써 자신의 발달욕구를 충족하는 측면도 있다.

(2) 멘토와 젠더

여성의 커리어 발달 및 이것과 관련한 젠더(gender: 문화적 및 사회적으로 규정되어진 심리적인 성적 차이)에 대한 문제가 제기되고 있다. 멘토링이 전통적으로 남성에게는 성공으로 받아들여지지만, 여성에게는 그렇지 않다고 보기 때문이다.

토시(H.L. Tosi) 등은 멘토링을 통해서 일반적으로 알 수 없는 가치 있는 정보를 얻을 수 있으며, 여성의 커리어 발달에 멘토의 역할은 중요하다고 하였다. 던랩(D.M. Dunlap)은 관리적인 성공과정에는 한 사람 또는 그 이상의 멘토가 존재하고, 커리어의 상승을 위하여 조언하고 지도하는 멘토링은 여성근로자에게 중요한 비공식적 역할을 한다고 하였다.

래긴스 등(B.R. Ragins & J.I. Cotton)은 멘토링 과정에서 남성에 비해 여성근로자는 많은 장애에 직면해 있으며, 이들도 이러한 사실을 인식하고 있다고 하였다. 또한 이러한 장애요인은 멘토에게 접근할 기회의 결여, 멘토와 멘티의 관계형성에 대한 우려, 시간적 제약, 이성에 대한 기피행동, 사회적 동질성의 추구 등이라고 하였다.

3. 멘토링과 커리어

급변하는 기업환경에 적응하기 위해 능력주의 경영시스템이 도입되고, 근로자들의 경력개발에 대한 자기책임이 강조되면서 즉각적인 직무수행 능력을 요구하고 있다. 이러한 상황에서 근로자들은 자신의 커리어에 높은 관심을 갖고 지속적으로 개발해 나가야 한다. 그러나 자기개발에 대한 의욕이 높다고 커리어 발달이 가능한 것은 아니며, 커리어의 발달의욕에 멘토가 중요한 영향을 미친다.

일반적으로 비공식적이며 자발적인 메토와 멘티의 관계가 이루어질 때 지속적인 지도와 원조를 기대할 수 있다. 또한 효과적인 인재를 육성하기 위하여 멘토와 멘티의 관계를 의도적으로 강화하려는 시도도 이루어지고 있다. 예를 들면, 신입사원을 적극적으로 지도 및 원조하기 위한 제도를 들 수 있다. 상사의 커리어에 관한 사고, 지위, 승진만족감 등은 신입사원에게 높은 영향을 미치기 때문에 이차적 멘토십 형성의 중요성은 크다고 할 수 있다.

멘토에 의한 지도 및 지원은 직장내 교육훈련보다 높은 효과를 기대할 수 있다. 멘토링은 가치관 및 문화적 공감대가 형성되어 개인과 개인의 관계 속에서 높은 신뢰감으로 정서적 연대를 강조하기 때문이다. 따라서 멘토는 개인의 성장과 기업의 인재육성이라는 관점에서 중요하다.

근로생활 활성화와 커리어 개발 05

1. 근로환경의 변화와 커리어

최근 기업에 미치는 다양한 환경적 요인은 모든 근로자에게 새로운 직무능력을 요구하고 있다. 특히 글로벌화, 정보화, 기술혁신, 조직구조의 변화 등은 근로자의 직무수행능력의 전환을 요구하고, 급변하는 기술혁신은 직무의 질과 노동시장의 변화를 촉진하는 요인이다. 이러한 변화는 직장 및 직무에 대응하는 직무능력, 즉 자기계발 및 능력개발에 대한 자발적인 노력을 요구하고 있다.

이러한 변화에 대응하는 노력의 방향은 기술혁신과 글로벌화에 따른 의사소통능력, 정보화의 진전 및 가치관과 의식의 다양화에 따른 감성 및 감수성의 유지와 개발에 맞추어져 있다. 또한 직무환경의 변화, 직무의 질적 변화에 대한 적응능력을 어떻게 확보하고 유지해 갈 것인가라고 하는 것이다. 따라서 이러한 직무환경의 변화에 대응해서 자신의 능력개발에 대한 노력을 지속적으로 해야 한다. 기업에서 요구하는 직업능력을 유지할 수 없게 되면 구조조정의 대상이 될 뿐만 아니라 고용기회를 상실할 수 있기 때문이다.

2. 경력개발 활성화 방안

급변하는 기술환경과 개인의 적응능력의 차이로 직무수행에 대한 불균형적 상황이 발생하고 이것은 기업경영에 중요한 문제이다. 직무불균형의 원인은 급격히 발전하는 기술로 인하여 과거의 직무경험이 빠르게 진부화되기 때문이지만, 변화에 대응하고자 하는 의욕의 결여를 들 수 있다. 그러나 직무불균형의 문제를 단순히 개인적 의욕만으로 제한하여 해결하려 하지 말고, 개인의 커리어 발달을 위한 제도적 방안을 고려해 볼 필요가 있다. 이하에서는 근로생활과 경력개발의 활성화를 위한 제도를 고찰한다.

(1) 자기신고제

개인의 의지, 사고, 능력 등을 중시하는 이동관리가 이상적인 제도이다. 따라서 기업의 일방적 평가에 의하기 보다는 근로자가 자신의 의지 및 사고를 표명하도록 하고, 이것들을 인사정보로써 활용하는 제도가 필요하다. 그 제도의 하나로 자기신고제가 있다. 자기신고제는 이동관리, 능력개발, 임금관리 및 처우 등을 위한 정보수집의 목적으로 실시한다.

표 10-4 자기신고제도의 목적

① 직무수행 상황과 관련해서
- 직무분담의 합리화를 도모한다.
- 직무분담의 변경을 위한 참고자료로 활용된다.
- 직무기술에 대한 교육훈련의 욕구를 발견한다.
- 직무환경의 부족한 부분을 개선한다.
- 직장의 제 설비를 개량, 보수 및 완비한다.
- 직무수행 시스템을 정비하고 개선한다.

② 직무 이외에 습득하고 있는 지식 및 기능과 관련해서
- 이동 가능한 직무를 판정하는 자료가 된다.
- 개인의 욕구와 능력을 고려한 이동배치의 자료가 된다.

③ 직무에 관한 제안 등(창의성을 자극).

④ 직장에 대한 불평과 불만을 제거한다.

⑤ 개인의 생활환경, 개인적 조건을 파악한다(적응과 촉진을 도모).

그러나 자기신고제의 문제점으로는 신고대로 배치를 할 수 없다, 상사가 충실한 상담을 하지 않는다, 신고한 데이터의 관리에 어려움이 있다, 진심으로 신고를 하지 않는다, 신고내용의 객관성과 신뢰성이 결여된다 등이 있다. 이로 인해 자기신고제도가 본래의 취지에 적합한지에 대한 의문이 제기되기도 한다.

따라서 근로생활 활성화를 위해 자기신고제가 본래의 기능을 발휘하기 위해서는 현장의 인적자원관리 개선과 관련하여 추진할 필요가 있다.

(2) 커리어 카운슬링

OJT를 위한 면접, 인사고과를 위한 면접, 자기신고제도상의 면접 등이 있지만, 커리어 형성과 근로생활의 활성화를 위해 커리어 카운슬링 제도를 도입하고 있으며, 이 제도가 목적을 달성하기 위해서는 개인적인 문제 등을 고려하여 진행해야 한다. 예를 들면, 효과적인 카운슬링을 위해 자기관찰표를 작성하도록 하며, 기입사항은 ① 자신 있는 직무분야 및 이동 희망 분야, ② 능력계발 계획, ③ 건강유지계획, ④ 취미 및 여가생활 등이다. 이를 통하여 근로생활의 활성화와 개인생활의 충실, 양자가 균형을 유지하도록 하는 원조활동이 이루어져야 한다.

근로자의 직업생활에 대응하여 능력개발과 교육훈련의 기회, 필요한 실무경험의 기회, 습득된 직무능력의 적정한 평가 등을 통해 자발적인 능력개발을 촉진하기 위한 환경을 정비하고 제도화해야 한다. 이를 위해 고려해야 할 조치로는 ① 직무에 필요한 능력과 수준을 주지시킨다, ② 능력개발을 위해 필요한 정보를 제공하고 상담 및 원조를 행한다, ③ 실무경험의 기회 확보를 위한 배치와 이 외의 필요한 조치를 강구한다, ④ 직무에 관한 교육훈련과 능력의 평가를 받을 수 있는 기회를 제공한다 등이다.

(3) 직무재설계

경영전략 및 조직구조의 전환 등에 대응해서 이루어지는 배치전환은 근로자에게 커리어 전환(career change)을 요구한다. 그러나 이러한 변화에 대응해서 고용기회의 확보, 능력개발 및 재개발을 위한 제도는 도입되고 있으나, 개인의 특성을 고려한 직무개발은 거의 이루어지고 있지 않다.

경영조직을 구성하는 최소단위가 직무이다. 직무수행절차, 근로의 종류, 책임과 권한의 범위 등을 보다 체계화하여 직무와 인간을 적합화시키려는 것이 직무설계이다.

전통적 관점의 직무설계는 인간을 직무에 적응시키려는 것이다. 이러한 직무설계는 분업에 의해 단조로움과 인간성 소외의 문제를 야기시켰다. 이를 극복하고 인간성을 회복하기 위하여 QWL 향상을 위한 시도가 이루어졌다. 예를 들면, ① 작업조건 및 작업환경의 개선, ② 적성에 부합한 직무기술의 개발, ③ 모델계획(업무조직, 작업현장의 설계 등)의 수립, ④ 과학적인 정보와 근로경험(노하우)의 보급과 활용이다.

여기에서 ②의 내용은 현대적 직무설계로서, 개인의 욕구, 적성, 사고 등을 반영한 것으로 직무를 인간에게 적합화시키는 근로의 인간화(humanization of work)를 의미한다. 일하고 싶은 직장은 자신의 존재감을 지각하고, 자신의 체험·지식·정보·기술과 기능을 발휘하고, 매일을 충실하게 생활할 수 있는 조직이다. 이러한 상황을 조성하는 것으로 직무재설계가 있으며 이것이 근로생활의 활성화에 영향을 미치는 것이다.

(4) 커리어 형성과 인사제도

최근 선택정년제, 조기정년제, 파견 및 전직 등의 인사제도가 확대되고, 노동시장이 급속하게 유연화되면서 기업에 대한 근로자의 의식도 다양화하고 있다. 이러한 새로운 인사제도에 적응하기 위한 커리어 형성과정에서 고려해야 할 사항은 다음과 같다.

정년을 보장하거나 이동을 제한하는 인사제도 및 조직문화를 개선하고, 능력개발을 목적으로 파견제도와 같은 인사이동관리를 정착시켜야 한다. 또한 이러한 제도가 불리한 인사이동이 되지 않도록 본인의 의사를 존중하고, 자신의 능력·기술·기능을 발휘할 수 있는 직무가 있다면 전적(轉籍)을 통해 커리어를 형성하도록 하는 탄력적인 인사시책을 확립해야 한다. 예를 들면, 경영관리 능력을 개발하기 위해 경영평가에 대한 지식을 학습시키고, 이에 대한 지식·정보·노하우를 발휘할 수 있는 기회를 제공해야 한다. 이러한 기회는 파견, 전직 등의 인사시책에 의해 가능하다고 볼 수 있으며, 취득한 지식을 경영관리능력으로 전환하기 위해 실제로 활용할 수 있는 직무에 배치하는 것도 능력개발의 기회가 된다.

(5) 건강관리제도

지식사회의 정착, 기술혁신의 진전은 직무능력의 진부화를 가속화시키는 요인이 되고 있다. 이러한 환경변화에 적응할 수 있는 직무능력을 유지하고, 새로운 직무능력을 지속적으로 개발하는 것이 근로생활을 가능하게 하는 기본적 조건이다. 따라서 스스로의 책임하에 직무능력을 유지 및 개발을 위한 노력을 하여야 하며, 더불어 자신의 여가시간을 균형 있게 배분하여 생활할 수 있는 능력이 요구된다.

이러한 문제를 해결하기 위해 국가와 기업, 개인의 의식전환이 이루어져야 한다. 정보화 및 기술혁신 등에 적응하는 과정에서 직장생활에 대한 긴장감이 높아지고 이것은 육체 및 정신적 건강에 부정적 영향을 미친다. 따라서 근로생활을 건전하게 유지하기 위해 근로자들에 대한 건강관리에 관심을 가져야 한다. 또한 직무와 여가생활의 균형을 유지하기 위해 배려와 지원이 이루어져야 한다. 이를 위해 계층별 교육, 직능별 교육 등 집합교육에 직무와 여가의 균형을 위한 방안을 추가하고, 더불어 철저한 생애설계 교육, 퇴직준비 교육 등을 통해 근로생활 활성화에 노력해야 한다.

Chapter 11

글로벌 인적자원관리

01 글로벌화와 기업의 해외진출

02 해외사업 전개와 인적자원 개발

03 글로벌 인적자원관리의 유형과 해외파견자의 역할

04 글로벌화와 인적자원관리의 과제

학습 목표

우리나라 기업의 해외직접투자는 본격적인 확대와 고도화의 단계에 접어들었다. 기업의 인적 및 물적 자원의 모든 측면에 걸친 경영관리가 국제화에 본격적으로 접어들었다는 것이다. 그중에서도 급변하는 국제 및 정치 환경 속에서 글로벌 인적자원관리는 기업의 국제화의 성공과 경쟁력을 견인하는 중요한 요인으로서 해결해야 할 과제들이 다수 존재하고 있다.

이 장에서는 글로벌 인적자원관리의 중요한 영역으로서 해외사업소에 파견된 근로자, 해외사업소 현지 고용 근로자, 본사에 고용된 외국인 전문직 근로자의 인적자원관리에 관한 문제점을 지적하고 그 대책에 대해 고찰한다. 왜냐하면 글로벌 인적자원관리는 우리나라 기업이 경쟁력을 확보하고 지속적으로 성장하기 위하여 개척해 나가야 하는 영역으로 그 중요성이 부각되고 있기 때문이다.

01 글로벌화와 기업의 해외진출

1. 해외진출기업의 과제

다국적기업이란 여러 국가에 걸쳐 현지 국적으로 제조공장과 판매회사를 가지고 세계적인 범위와 규모로 경영활동을 하는 대기업이다. 우리나라 기업의 해외진출은 유럽 등 선진공업국가의 기업에 비해 짧은 역사를 가지고 있지만, 1980년대에 들어서면서 해외투자가 가속화되고 이에 따른 해외시장에 있어서의 마찰과 갈등도 증가하고 있다. 또한 임금코스트, 즉 풍부한 노동력을 기초로 경제발전을 이룩한 국가들의 기업들은 급변하는 기업환경에 적응하는 과정에서 예측하지 못한 경영상의 문제들이 발생하고 있다. 예를 들어, 기업의 기술이전은 이전대상 국가의 교육, 기술 및 경제수준, 법률과 문화 등과 관련된 문제가 복잡하게 결합되어 있다. 따라서 기술이전의 방법은 업종에 의해, 기술제휴처의 기업특성과 합병기업인가에 따라 다양하다.

이상과 같이 기술이전에 대한 인식의 차이가 경영활동 전반에 걸친 문제로 나타나기도 한다. 즉, 합병기업의 현지경영자들은 일상적인 생산활동이 자신들(현지 스탭)에 의해 이루어지기 때문에 기술이전은 종료되었다는 인식을 갖고 있고, 자신들만으로 합병기업의 경영이 가능하다고 생각한다.

또한 그동안 기업에서는 일상적인 업무만을 현지직원에게 부여하였다. 현지의 경영상황은 원가절감, 모델변화, 제품의 다각화 등 미래의 전망에 대한 기본적 요건의 인식이 결여되어 자주적 활동을 기대할 수 없다고 보았기 때문이다. 따라서 본사가 주요 포스트를 유지해야만 한다는 인식이었다.

기술이전 문제에 한정하지 않고 현지측과의 현안사항에 대한 해결을 위해서는, 양자가 그 전제가 되는 기업경영의 기본적 요건에 대한 이해가 있어야 할 것이다.

기술이전의 전제조건에 대한 본사와 현지측의 인식의 차이가 문제를 복잡하게 할 수 있다. 본사의 현지기업에 대한 평가결과, 기술력 및 관리시스템의 부족, 기술자 및 기능자의 자질부족, 현지스탭의 습득기술의 진부화, 조달 원재료의 저품질 등의 문제가 나타날 수 있다. 그러나 이러한 문제들은 본사의 노력에 의해 해결할 수 있는 것도 있다. 예를 들면 기술력이나 관리시스템, 기술자 및 기능자의 자질, 품질관리에 대한 인식 등은 체계적인 교육훈련에 의해 해결이 가능하기 때문이다.

또한 기술 및 기능의 이전과 축적의 어려움, 낮은 모럴 등의 문제도 체계적이고 지속적인 교육훈련에 의해 해결할 수 있다. 현지기업에 대한 체계적인 교육훈련 시스템의 정비, 본사와의 연대를 통한 현지스탭의 능력개발은 합병기업의 높은 경영능력을 유지하는데 중요한 요인이다. 이와 더불어 본사로부터 이문화 사회인 현지에 파견되는 주재원의 인원이 기업규모에 비해 적정한지에 대한 문제도 있다.

자사제품의 해외생산비율을 높이기 위하여 증산 및 기존공장의 확대, 해외직접투자로서 기업을 신설하고 있지만, 이러한 방법으로 해외에 진출한 많은 기업들이 어려움에 직면하고 있는 것도 사실이다. 그러나 이들이 직면하고 있는 어려움은 노하우 축적의 정도, 본사에서 파견된 최고경영자 및 중간경영자 등의 자질, 이문화의 이해정도, 인적자원관리의 차이 등에 따라 상이하다.

2. 현지화와 과제

성공적인 해외투자를 위해서는 투자국가를 상대로 사업활동, 투자국에 대한 공헌도 등에 대해 정확하게 이해를 시키기 위한 노력과 홍보활동을 해야 한다. 투자국가는 본국과는 상이한 문화·역사·언어·관습·가치관을 가진 사회이다. 따라서 이문화 사회에서 문화적 차이를 고려한 경영활동이 되어야 한다. 이문화를 이해하고 적응하지 못한다면 해외진출에 대한 성공은 보장받지 못할 것이다.

실제로 해외에 진출한 많은 기업들의 근본적인 실패원인으로 이문화에 대한 이해의 부족을 들고 있다. 따라서 해외에서의 경영활동은 이문화권에서의 비즈니스라고 하는 기본적인 인식을 전사적으로 확립하는 것이 중요하고, 해외진출 국가로부터 이에 대한 반성을 요구하는 소리에 주목해야 할 것이다.

기업의 글로벌화, 다국적화를 위해 개선해야 할 핵심영역이 해외인사 및 인적자원관리 시스템이다. 해외인사 및 인적자원관리 시스템을 구축하기 위해 해외진출에 대한 기본적인 콘셉트를 확립하는 것이 중요하다. 예를 들어, 최고경영자를 포함하여 미래의 인적자원 측면에서 다국적화를 고려한 인적 구성이 이루어져야 한다.

해외사업소의 최고경영자는 현지 스탭을 임명할 것인가, 본사와 혼합인사를 실시할 것인가, 국제적으로 유능한 인재를 순환근무하게 할 것인가 등에 대한 종합적인 인적자원관리의 제도적 확립이 필요하다. 인적 구성면에서 기본적인 콘셉트가 확립되어 있다면 근로자의 국적에 집착하지 않는 인재의 채용, 승진, 승격 등의 처우체계를 글로벌 기업에 적합한 형태로 확립하는 것이 가능하다.

최고경영자의 현지인 비율은 해외에 진출하고 있는 기업의 현지화의 정도를 평가하는 척도가 된다. 기업의 해외진출이 가속화되면서 현지 출신 최고경영자의 비율이 증가하고 있으며, 급변하는 국제적 환경에서도 기업의 현지화는 성숙되고 있다. 현지인 최고경영자는 능력 있는 현지근로자를 채용하거나 파트너 기업이 지명하는 경향이 있으며, 해외진출의 역사가 오래된 기업의 현지 최고경영자의 채용비율이 높은 것으로 나타났다.

현지인을 최고경영자로 취임시키면 현지의 사회문화적 특성에 근거한 경영이 이루어지기 때문에 현지 근로자의 모럴향상에 긍정적이다. 그러나 본사와의 의사소통이나 본사의 경영철학 및 전략 등의 실행이 어렵다는 문제가 있다. 본사와의 의사소통이 어렵다는 것은 국제화가 정착되지 않았다는 것을 의미한다. 더불어 해외 현지법인의 최고경영자가 본사의 중역으로서 경영진에 참여하는가의 여부는 글로벌화 전략을 전개하는 정도, 해외사업을 중시하는 정도, 다국적 기업으로서의 성숙도를 나타내는 척도라고 할 수 있다.

현지경영자에 대한 권한위양, 독자적인 업무지시, 인사정책의 신뢰성 확보, 본사의 경영스타일을 요구하지 않는 의사소통 등의 문제점이 해외진출 기업에서 나타나고 있다. 따라서 이러한 문제점을 해결하기 위한 노력이 필요하다. 특히 본사로부터 파견되는 최고경영자와 중간경영자, 기술스탭 등의 교육은 매우 중요하다고 하는 인식과 이에 대한 실천이 요구된다.

해외사업 전개와 인적자원 개발 02

1. 인적자원 개발의 요구

해외진출 기업에서 직무를 수행하는 것은 문화, 언어, 관습, 종교 등의 차이로 어려움이 있다. 해외사업소 등으로 파견된 근로자들이 어려움을 지각하는 것은 직위의 차이는 있지만 공통적으로 의사소통의 문제이다. 의사소통의 수단으로서 외국어 능력에 대해서는 파견지의 문화, 역사, 관습 등의 문제와 관련이 있고, 또한 이문화 사회에 대한 적응성의 문제에도 관계된다.

직무 자체나 경영상의 문제는 전략 및 제도와 관련이 있다. 또한 대인관계나 이문화 적응상의 문제는 의사소통과 관련이 있고, 전문지식과 기능의 문제는 파견자의 경력 및 파견 전의 교육과 관련이 있다. 해외에 파견되어 직무를 수행하는 과정에서 직면하게 되는 이들 문제 가운데 파견 전후 교육훈련에 의해 해결 가능한 영역은 의사소통능력으로서, 외국어 능력, 이문화 적응능력(문화, 역사, 관습 등 포함), 경영지식과 전문지식, 기능의 충실 등이 있다.

또한 본국의 국제사업요원이 직무수행상 어려움을 지각하는 영역은 ① 어학상의 문제, ② 일상생활과 관련된 문제, ③ 경영상의 문제, ④ 전문지식 및 기능의 문제, ⑤ 재외근무 경험, ⑥ 직무 자체의 문제, ⑦ 이문화 적응상의 문제 등이 있다.

이러한 부분들은 해외파견요원, 본국의 국제사업요원, 본국체재 외국기업의 근로자들에게서 나타나는 공통적인 경향이다. 이를 극복하기 위한 국제사업요원의 교육으로는 언어력, 경영관행 및 전문지식, 국제감각(문화 및 일상생활 관행), 지역연구, 이문화 적응 등을 들 수 있다.

2. 국제사업요원 육성제도

오랜 해외진출의 역사와 노하우를 축적한 대기업이나 이에 미치지 못하는 중소기업 모두 사업의 다국적화·글로벌화는 급속하게 진행되고 있다. 이러한 상황에서 중요한 경영상의 과제로서, 또한 능력개발 및 교육훈련상의 과제로서 국제사업요원의 육성 및 확보가 있다. 예를 들면, 국제사업요원이 해외 파견처에서 어려움을 지각하는 외국어 능력의 향상을 위해 집중적으로 교육을 진행하는 것이다. 이러한 외국어 교육은 해외 파견자뿐만 아니라 일반 근로자나 관리감독자를 포함하는 경우, 외국인 강사를 초빙하는 경우, 자사의 독자적인 검정제도 또는 사외의 검정제도 등을 도입하는 경우 등 다양하다. 더욱이 외국어를 포함한 글로벌화 교육의 상황을 보면, 집합교육의 내용으로서 파견처 국내사정의 이해, 국제감각의 함양, 법률 또는 무역업무 등이 있고, 제도로서 외국대학 비즈니스 스쿨 등으로의 파견, 인사시책으로서 순환제도를 활용한 체험학습 등 각 회사의 상황에 적합한 방법들이 활용되고 있다.

국제사업요원의 육성과 확보를 위한 수단으로서 외국대학에 유학 중인 학생을 채용하거나, 국내외에서 국제사업에 경력 있는 인재를 채용하거나, 교육을 통해 개발하는 것이 일반적이다. 그동안의 고용관행에 의하면 본사의 근로자를 국제사업요원으로 선발 및 육성하는 것이 대부분이었다. 그러나 최근에는 직위에 따라 차이가 있으며, 외국어 및 사업능력, 대인관계, 건강 등의 평가요소에 비중을 둔 선발방법이 이용되고 있다. 또한 국제사업요원의 선발을 위한 테스트(적성검사, 외국어능력 등)와 육성을 위한 커리어(직무순환 등)를 결합하여 활용하고 있다.

해외파견을 위한 교육으로서는 외국어능력, 지역연구, 국제감각, 경영능력, 이문화 적응력, 기술지도력 등이며, 이러한 교육이 파견 후에 효과적이라는 것이 입증되고 있다. 해외 파견자, 해외사업요원이 현지에서 직면하는 의사소통에 대한 어려움을 극복하기 위한 제도로서, 외국어 능력을 승진조건으로 하거나 비즈니스 외국어에 대한 집중교육을 실시하는 방법이 있다.

장기교육으로는 국제화에 필요한 인재육성을 목표로 입사시나 입사 후 외국어 테스트를 실시하고, 인적자원 부서가 주관하는 통신교육 등에 의해 자기개발 의욕을 환기시킨다. 중기교육은 가까운 미래의 해외 파견자를 대상으로 현지대학 등에 참가해서 실천적 교육을 실시한다. 단기적 교육은 해외 파견이 내정된 사람과 가족에 대해서 이루어진다.

파견지 교육 및 이문화 교육은 해외사업 추진프로그램, 국제인 양성프로그램, 해외 파견자 프로그램, 글로벌화 요원 양성프로그램 등이 있고, 이러한 프로그램 내에서 이문화 교육이 실시되고 있다. 즉 사업부장, 업무 및 기획 담당부장 등을 대상으로 한 해외사업 추진 프로그램에서는 해외사업 기획추진을 위한 기초지식(지역연구, 법적 조건, 영업 및 노동관행 등)에 대한 교육을 실시한다. 국제인 양성프로그램으로서 체계화되고 있는 국제화 마인드 교육에서는 이문화 사람들과의 교류방법과 의사소통 능력을 습득하는 데 역점을 두고 있다.

해외부임 내정자에 대한 교육으로서 해외 파견자 프로그램으로는 단기집중 국제연수(외국어 및 이문화 사람들과의 교류방법), 지역정보 연수(현지의 생활정보, 인재관리 및 건강관리에 대한 지식), 관련부서 연수, 가족연수(내정자 가족을 위한 정보제공과 외부연수회 참가) 등이 있으며, 파견처에서 파견자들의 경험을 매뉴얼화하여 교육이 이루어지고 있다.

직무 및 관련영역의 전문지식이나 기능의 습득은 원활한 직무수행을 위한 기본요건이며, 현지 법인측의 요구이고, 또 파견자의 평가를 높이는 요건이 된다. 따라서 사전에 이루어지는 집합교육, 직무순환, 체험학습 등은 해외 파견자에게 성공적인 직무수행을 위한 중요한 수단이 된다.

3. 해외파견 경영자의 선발과 육성

다국적기업이 국제사업을 진행하는 과정에서 본사로부터 해외법인으로 파견되는 최고경영자의 선발과 교육은 중요한 경영과제이다. 최고경영자를 선발하기 위한 기준으로는 경영능력, 국제감각, 직무수행능력, 대인관계, 의사소통능력, 이문화 적응능력 등이 있다. 그러나 선진국의 우수한 인재를 확보할 수 있는 지역에서의 경영능력과 그렇지 못한 지역에서의 경영능력은 차이가 있고, 선발 파견해야 할 최고경영자에게 요구되는 자질 및 능력에도 차이가 있다.

다국적기업에서는 최고경영자의 승진조건으로 해외근무 체험이 명확하게 규정되어 있기도 하다. 또 인사고과의 방법을 차별화하여 해외 파견요원이나 국제사업요원의 임금을 결정하기도 한다. 해외근무가 일상화되고 국제화가 국내외를 불문하고 급진전하고 있는 상황에서 국제사업요원의 육성을 위한 경력루

트의 정비도 필요하다. 국내의 경영시스템 및 경영관행과 더불어 해외전략사업의 특징, 현지법인의 인적자원시스템도 고려하여 인적자원시스템의 변혁과 정비를 하는 것이 해외진출의 성공요건이 될 것이다.

03 글로벌 인적자원관리의 유형과 해외파견자의 역할

1. 글로벌 인적자원관리의 유형

글로벌 인적자원관리는 다음과 같은 형태로 분류할 수 있다.

(1) 현지적응적 인적자원관리

현지적응적 인적자원관리는 현지의 상황에 유연하게 적응하는 것을 목표로 한다. 인적자원과 관련된 의사결정은 해외 자회사에서 독립적으로 이루어지며, 각각의 지역을 담당하는 거점에서는 지역적 또는 문화적 환경에 적응해 간다. 해외거점에서의 경영활동은 현지인에 의한 것이 가장 적합하다고 본다. 따라서 해외 자회사에서의 주요 의사결정도 현지의 인재에 의해 이루어지기 때문에 인적자원관리의 현지화라고 한다.

이것은 현지의 독특한 경영환경에 유연하게 적응할 수 있다. 그러나 본사의 이념이나 문화적 차이로 갈등이 발생할 수 있고, 글로벌 수준에서 적합한 인재를 파견하는 것이 어렵다는 문제가 있다.

(2) 본국지향적 인적자원관리

본국지향적 인적자원관리는 하나의 조직으로서 동질성을 중시한다. 인적자원과 관련된 활동의 의사결정은 본사에서 이루어진다. 해외의 거점은 본사와 밀접한 관계를 유지하면서, 본사의 인적자원관리와 관련된 제도와 관행을 수행해 가는 것이다. 본사에서는 인적자원관리의 효율성을 고려하기 때문에 해외거점의 경영자는 대부분 본국에서 파견하고 현지인의 직위는 일정 수준으로 제한한다.

이것은 조직으로서의 동질성을 확보할 수 있으나, 현지의 환경적 특성에 유연하게 대처하기 어렵다. 또한 현지인의 승진기회를 제한하기 때문에 불만과 이직률이 높아지게 된다.

(3) 통합지향적 인적자원관리

통합지향적 인적자원관리는 본사와의 동질성을 유지하면서 지리적인 적응도 추구한다. 지리적 한계를 극복하기 위해 본사와 해외거점에서의 성공사례에 대한 정보를 공유하면서, 표준화된 인적자원관리의 글로벌화를 구축한다. 또한 경영자의 최적배치를 목표로 국적을 고려하지 않고, 적합한 능력의 인재에 대한 영입이 글로벌 수준에서 이루어진다. 해외자회사로부터 본국으로의 이동은 물론 자회사 간 제3국적의 이동도 이루어지기 때문에 조직내 지식 및 노하우를 최대한 활용할 수 있다.

이것은 국적에 관계없이 유능한 인재를 영입하기 때문에 인적자원의 가치를 최대한 활용할 수 있으며, 국제적인 경영자를 양성할 수 있다. 그러나 국가간 인재의 이동은 연수와 체류 등의 비용이 발생한다는 단점이 있다.

2. 해외파견자의 역할

다국적기업(multinational corporation)이란 국경을 초월해서(multinational) 제조·판매 등의 경영활동을 수행하는 대기업을 의미하며, 다국적기업에는 현지인원, 본사파견인원, 제3국적인원이 있다. 따라서 다국적기업에는 본사의 국적을 가지고 있지 않은 인적자원이 존재한다.

해외파견자란 본국의 모회사에서 해외자회사로, 해외자회사에서 본국의 모회사로, 해외자회사에서 다른 자회사로 국경을 넘어 이동하는 사람으로서 다음과 같은 역할을 수행한다.

(1) 자회사의 통제

해외자회사가 본사의 경영이념에 따르도록 통제역할을 한다. 본사의 경영정책이나 이념을 현지인이 이해하도록 하거나, 본국의 경영기법을 전수하는 임무를 수행한다. 자회사의 최고경영자는 이러한 해외파견자가 다수 포함되어 있다.

(2) 본사와의 조정

해외파견자는 본사의 상황 및 의견을 현지인에게 전달하며, 또한 현지의 상황이나 현지인의 의견을 본사에게 전달하는 역할을 한다. 다국적기업은 본사와 각 자회사의 관계에서 다양한 이해대립 사항이 발생한다. 해외파견자는 이러한 이해관계를 조정하고 이해시켜 본사와 자회사의 원활한 의사고통을 확보하는 임무를 수행한다.

(3) 기술 및 경영 노하우의 이전

해외파견자는 본국 및 각 자회사에서 축적된 기술 및 경영 노하우를 이전하는 역할을 한다. 생산현장에서의 기술축적이 경쟁우위가 되는 기업에서는, 생산현장의 숙련근로자를 기술이전을 위해 해외로 파견하기도 한다.

(4) 후계자의 육성

해외파견자는 현지의 인재를 책임 있는 직위로 취임시키고 육성하기 위한 역할을 한다. 해외거점이 부가가치가 높은 경쟁력을 확보하기 위해서는 현지화를 가속화하여야 하며, 이를 위해 현지의 유능한 인재의 육성과 확보가 요구되기 때문이다.

04 글로벌화와 인적자원관리의 과제

1. 본사에서의 과제

경영활동의 글로벌화와 더불어 각 기업들은 소수의 거대집단 간 경쟁현상인 메가컴페티션(mega-competition)의 상황에 적응하기 위하여 새로운 경영전략을 수립하고 체제를 정비하고 있다. 해외시장에서 활로를 개척하고 사업을 전개하고 있는 기업들이 일부 선발된 인적자원에만 의지한다면 국제화시대에 기업경쟁력은 상실될 수밖에 없다. 이제는 모든 인적자원이 국제사업요원으로 전환되어야 한다. 현지인이 최고경영자나 임원으로서 승진하기도 하고, 국내에도 국적이 다른 인재들과 더불어 직무를 수행해야 하는 시대가 되었기 때문이다.

그러나 국제업무에 대한 경험과 지식, 노하우를 축적해 왔어도, 특정국가에서 발생하는 특수한 사건에 어려움을 겪는 경우도 있어 관·산·학 협력의 연구체계에 대한 중요성도 강조되고 있다.

본국의 경영스타일(경영철학, 기업문화, 사업스타일 등)의 해외이전은 가능하다. 그러나 이것은 이문화간 원활한 의사소통과 상호 이해를 전제로 한다. 따라서 성공적인 국제사업을 위한 인재육성의 중요성을 인식하고 충실하게 실천해야 한다. 이를 위해 국제사회의 의미를 재확인하고, 선진 다국적기업의 체험을 벤치마킹하고, 자사의 경영시스템과 결합한 국제적 경영시스템을 조성하는 것이 기업의 글로벌화를 위한 최대의 과제이다.

2. 현지법인에서의 과제

해외법인의 현지인 임원에 의한 일상적인 경영활동, 특히 생산활동은 가능하다. 그러나 본사에서는 이러한 경영방식은 효율적이지 않다고 보고, 현지법인을 지도하는 과정에서 갈등이 야기된다.

이러한 갈등을 예방하고 원활한 해외사업을 전개하기 위하여 현지법인의 인적자원을 개발하고 육성해야 한다. 이를 위해 기업의 경영방침을 다국적기업에서 세계경영(global management)으로 전환하고, 인적자원 활동의 글로벌화, 놀리지 콜레보레이션(knowledge collaboration), 글로벌 인재의 육성, 워크 플렉시빌리티(work flexibility), e-business 등을 인적자원관리의 방향으로 설정하고, 경영전략에 대응해서 활동을 전개해야 한다.

3. 전문인력의 확보와 관리

글로벌화가 진행된 기업에서 경쟁력을 확보하기 위해서는 연구개발 부문에 대한 투자가 중요하다. 특히, 기술혁신의 속도가 빠른 업종에서 연구개발을 위한 투자가 급증하고 있다. 이러한 투자확대로 인해 전문가의 부족현상이 발생하고, 국내외 대학 및 연구기관, 기업 등으로부터 전문가의 스카우트와 중도채용이 활성화되고 있다. 이러한 전문가의 부족을 해결하고, 전문지식 및 노하우를 흡수하기 위하여 글로벌 전문가를 개발하기 위한 노력이 요구된다.

또한 IT화의 진전과 더불어 정보기술 관련 기술자의 부족이 현실화하고 있다. 이를 극복하기 위해 글로벌 차원에서 IT기술자의 육성 및 확보를 위한 정책이 이루어지고 있다. 연구개발부문의 전문가, IT 관련 기술자 등을 중심으로 기업들은 외국인 전문가나 경영자를 고용하기도 한다. 따라서 기업은 글로벌화에 대응해서 경영마인드를 개혁하고, 의사소통을 원활하게 하고, 처우제도를 정비해야 한다. 외국인 전문가가 기업의 일원으로서 보유능력을 충분히 발휘할 수 있도록 문화, 규범, 관습 등을 이해할 수 있는 환경정비에 노력해야 한다.

이를 위해 집합교육이나 OJT를 통해 본국의 기업문화를 이해시키려는 관리자 및 감독자, 멘토의 역할도 중요하다. 따라서 외국인 전문가의 관리를 위해 이러한 요인들의 원만한 이행과 명확한 근로계약에 기초한 고용관리, 능력·업적평가를 위한 공정한 제도가 정비되어야 한다.

P/A/R/T

04

임금 및 유지관리

Chapter 12

임금관리

01 임금관리의 기초
02 임금관리의 내용
03 임금결정요인
04 임금의 체계관리
05 임금의 형태관리
06 연봉제와 임금관리의 과제

학습 목표

임금은 가장 중요한 관심사로서 근로자와 가족의 생계수단이고, 기업에서의 개인적 인정감이며 사회적 지위를 나타내는 등 다양한 의미를 포함하고 있다. 따라서 임금은 어떻게 결정되는가, 노력한 만큼의 정당한 대가를 받고 있는가에 대한 관심은 근로자의 행동에 직접적인 영향을 미치게 된다. 만약, 임금에 대해 불만을 갖게 되면 근로자는 이직 및 전직을 고려하게 된다든지 동기부여에 영향을 미쳐 사기가 저하되고 생산성 향상에 문제가 발생한다. 따라서 기업은 근로자의 임금을 결정하기 위하여 공정성과 타당성을 고려한 임금제도를 확립해야 한다. 공정성과 타당성이라는 것은 근로자 개인이 납득할 수 있고, 노동시장에서의 균형을 유지할 수 있는 체계적인 임금관리가 이루어져야 한다는 것이다.

이 장에서는 임금에 대한 기초개념과 임금의 체계 및 형태 등에 대해서 고찰한다.

01 임금관리의 기초

1. 임금의 개념

(1) 임금관리의 개념

임금이란 교환이론에 기초하여 근로자가 제공하는 노동 또는 공헌에 대해 기업이 그 대가로서 지불하는 경제적 보상이다. 따라서 임금은 자신의 노동력을 제공하고 사용자로부터 받는 모든 재화(임금, 수당, 상여 등)를 포함하는 개념이다. 또 임금지불에 대해서는 통화지불의 원칙, 직접지불의 원칙, 전액지불의 원칙, 매월 1회 이상 지불의 원칙, 일정기일 지불의 원칙 등이 제시되고 있다. 이 원칙을 준수하여 근로의 대가인 임금이 근로자에게 완전하고 확실하게 지불되도록 배려해야 한다.

또한 임금에 관련된 인적자원관리의 영역을 임금관리라 한다. 따라서 임금관리는 기업 내·외적 영향 및 규제에 적응하면서 임금이 포함하는 내용을 전체적으로 고려하여 인적자원관리의 목표달성에 부합하도록 계획하고 운영하는 것이다. 또한 기업에서 지불하는 임금액 및 제도의 기능과 관련하여, 임금에 관계하는 다양한 집단의 이해관계를 조정하면서, 인적자원관리의 일환으로 그 목적달성에 부합하도록 관리하는 종합적 시책이다.

2. 임금의 성격

① 노동력의 대가

임금은 생계의 수단으로 수입이 없으면 생활이 곤란하다. 근로자는 노동력이 상품이다. 상품에는 원가에 의해 가격이 결정된다. 상품으로서 노동력의 원가는 생활비이다. 또한 자신의 능력을 개발하고 유지하기 위해서는 비용이 발생한다. 따라서 노동력이라는 상품의 품질을 유지하고, 가족의 생계비 및 교육비 등을 고려해야 한다. 이것들을 합한 비용이 노동력의 원가이다.

기업은 상품으로서 노동력을 구매해서 사용한다. 따라서 경영자는 명령의 권리가, 근로자는 이에 따라 직무를 수행할 의무가 발생한다. 경영자는 노동의 가치, 즉 성과에 따라 임금을 지불하고자 한다. 그러나 근로자는 성과를 불문하고 일정한 임금이 없으면 생활할 수가 없기 때문에 원가를 보장해야 한다. 임금은 원가가 있는 상품으로서 노동력을 제공하고 이에 대한 대가를 받는 것이다.

② 노동성과의 대가

기업에서 임금은 성과에 대응해서 지불하는 것으로 경비이다. 경비에는 고정비와 변동비가 있다. 고정비는 매출에 관계없이 고정적으로 소요되는 비용이다. 감가상각비나 임차료와 같은 것으로 인건비도 포함된다. 변동비는 매출에 비례하여 변동하는 비용으로, 매출원가나 제조원가와 같은 것이다. 따라서 인건비는 고정비이지만 성과에 따라 다르기 때문에 변동비의 성격을 가지고 있다.

③ 수요와 공급관계

수요와 공급에 따라 임금은 변화한다. 호황기에 기업은 인적자원 부족으로 어려움을 겪는다. 특히 신규채용은 어려워지고 초임금은 증가한다. 초임금이 증가하면 전체임금이 상승한다. 임금체계도 이것에 수반하여 변화한다.

④ 노사세력관계

노사간 임금투쟁의 결과로서 임금수준이 높아지면, 노동조합이 없는 기업에서도 임금수준을 상승시키는 결과가 나타난다.

⑤ 동기부여의 수단

임금이란 생활보장과 더불어 개인의 성과와 노력을 평가해서 처우하는 것이다. 능력급은 성과를 기준으로 하지만 노력의 결과도 평가한다. 따라서 근로자는 성과와 노력에 대한 보상을 기대해서 동기부여하게 된다.

⑥ 인재평가의 지표

자신의 능력에 대한 가치 및 자신의 직무에 대한 가치가 어느 정도인지는 임금수준으로 나타난다. 임금만으로 개인의 가치를 측정할 수는 없지만, 하나의 지표가 되는 것도 사실이다.

3. 임금관리의 목적과 발전

(1) 임금관리의 목적

임금관리의 목적은 유효한 노동력을 조달하고, 근로의욕을 높이고, 직무를 안정적·지속적으로 수행하고, 노사관계의 안정화를 도모하고, 인적자원관리의 기능(능률촉진, 조직통합, 변화적응)을 실현하는 것이다. 기업의 지속경영을 가능하게 하는 것은 근로자의 창조적 능력의 발휘이고, 능력의 개발과 발휘를 위해 필요한 것은 임금이다. 따라서 임금관리는 건전한 고용관계의 목적을 달성하기 위한 것으로, 건전한 임금은 다음과 같은 것을 가능하게 한다.

① 바람직한 서비스를 이끌어 내고 이것을 유지한다.
② 직무의 중요성과 난이도를 고려하여 임금에 대한 불만이 해소된다.
③ 노력과 성과에 의한 임금으로 동기부여한다.
④ 공정한 임금은 사기와 생산성을 개선한다.
⑤ 이직과 전직을 예방하고, 유능한 인재를 고용할 수 있다.
⑥ 인건비의 총액관리, 예산편성을 용이하게 할 수가 있다.
⑦ 원만한 노사관계를 유지할 수 있다.
⑧ 승진 및 전근을 포함한 조직의 유연성을 용이하게 할 수 있다.
⑨ 조직에 대한 애사심과 직무에 대한 만족감이 높아진다.

(2) 임금관리의 발전

1940년대 후반 wage and salary administration 또는 wage and salary control이란 용어가 제시되었고 1950년대에 보편화되었다.

임금은 오랫동안 지불방식(payment system of wage)의 문제, 특히 업적급이나 능률급의 형태 및 내용에 관한 영역으로 한정되어 있었다. 그러나 1940년대 이후 임금형태보다 임금관리에 대한 관심이 높아지게 되었다. 이것은 시대의 변천과 더불어 기업이 대규모화되고 복잡해짐으로써 임금관리에 대한 관점이 중요시되었기 때문이다. 그러나 최근에는 급여관리(compensation administration)라는 개념도 사용되고 있다.

임금은 사회적 지위 및 능력을 포함하고, 생활의 방편이라는 사회적 배려와 정치적 배려를 포함한다. 또한 임금은 동기부여의 기능을 하기 때문에 심리적 배려도 포함하며, 공정성을 확보해야 하기 때문에 윤리적 배려도 포함한다. 따라서 임금관리는 경제적 배려와 더불어, 사회적·정치적·심리적 및 윤리적 배려를 필요로 한다. 이와 같은 사고는 행동과학의 영향을 받은 것이다.

임금관리의 내용 02

1. 임금의 구성요소

임금관리는 [그림 12-1]과 같이 많은 구성요소가 포함되어 있다. 급여(compensation : 임금은 법적인 개념이며 급여는 실무적으로 사용되는 개념)는 노동의 대가로써 받게 되는 모든 유형의 보수와 관계한다. 또한 금전적 급여로서 직접적 급여는 임금(wages), 급여(salaries), 특별수당(bonuses), 커미션(commission) 등이며, 간접적 급여는 직접적 급여에 포함되지 않은 모든 금전적 보수를 포함한다. 반면에 비금전적 급여는 직무 자체 또는 직무환경으로부터 받게 되는 만족을 포함한다.

그림 12-1 급여계획의 구성요소

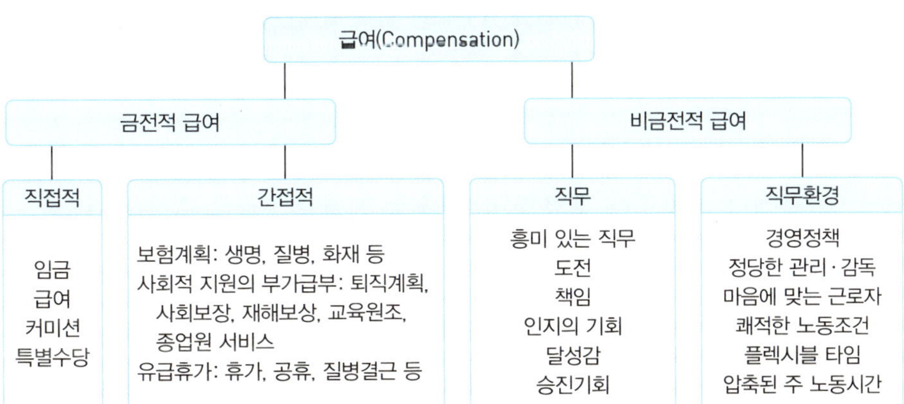

자료: R.W. Mondy & R.M. Noe, *Human Resource Management*, Prentice-Hall, 1996, p. 358.

밀코비치 등(G.T. Milkovich and J.M. Newman)은 급여란 근로자가 고용관계로서 받게 되는 모든 금전적 수입, 유형의 서비스, 부가급부와 관련된 것이라고 하였다. 또한 직접적 급여는 기본급(base pay), 성과급(merit pay), 인센티브(incentive), 생활조정급(cost of living adjustments)을, 간접적 급여는 보호계획(protection programs), 불취로시의 보상(reimbursed time away from work), 근로자에 대한 서비스와 제 수당(employee service and allowances)을 들고 있다.

2. 임금관리의 내용

임금은 고용계약에 의해 사용자의 지휘·명령을 받아 노동을 제공한 대가이며, 임금관리는 인적자원관리의 전체영역에 관계하고, 임금관리의 내용은 임금결정 메커니즘과 관행에 따라 차이가 있으나, 일반적으로 임금액관리, 임금제도(임금의 형태와 체계) 관리, 특수임금 또는 급부(상여, 퇴직금 등) 관리이다.

1) 임금액관리

① 총액임금관리 : 임금총액을 평균한 것(1년간의 고정적인 기본급과 통상적인 수당, 정기적인 상여금, 연월차 수당 등을 합산해 12개월로 나눈 액수)

② 개별 임금액관리 : 학력, 연령, 성별, 직무별(개인이나 특정근로자 그룹) 등에 의한 임금

2) 임금형태 관리(임금지불방법 혹은 임금산정제도)

① 시간임금 : 시간을 단위로 산정되는 시간급, 일급, 주급, 월급, 연봉 등

② 업적급 : 업적을 기준으로 산정되는 성과급, 할증 또는 능률급 등

3) 임금체계 관리(기본급을 기준으로 편성된 임금구성)

① 임금체계의 종류 : 종합결정급, 속인급, 자격급, 직능급, 직무급, 직종급, 연공급

② 임금체계의 구성 : 기본급, 근로수당, 생활수당, 소정외 임금

4) 특수임금 또는 급부관리(부정기 또는 특정시에 지불되는 임금이나 급부)

① 상여금관리 : 정기급여와는 별도로 업적이나 공헌도에 따라 지급하는 제도

② 퇴직금관리 : 임금후불 또는 노후생활 보장의 혼합적 성격

③ 기업연금 : 퇴직 후 생활보장을 위하여 기업이 연금을 지급하는 제도

표 12-1 임금액관리 및 임금제도 관리의 내용

구분	내용
임금액관리	총액 임금관리, 초임금관리, 승급기준곡선의 관리, 임금수준의 관리
임금제도관리	① 임금형태 관리 • 시간임금(시급, 일급, 주급, 월급, 연봉) • 업적급(단순성과급, 보합급, 각종 장려급, 각종 할증급) ② 임금체계 관리: 기본급의 유형(직무급, 직능급, 직종급, 속인급, 종합결정급), 제 수당(직무관련 수당, 생활보조수당), 소정외 노동임금 ③ 임금증액의 제도: 정기승급제도(기준 승급액과 고과에 의한 상하폭의 설정), 베이스 업 ④ 상여: 정기적 상여, 기말상여, 특별임시상여 ⑤ 퇴직금: 퇴직일시금, 퇴직일시금+기업연금 ⑥ 기업연금: 종신연금, 유기한연금
성과배분제도	스캔론플랜, 럭커플랜

임금결정요인 03

1. 임금학설

① 생존비설 : 임금은 근로자 및 가족의 생존비에 의해 결정된다는 스미스(A. Smith) 및 리카도(D. Ricardo)의 학설

② 재생산비설 : 임금은 노동력에 대한 가치로서 노동력의 재생산비, 즉 상품의 생산에 투하된 노동의 양에 의해 결정된다고 하는 마르크스(K. Marx)이 학설

③ 임금기금설 : 밀(J.S. Mill)은 임금은 그 나라의 노동인구(고용노동자)의 총수와 자본(노동력의 구입을 위해 투하되는 자본, 즉 임금기금)의 상대적 크기에 의해 결정된다고 하였다. 따라서 평균임금수준(W)은 임금기금의 총액(F)을 고용근로자의 총수(N)로 나눈 것으로(W=F/N), 임금지불을 위해 축적된 임금기금의 크기에 따라 결정된다는 학설

④ 신임금기금설 : 자본축적에 의한 기금의 증가가 1인당 임금의 증가와 우회생산 연장에 의해 결정된다는 이론. 우회생산(생산수단, 도구나 기계를 만들고 이를 이용하여 제품을 대량생산 하는 방법)을 가능하게 하는 자본의 크기에 의해 임금이

규제된다는 뵘바베르크(E. Böhm-Bawerk)의 학설

⑤ 임금의 한계생산력설 : 클라크(J.B.Clark)는 임금은 마지막으로 고용된 근로자가 만드는 생산물의 양(한계생산력)과 거의 동일하게 결정된다고 하였다. 노동의 한계생산력이 임금보다 크면 노동에 대한 수요는 증대되고, 반대의 경우에는 수요가 감소하여 결국 임금이 노동의 한계생산력과 일치하게 된다는 학설

⑥ 세력설 : 임금은 사회적 세력으로서 노동과 자본의 세력관계에 의해 결정된다는 학설

2. 임금결정요인

임금결정의 주요 요인은 사회적 균형, 생계비(물가수준), 기업의 지불능력(생산성), 노동의 수급관계(시장가격), 정부정책(최저임금) 및 노사관계 등이다. 또한 조정요인으로는 승급·승격, 베이스업, 최저임금 보장 등이다. 임금결정에 대한 가장 일반적인 요인은 다음과 같다.

1) 노동시장(수요와 공급)

기본적으로 임금은 노동력의 수요와 공급의 균형으로 결정된다. 따라서 기업이 필요로 하는 유능한 인재의 임금은 수요가 공급보다 많기 때문에 상승한다. 그러나 임금을 결정하는 것은 단순히 노동의 수급만이 아니며, 개인적 직무성과의 크기도 영향을 미친다.

2) 기업의 지불능력

기업이 임금으로 얼마나 지불할 수 있는지에 대한 가능성으로 최대한 지불할 수 있는 금액을 의미 하는 것은 아니다. 기업이 안정적이고 지속적으로 성장할 수 있는 능력의 범위 내에서 근로자의 표준생계비 수준을 고려하여 일정한 인건비를 지불할 수 있는 능력을 의미한다.

3) 임금수준과 시세

기업의 입지조건이 유사하고, 원재료 가격이 정책적으로 결정되고, 동일수준의 제조기술을 가지고 있다면, 제품가격에 영향을 미치는 것은 인건비이다.

아무리 우수한 인재라도 각 기업이 수용할 수 있는 임금수준이 있으며 이것이 시세임금이다.

시세형성에 중요한 역할을 하는 것이 임금협상이다. 특정산업을 대표하는 선도기업의 교섭결과를 기초로 동일 유사기업의 임금수준이 결정된다. 따라서 유사 동종기업의 임금수준과 균형을 유지하는 것이 임금결정의 중요한 기준이다.

4) 생계비

임금은 근로자의 생계와 사회생활을 유지하는 데 드는 비용이다. 일반적으로 일상생활을 위해 필요한 비용으로서 1개월을 단위로 일정기간 생활을 위해 구입한 생활수단의 질과 양을 화폐의 형태로 나타낸 것이다.

5) 최저임금

최저임금제는 국가가 노·사간 임금결정 과정에 개입하여 임금의 최저수준을 정하고, 사용자에게 이 수준 이상의 임금을 지급하도록 법으로 강제하여 근로자들이 부당한 임금을 받는 것을 보호하기 위한 것이다. 임금의 최저수준을 보장하여 근로자의 생활안정과 노동력의 질적 향상을 도모하고 국민경제의 건전한 발전에 이바지하는 것을 목적으로 한다.

그림 12-2 임금의 결정기준

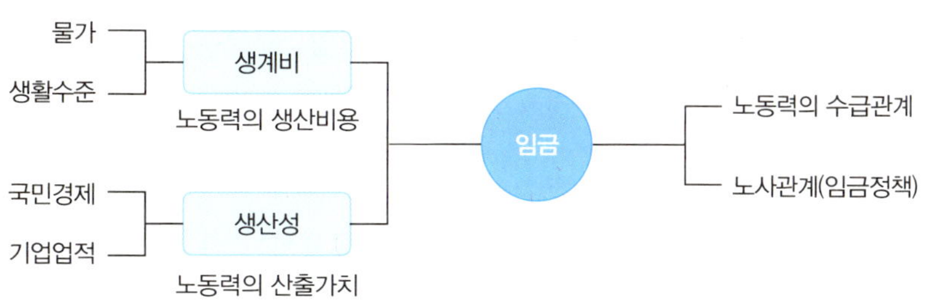

(3) 정기승급과 베이스업

임금의 변동요인으로 정기승급과 베이스업이 있다. 전자는 개인의 직무·능력·근속·연령의 상승 등의 변화에 대응해서 임금을 지급하는 것이고, 후자는 물가상승, 초임금 상승, 생산성 향상 등에 따라 지급하는 것이다. 그러나 실제로는 양자를 동시에 적용하거나, 명확하게 구별하는 기업도 있다.

04 임금의 체계관리

1. 임금의 구조 및 체계

(1) 임금의 구조

임금구조란 근로자 및 기업의 속성 등에 따른 임금격차 및 임금분포를 말한다. 임금구조는 임금상승과 결정방법을 구별해서 접근해야 한다. 임금상승은 임금이 어떠한 곡선을 그리는가를 말하며, 결정방법은 개인의 임금을 어떠한 요소로 계산하는가를 의미한다.

일반적으로 임구구조는 직무와 직업의 차이를 반영한다. 다양한 직무에 대한 임금차이는 임금구조의 핵심이다. 차이는 직무내용 및 난이도와 더불어 다양한 요인을 반영한다. 또한 직업특성에 따른 상이한 임금구조가 임금의 차이에 반영된다. 이 외에도 임금구조에는 지역, 경력, 연령, 임금지불 방법, 조직화의 규모 및 산업 등이 포함되어 있다. 따라서 임금구조는 이들 요인이 복합되어 이루어져 있으며 기본적인 것으로는 다음과 같다.

1) 성과기준 임금

최근의 임금제도는 성과를 기준으로 지불하는 방식으로 연봉제가 대표적이다. 그러나 연봉제의 문제점은 평가기준의 신뢰성으로, 성과주의 임금을 위해서는 공정한 평가제도가 요구된다.

성과주의의 또 다른 문제는 직무배분의 원칙에 대한 것이다. 목표관리가 확실히 기능하고, 평가제도가 정비되었다 하더라도 직무배분의 원칙이 적용되지 않으면 제도로서 기능할 수 없다. 부여받은 직무에서 성과가 나지 않는 것은 배치방법의 잘못일 수도 있는 것이다.

2) 연공기준 임금

연공임금은 연령 및 근속연수 등을 기준으로 임금을 결정하는 것이다. 년(年)과 공(功)이라는 것은 연령 및 근속연수와 더불어 업적도 상승하기 때문이라는 것을 의미한다. 따라서 연공임금이 업적을 무시한 것은 아니라는 것이다. 상위로 승진하거나 자격이 상승할 때에는 반드시 인사고과의 결과를 반영해야 한다. 근속연수가 길어도 인사고과의 결과가 충분하지 않다면 승진·승격을 할 수 없다.

(2) 임금체계

기업은 업적향상을 위해 근로자를 동기부여할 수 있는 임금지불 방법을 강구해야 한다. 임금체계는 지불해야 할 임금총액을 개개 근로자에게 어떻게 분배하는지에 대한 기준으로 가능한 단순하게 구성하여 이해하기 쉬워야 한다. 임금체계는 지급하는 임금의 종목 및 구성을 전제로 하며, 현금급여와 부가급여로 구성된다. 한다.

첫째, 현금급여는 기준내 임금, 기준외 임금, 상여로 분류된다.

그림 12-3 임금체계

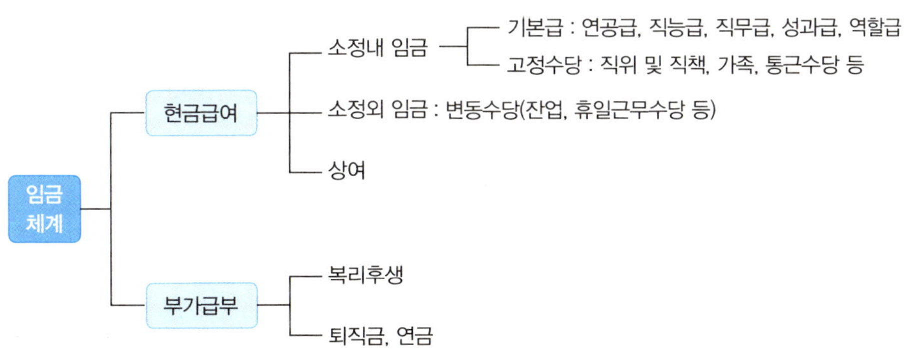

자료: 上林憲雄, 人的資源管理, 中央經濟社, 2016, 200.

① 기준내 임금은 소정내(所定內) 임금이라고도 하며, 소정노동시간(취업규칙에 정해진 작업시작부터 종료까지의 시간에서 휴식시간을 제외한 것)에 대해 지불하는 기본임금이다. 이것은 기본급과 고정적 수당으로 구성된다.

기본급의 설정은 기업의 경영과 근로자의 동기부여에 중요하다. 기본급 결정요소는 연령, 근속연수, 학력, 직무의 종류, 직무수행능력, 직무성과 등이다. 이러한 요소의 조합 및 비중에 따라 연공급, 직능급, 직무급, 종합급 등이 있다.

또한 고정수당은 직무관련수당(직책수당, 특수근무수당, 기능수당, 업적수당), 생활보조수당(가족수당, 통근수당, 주택수당, 지역수당)이 있다. 이들 수당은 직위 및 자격의 소멸이나, 가족구성이 바뀌지 않는 한 일정액이 지불된다.

② 기준외 임금은 소정외 임금이라고도 하며 소정시간을 초월한 노동(초과근무수당, 휴일출근수당, 숙일직수당)에 대해서 지불되는 변동적 수당이다.

③ 상여는 보너스라고 하며 기업의 이익을 환원하기 위한 목적으로 월급과는 별도로 업적이나 공헌도에 따라 지불하는 것이다. 일반적으로 기본급에 대한 비율로서 고정적이었지만, 최근에는 목표관리의 평가결과를 반영한 실적연동형 상여를 채택하기도 한다. 또한 산정기준은 개인 실적과 더불어 부문실적 및 기업실적이 포함된다.

둘째, 부가급부(복리후생, 퇴직금 등)는 근로자가 안심하고 근로생활을 영위하거나 노후생활을 보장할 목적으로 지급되는 임금을 의미한다.

(3) 총액인건비

인건비에 관한 지출은 총액인건비로서 관리되어야 한다. 인건비는 기업의 지불능력에도 관계되기 때문이다. 총액인건비는 임금, 상여, 퇴직금, 복리후생비 등의 노동비용의 총액으로 [그림 12-4]와 같이 구성된다.

그림 12-4 총액인건비 내역

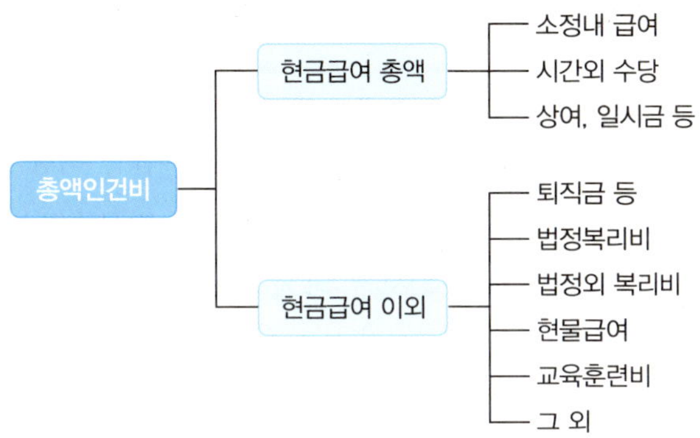

2. 기본급의 설계와 결정기준

(1) 기본급의 설계

기본급은 근로자에게 지급하는 임금 중에서 수당이나 상여금, 퇴직금 등을 제외한 것으로, 전체 임금에서 차지하는 비율이 높지는 않지만 수당, 상여, 퇴직금 등의 산정기준이 된다. 기본급의 결정방법이 임금체계의 특징을 결정하기 때문에 임금의 핵심적인 항목이다.

기본급은 직종, 업태(사업의 실제 형태), 노동력의 구성 등에 대응해서 다양한 형태를 취하는데, 단일형은 기본급을 속인급, 직무급, 종합급 중 하나를 선택하는 것이며, 병존형은 복수의 항목을 결합하여 구성하는 것이다.

(2) 기본급의 결정기준

기본급은 개인적 능력(연공급, 직능급)과 수행직무(직무급) 및 성과를 기준으로 결정하며, 다음과 같은 유형이 있다.

1) 연공급

연공급은 학력, 연령, 근속연수 등을 결정요소로 하는 것이다. 근속이 오래되면 능력이 향상되어 성과도 높을 것이라고 가정한다. 조직의 질서가 확보되고 경제적으로 안정적인 삶이 가능하며 유연한 인사이동에 대한 수용가능성이 높다. 그러나 환경적응력이 약화되고 유능한 인재의 능력발휘의 기회가 제한되며 기업의 임금부담이 높아진다는 단점이 있다.

2) 직능급

직능급은 직무수행 능력에 따라 지급되는 임금이다. 직능자격에 대응해서 자격급을 결정하고 이것을 기본급으로 하는 것이다. 직무수행능력을 높이면 상위의 자격등급을 취득하여 높은 처우를 받기 때문에 동기부여 한다. 또한 다양한 직무분야에서 습득한 능력이 처우결정에 적용되기 때문에 유연한 인사이동과 제너럴리스트 양성에 효과적이다.

그러나 직무수행능력의 판단기준이 모호하기 때문에 연령과 근속연수에 비례하여 직능이 향상되었다고 평가하여 인건비가 상승하고 능력급이라는 개념이 사라질 수 있다. 또한 일생에 걸친 능력개발 프로그램과 이에 대응한 직무가 부여되어야 한다는 단점이 있다.

3) 직무급

수행하는 직무의 가치에 따라 지불되는 임금이다. 직무가치는 작업조건 및 지식·기능·기술·직무의 중요성 등을 기초로 직무평가에 의해 결정된다. 따라서 근속연수나 능력의 차이가 있어도 동일한 직무를 수행하면 급여는 동일하다. 직무가치에는 성과책임이 반영되므로 개인의 성과창출에 대한 가치와 급여가 균형을 이룰 수 있으며, 스페셜리스트의 양성에 적합하다.

그러나 합리적 직무평가로 급여가 결정된다고는 하지만 직무특성과는 상이한 평가 및 판단이 개입될 가능성이 있다. 또한 유연한 이동이 어렵게 된다. 가치가 높은 직무를 수행하는 유능한 인재가 성과가 부진한 부서의 직무개선을 위한 이동을 수용하지 않으려 하기 때문이다.

4) 업적급

업적에 따라 지급되는 임금이다. 업적평가를 위해서는 직무의 특성을 정확하게 해야 한다. 업적이 개인이 통제할 수 있는 요인에 의해 변동하는지, 아니면 노력에 의해서 상승하는지, 업적이 개인마다 산정되는지, 아니면 부서별로 측정되는지에 대한 문제이다. 또한 업적은 직무의 난이도 및 책임감과 같은 직무가치와 목표달성도를 곱하여 산정한다. 이것은 수행직무의 중요도를 고려해야 한다는 의미이다.

따라서 업적이 높을수록 많은 임금을 받게 되어 동기부여할 수 있다. 또한 기업실적과 개인실적이 연동되어 인건비의 효과적 활용이 가능하다. 그러나 단기적 관점에서 직무를 수행하려 하고, 성과가 확실히 발생하는 직무에 관심이 집중되어 새로운 직무에 도전하려 하지 않는다는 단점이 있다.

5) 직계급

직무의 단계를 설정하고 직계제를 만들어 이에 따라 임금의 격차를 두는 것이다. 직무수행자의 능률 및 기능과는 관계없이 기업 내의 직무를 분류하여 직무의 중요도와 난이도, 책임도 등에 따라 직계를 구성하고 이를 기초로 임금을 결정한다.

6) 자격급

자격급은 근로자의 자격취득기준을 미리 정하고 그 자격취득 여부에 따라 임금에 차이를 두는 것이다. 따라서 자격취득 기준의 설정이 중요하다. 자격취득을 위한 연공적 요건과 자격증 취득 요건 그리고 직무순환 능력의 구비요건을 명시하고, 이를 달성하면 그 자격에 해당하는 임금을 지급한다. 연공중심의 기업질서를 유지하면서 능률중심의 임금체계를 확립하기 위해 도입된다.

7) 직종급

직무는 맡아서 하는 일이며, 직업은 생계를 위해 하는 일이다. 이러한 직무나 직업의 종류가 직종이다. 직종급은 직종별 시장임률에 기초하며, 일반적으로 직종에 대한 임금과 직무평가에 의한 직무급을 모두 직무급이라고 하기도 한다. 전자를 시장임률에 기초한 직무급, 후자를 직무평가에 기초한 직무급이라고 한다.

8) 종합결정급

종합결정급은 다양한 요소를 종합적으로 평가하여 결정하는 임금이다. 즉 연령, 학력, 근속연수 등을 중시하는 속인적 종합결정급과 능력, 직무내용 등에 중점을 둔 직무 종합결정급이 있다. 종합결정급은 그동안 임금결정기준이 명시되지 않는 것이 일반적이었으나 최근에는 이를 명확히 하는 경향이 있다.

3. 수당

기본급으로써는 충분히 생활할 수 없는 부분을 보장하기 위해 도입된 것이다. 그러나 연공임금체계가 붕괴되고 업무상의 능력·능률, 업무상황이 기본급에 반영됨에 따라 수당의 필요성이 감소하고 있다.

(1) 수당의 수

다양한 수당이 추가되어 있는 경우가 있다. 이것은 근로자들의 임금균형을 수당으로 조정한 결과이다. 또한 기본급이 증가하면 이에 비례하여 상여금 및 퇴직금이 증가하므로 기본급을 증가시키지 않고 수당의 수를 증가시킨다.

수당 수의 증가는 임금체계를 혼란하게 하고 내용도 알 수 없게 한다. 따라서 임금은 기본급만으로 하고 수당은 없는 것이 이상적이다. 그러나 이것은 불가능하기 때문에 수당은 가능한 필요한 것만 지급하는 것이 좋다.

(2) 수당의 내용

1) 직위·직제수당

관리직의 직무에 대한 책임수당이다. 직위가 높아지면 책임도 가중되기 때문에 이에 대한 보상이 주어져야 한다. 이러한 의미에서 수당이 적으면 책임도 적은 것이다.

2) 외근·영업수당

영업활동을 하는 근로자의 수당은 두 가지 의미가 있다. 하나는 사외활동을 위한 여분의 계산된 경비이며, 또 하나는 잔업수당의 문제이다. 외부에서 활동하는 근로자는 시간관리가 어렵기 때문에 잔업수당의 계산이 어렵다. 이때의 수당은 잔업수당의 의미를 갖는다.

3) 가족수당

실질임금이 낮고 가족 수가 많은 근로자의 생활보조를 위해, 부양하는 가족의 수에 따라 일정액 또는 일정비율로 지급되는 것이다.

4) 통근수당

출퇴근시 이용하는 교통수단으로 인한 비용의 전부 또는 일부를 보전하는 것으로 실비보상적 성격이 높다.

5) 그 외의 수당

① 지역 및 별거수당 : 지역간 물가의 차이로 인해 발생하는 생활비의 차이를 해결하기 위해 지급한다. 또한 단신부임의 경우 가족과의 이별로 인한 생활비는 별거수당을 지급해서 해결한다.

② 주택수당 : 기업이 근로자가 부담하는 주택비의 전부나 일부를 지급하는 것이다.

4. 상여금

상여금이란 임금 이외에 특별히 지급되는 현금급여로서 보너스라고도 한다. 본래 능률급제로서 표준작업량 이상의 성과시에 지급되는 임금의 할증분이었다. 차이는 있지만 하기(夏期) 또는 연말 등에 정기 또는 임시로 지급되며, 일반적으로 임금의 일부로서 노사교섭에 의해 결정된다. 그러나 지급여부는 단체교섭에 의해 결정되지만, 지급이 결정되면 임금으로 취급되어 몇 가지 예외를 제외하고는 임금에 관한 규정이 적용된다.

그동안 상여금은 통상임금이라는 시각과 당기 경영성과의 배분이라는 시각이 대립되어 왔으나, 이제는 통상임금의 범위로 포함하였다. 이에 의하면 정기지급이 확정되어 있는 상여금은 통상임금에 포함하지만, 특정 시점에 재직해야 받을 수 있는 휴가비와 선물비 등과 같은 복리후생비는 부정기적이며 근로의 대가가 아니므로 통상임금에 포함되지 않는다. 즉 일정기간 근속한 근로자에게 근속연수에 따라 미리 정해놓은 비율을 적용하여 산정한 금액을 분기별로 지급하는 경우에, 매월 임금의 형태로 지급되지 않았더라도 통상임금으로 본다. 또한 상여금의 지급여부 및 지급액이 근로자의 근무성적 등에 따라 좌우되는 것이라 할 수 없으며, 금액이 확정된 것이어서 정기적이고 일률적으로 지급되는 고정적인 임금인 통상임금에 해당한다.

통상임금이란 근로자에게 정기적이고 일률적으로 소정근로 또는 총근로에 대하여 지급하기로 정한 시간급, 일급, 주급, 월급 또는 도급금액을 말한다. 여기에서는 기본급 외에 직무 및 직책수당, 기술수당, 위험수당 등과 같이 실제 근무일이나 실제 수령한 금액에 구애됨이 없이 사업주가 고정적이고 일률적으로 지급하는 임금이 모두 포함된다. 그러나 연장근로, 야간근로에 대한 임금, 일정한 성적을 올린 근로자에게만 지급되는 성과급 등의 실제 근로에 따라 변동되는 임금은 소정근로 시간에 대한 임금이 아니므로 통상임금에서 제외한다. 따라서 통상임금이란 정기적, 일률적 및 고정적으로 지급되는 것으로 상여금도 통상임금에 포함된다.

즉 ① 정기성 : 일정기간마다 정기적으로 지급되면 통상임금으로 본다. ② 일률성 : 모든 근로자 또는 일정한 조건이나 기준에 달한 근로자에게 모두 지급되면 통상임금으로 본다. ③ 고정성 : 사전에 이미 확정되어 있으면 통상임금으로 본다는 것이다.

5. 퇴직금, 연금

(1) 퇴직금

퇴직시에 받게 되는 장래 생활자금으로 다음과 같은 성격을 가지고 있다.

① 장기근속에 의한 공헌에 보답하기 위한 것이라는 공로보상설
② 재직시 지급받는 임금의 일부를 퇴직시에 일괄 지불받는다는 임금후불설
③ 퇴직 후의 생활을 보장하기 위한 것이라는 생활보장설

퇴직금을 이들 중 하나에 의해 설명하는 것은 어렵고 혼합된 성격이라는 것이 타당하다. 퇴직금의 산정방법에는 퇴직시 임금을 기초로 하는 것, 퇴직시의 임금을 기초로 하지 않는 것이 있으나 전자를 채택하는 것이 일반적이다. 이 경우에는 '퇴직시의 기본급월액(또는 이것에 준하는 것)×근속연수별 지급률×퇴직사유별 가감률'의 형태를 취하고 있다. 퇴직사유별로는 기업 사유인가 개인 사유인가로 구별한다.

그러나 기업은 퇴직금 지불능력의 유지가 부담이 되고 있다. 따라서 기업연금제도에 의해서 종래의 퇴직일시금을 이전시키는 조치(퇴직금의 연금화)를 취하고 있다. 기업은 일시적으로 집중하는 자금부담의 분산을 가능하게 하고, 근로자는 노후의 생활보장이라는 관점에서 연금이 보다 계획된 생활을 유지하기에 적합하다.

(2) 연금

퇴직연금제도란 기업이 사내에 적립하던 퇴직금제도를 대체하여 금융기관에 매년 퇴직금 해당 금액을 적립하고 근로자가 퇴직할 때 연금 또는 일시금으로 지급하여 노후설계가 가능하도록 한 제도로서, 2005년 근로자퇴직급여보장법의 시행과 함께 마련되었다. 이 제도의 시행으로 근로자의 수급권 보장이 가능하고, 퇴직연금 가입자가 연금운용에 참여할 수 있으며, 금융기관에 적립하기 때문에 기업이 도산하더라도 퇴직급여는 안전하다는 장점이 있다.

그러나 퇴직금에 대한 소득세의 특별공제에 비하여 연금은 수취인측에 세제상 불리하고, 인플레이션에 대한 보장이 결여되고, 많은 자금이 소요되는 토지 및 주거취득에 어려움이 있다는 등의 단점이 있다.

퇴직연금은 적립금의 운용방식에 따라서 다음과 같이 분류할 수 있다.

① 확정급여형(DB : Defined Benefit) : 기업이 금융회사를 선택하여 자금을 운용하고 이익과 손실의 발생은 기업이 책임지며, 퇴직자는 일정금액을 정기적으로 수령하는 방식

② 확정기여형(DC : Defined Contribution) : 개인이 직접 금융사 및 금융상품을 선택해서 운용하는 방식

③ 개인퇴직계좌(IRA : Individual Retirement Account) : 퇴직 및 이직시 퇴직금을 인출하지 않고 자기계좌에 계속 적립하여 세재 혜택을 받으면서 은퇴시점까지 운용하고 은퇴후 연금 등 노후자금으로 활용하는 방식

05 임금의 형태관리

1. 시간급과 능률급

임금의 형태란 임금의 산정·지급방법, 임금지급제도 등을 총괄하는 개념이다. 건전한 임금관리에는 정확하고 합리적인 지불기준이 요구된다. 임금의 산정과 지불방법에는 근로시간이나 능률(성과)에 기초한 방법이 있다.

(1) 시간급제

시간임금은 가장 일반적인 형태로서 업적기준 설정의 곤란성 때문에 이용되고 있다. 그러나 시간임금에는 근로자의 동기부여가 없다. 또한 제일선 감독자에게 과중한 부담을 주게 되며, 근로자는 노력에 대한 산출량 및 이익의 관계를 알 수 없다. 시간적 평가는 노동원가를 계획하고 통제하는 것도 어렵게 한다. 유능한 근로자는 근로시간보다 높은 업적이 인정되는 직장을 추구할 수도 있다.

기업의 평균임금은 시장 및 시세에 의해 일정수준으로 결정되지만, 일반적으로 정액급과 장려급으로 지급한다. 정액급이란 시간을 단위로 임금액을 결정하는 방식이고, 장려급은 작업량으로 결정하는 방식이다. 정액급제는 일급제,

그림 12-5 임금의 형태

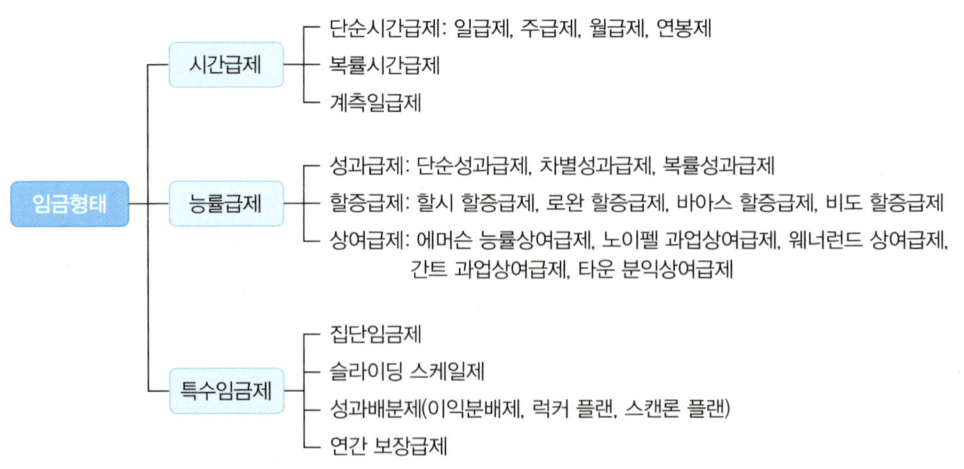

주급제, 월급제, 연봉제가 있으며, 대부분의 기업에서는 월급제를 이용한다. 월급제는 결근 및 지각을 해도 감액되지 않는 완전월급제와 결근 및 지각에 대응해서 감액되는 월급제가 있다.

완전월급제가 적용되는 것은 통상 관리직 계층이다. 이들은 잔업이라고 하는 개념이 없기 때문에 소정의 근무시간을 초과해도 수당은 지불되지 않는다. 그러나 관리직 이외의 근로자에게는 월급시급제가 적용되는 것이 보통이다. 잔업을 한다면 잔업시간에 대응해 임금이 가산되지만 지각 및 결근을 하게 되면 임금에서 차감된다. 그럼에도 불구하고 월급이라는 표현을 사용하는 것은 월 1회 지불하고, 월 단위로 금액이 결정되고, 그 금액이 변하지 않기 때문이다. 임금지불이 정액급제 또는 장려급제가 되는가는 직무내용에 따른다.

(2) 능률급제(장려급)

생산성을 향상시키기 위하여 능률급을 채택하고 있다. 장려임금으로서 테일러법은 유능한 근로자의 업적을 기준으로 모든 근로자에게 동일한 과업을 부여하고, 부여받은 과업을 달성하면 고임률을 적용하여 성과를 올리고 있다. 또 할시법은 시간을 절감하면 이에 대응해서 성과급을 지급하며, 로완법은 할시법의 변형으로 절감한 시간의 퍼센트에 대응해서 프리미엄의 지불이 변화한다. 간트법은 평균적인 근로자와 수준 이하로 생산하는 근로자들 사이에 예민한 차이를 두고 지급하며, 제일선 감독자에게 보너스를 부여하는 근거도 된다.

개개 근로자의 성과가 측정 가능하고, 개개 노동이 독립되어 있을 때에는 성과제 임금지불이 유효하다. 또한 요구하는 성과를 올렸을 때, 근로자들이 일하는 속도를 조정할 수 있는 경우에는 장려급이 유효하다. 성과에 대한 보수를 결정해 둔다면 어떤 수단으로 성과를 달성하는가는 근로자 개인의 문제이고, 경영자는 관심을 가질 필요가 없다. 근로자를 지시·감독하지 않아도 되는 것이다. 따라서 최근의 재량노동에는 장려급이 적합한 임금형태라고 할 수 있다.

그러나 복수의 근로자가 협력해서 하나의 제품을 완성하거나, 생산공정의 표준화로 작업속도가 일정하다면 시간임금을 지불하는 것이 합리적이다. 장려급제를 채택하지 않는 것은 협력해서 일을 하는 근로자가 주류를 이루기 때문이다.

또한 제도의 운영에서 개인의 노동은 측정할 수 없지만, 집단의 성과는 용이하게 측정할 수 있는 경우가 있다. 집단장려법은 개인적 장려법을 적용한 것으로, 표준 또는 할당이 설정되고 이를 초과한 생산고에 대해 프리미엄이 주어지는 방법이다.

2. 특수임금제도

(1) 집단임금제도

집단의 성과를 기초로 동일한 임금을 지급한다. 각 부문의 조화와 협동작업이 전체적인 노동급부의 가치를 높이는 결과가 된다. 이 제도에서는 근로자가 적극적으로 협력해야 한다는 것과 개인적 노력의 측정이 불가능하다는 것이다.

(2) 슬라이딩 스케일(sliding scale plan)

생계비지수에 따라 임금률도 비례해서 등락하는 제도로서, 생계비지수임금제, 순응임금제라고도 한다. 그러나 임금률은 생계비지수와 더불어 이윤이나 판매가격에 의해 결정할 수도 있어 다음과 같이 구분한다.

① 생계비 순응임금제 : 생계비지수의 변동에 대응해서 임금이 결정된다. 생활에 필요한 비용을 소비자물가지수를 기준으로 산출하고 최저생활을 유지하도록 임금이 지급된다.

② 판매가격 순응임금제 : 제품판매 가격의 변동에 따라 임금률도 변동한다.

③ 이윤순응제 : 기업의 이윤에 대응하여 임금을 결정한다.

(3) 스캔론 플랜(scanlon plan)

근로자의 참여의식을 높이기 위한 성과배분 제도이다. 매상고, 즉 생산물의 판매가치를 기본으로 하는 상여결정 방식과, 제안제도에 의한 경영참가를 내용으로 한다. 부서별 위원회의 활동을 통하여 창의적 아이디어를 제안토록 하는 집단제안제도의 운영과, 생산성 향상에 의한 경제적 이익을 노사간 협조에 의한 결과로 보고 성과를 배분하는 것이다.

(4) 럭커 플랜(rucker plan)

생산성 향상을 전제로 부가가치의 증감에 따라 임금배분액을 정하는 것이다. 생산가치, 즉 부가가치에 대한 일정한 임금총액의 비율, 임금분배율을 정해두고 이를 부가가치에 곱하여 임금총액을 결정한다.

(5) 연간 보장급제도(guaranteed annual wage plan)

일정기간 근속한 근로자에 대해 해고된 경우라도 실질임금의 일정률을 보장하는 제도이다. 노동협약에 의하며 1년간의 고용안정과 실업에 의한 소득손실을 예방하기 위한 것이다.

(6) 종업원지주제

근로자가 자사주식을 제도적으로 소유토록 하여 경영참가 의식을 고취시키고, 노사협력과 노동생산성을 증진시키며, 이익배당으로 소득을 증가시키기 위한 것이다. 1974년 종업원지주제도의 확대방안을 자본시장 종합대책의 일환으로 마련하였으며 다음과 같은 유형이 있다.

① 주식매입형 : 주식매입자금의 전액을 근로자가 부담하고 기업은 간접적인 지원, 임금에서 분할공제, 매입자금의 납입기일연장, 주식액면가액의 할인, 인수시의 비용대납 등을 제공한다.

② 저축장려형 : 주식매입자금을 매월 임금에서 일정액을 적립하게 하고 적립금에 비례해서 장려금을 교부한다.

③ 이익분배형 : 기업이익의 일부를 주식의 형태로 배분한다. 따라서 기업이 주식매입금 전부를 부담하고 근로자는 이익분배에 참여하는 형태로 주식을 인수한다.

(7) 이윤분배제도

노사협의에 의해 정규임금 이외에 협약된 기준에 따라 근로자들이 이윤분배에 참여하는 제도이다. 이윤분배제도의 요건으로서 분배금액은 기업이윤을 기준으로 하며, 분배시의 이윤비율은 사전협약에 따르고 유형은 다음과 같다.

① 일반적 이윤분배 : 기업전체의 이윤이 발생했을 때 분배한다. 부문에 따라 이윤이 발생했어도 전체적인 이윤이 없을 때는 분배가 이루어지지 않는다.

② 단위이윤분배 : 부문별 활동에서 이윤이 발생하면 참여근로자에 대해 분배한다. 전체적인 손실이 발생해도 부문별 평가에서 이윤이 발생하면 해당부문에 분배가 이루어진다.

③ 개별적 이윤분배: 개별근로자의 업적을 평가하여 이윤이 발생하면 분배한다.

또한 이윤은 다음과 같은 방법으로 지급된다.

① 현금지급법 : 이윤분배액을 현금으로 지급한다.

② 연지급법법 : 이윤분배액을 자의로 인출하는 것을 제한하는 것이다. 일정기간 예치하고 근속연수와 공헌도가 인정되었을 때 인출이 가능하도록 한다.

③ 주식분여법 : 이윤분배를 액면가의 주식으로 분여하거나, 일시 적립하였다가 일정액에 달하면 주권을 교부하는 것이다.

④ 종합법 : 현금지급과 연지급법의 결합형태로 일정액은 현금으로, 일정액은 신용기금이나 기업계정에 유보하였다가 일정기간 이후 지급한다.

06 연봉제와 임금관리의 과제

1. 연봉제

(1) 연봉제의 개념

연봉제(merit pay)는 1년 단위로 개인의 능력, 실적 및 공헌도를 평가하고, 계약에 의해 연간 임금액을 결정하는 실적 중시의 임금체계이다. 종래의 임금제도로는 경쟁력을 확보할 수 없다는 위기의식에서 도입되었다. 연봉제는 다음과 같은 의미로 통용되고 있다.

첫째, 프로선수와 같이 고용과 임금계약이 동시에 체결되고, 연봉은 지난 기간의 업무성과에 따라 결정되는 임금제도이다.

표 12-2 연봉 적용 조건 및 대상자

구분	적합한 경우	부적합한 경우
적용조건	• 자신의 의사판단에 따라 업무를 수행하는 사원 • 시간관리의 대상에서 제외되는 사원 • 업무상 역할·책임이 분명하고 실적의 파악이 가능한 사원 • 능력활용단계에 있는 사원	• 업무의 지시·명령을 받아 업무를 수행하는 사원 • 시간관리의 대상에서 제외되지 않는 사원 • 업무상 역할과 책임이 작고, 실적의 파악이 곤란한 사원 • 능력개발단계에 있는 사원
적용대상	• 관리직·전문연구직·영업직	• 일반사무직·생산기능직

둘째, 생산직 근로자는 주로 시간급을 적용하고, 관리직이나 전문직은 직무가치를 임금으로 환산한 후에 매년의 임금인상률을 전년도의 성과와 연동하여 연봉을 결정한다. 연봉계약과 고용계약은 별도로 이루어지고 특별한 사유가 없는 한 연봉은 삭감되는 않으며 전년도의 성과에 따라 인상되거나 동결된다.

셋째, 기업에 따라 차이는 있지만 별도의 임금계약이 체결되며, 기존의 연공급을 기본급으로 하고 임금의 일부가 성과급의 형태로 전년도의 성과에 연동하여 지급되는 특징이 있다. 따라서 연봉제를 적용하면서도 기존의 호봉제가 사실상 존재한다.

(2) 연봉제의 도입과 대상

연봉제는 업무상 역할과 책임의 비중이 높은 관리직과 개인별 실적이 분명한 전문직·기술직·연구직 및 영업직 근로자가 우선 적용대상이 된다. 노동시간과 작업량이 중요한 생산직이나 하위 사무직 근로자는 실시비용이 효과를 초과할 가능성이 있어 과거와 같은 임금결정이 경제적이다. 또한 입사경력이 짧은 근로자는 장기고용을 전제로 능력을 육성하는 과정에 있고, 직무의 독립성이나 중요도가 낮아 연봉제를 적용하는 것은 적합하지 않다.

연봉제는 동기유발형 임금으로 실적주의와 능력주의 문화를 고취하고, 우수한 근로자를 구분하여 무사안일주의를 타파하여 신상필벌의 원칙을 적용할 수 있다. 고액연봉의 지급으로 외부의 우수인재를 영입할 수 있으며, 인사적체로 인한 승진 이외의 동기유발요인을 제공할 수 있다. 기본급과 다양한 수당, 상여

그림 12-6 연봉 결정과정

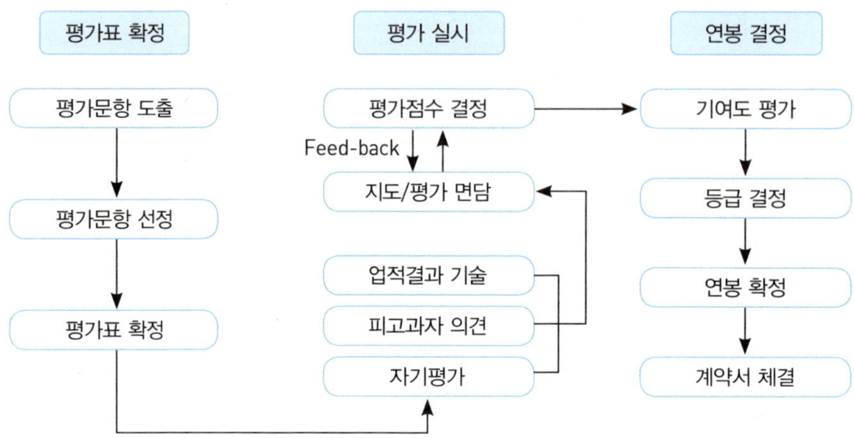

금으로 구성된 복잡한 임금체계를 단순화하고, 연공급에 의해 인건비가 과다 지급되는 현상을 해소하는 것도 연봉제 도입의 중요한 이유이다.

그러나 연봉제의 도입을 위해서는 다음과 같은 전제조건이 충족되어야 한다.

① 연봉액 산정을 위해 개인의 능력과 실적을 평가할 수 있는 객관적 시스템이 구비되어야 한다.
② 평가시스템에 의한 평가결과를 인정할 수 있는 기업문화가 조성되어야 한다.
③ 연봉계약이 1년 단위로 이루어지기 때문에 근로자의 선발과 해고가 자유로워야 한다.
④ 평가대상을 전문직이나 관리직에 제한하고 점차 그 대상을 확대해야 한다.

2. 앞으로의 임금관리

임금의 목적과 이를 구성하는 요소의 항목은 인재확보를 중심으로, 근로자의 안정을 위한 기본급, 생활보장을 위한 속인급, 인재활용을 위한 작업급(직무급, 직능급, 직종급, 성과급)이 있다. 또한 능력 및 사기향상을 위한 업적급(개인능률급, 단체업적급), 직무관련 수당(직책수당, 자격수당, 특수근무수당), 소정외 노동수당(초과근로수당, 숙일직 및 휴일근로수당), 연차유급휴가, 각종 휴가·휴업 등의 수당, 이익분배, 퇴직 후의 생활보장과 공로보상(퇴직일시금, 연금) 등 다양하다.

이러한 목적을 효율적으로 달성하기 위해서 어느 요소의 항목을 어떻게 구성할 것인지를 검토하고, 기업의 특성에 적합한 임금체계를 설계해야 한다. 임금액은 사회적 수준 이상으로 하고, 임금총액은 기업의 노동생산성(생산량 혹은 생산액을 근로자 수로 나누어 산출)과의 대비 및 지불능력을 검토하여 적정한도 내에서 정해져야 한다. 개인의 급여도 성과 및 기업에 대한 공헌도 등의 능력에 대응해서 결정해야 한다.

또한 임금제도는 근로자가 납득해야 하고, 운영에 있어서는 공정성을 유지해야 한다. 임금제도의 신뢰에 대한 문제를 해결하기 위해서는 제도의 설계 및 운영에 참여할 수 있는 기회를 제공하여 가능한 정보를 공유해야 한다.

Chapter 13

건강 및 복지관리

01 작업조건 및 복리후생

02 사회적 지원

03 모럴관리

04 스트레스와 건강관리

학습 목표

최근 교육수준의 향상과 가치관의 변화로 작업환경과 복리후생에 대한 근로자의 요구가 다양해지고 있다. 기업은 이를 충족시키기 위해서 노력하고 있다. 왜냐하면 근로자의 욕구충족에 따른 만족의 결과는 개인의 신체적·정신적 건강을 유지하고 이로 인해 동기부여할 수 있으며, 기업은 설정된 목표를 효율적으로 달성할 수 있기 때문이다. 그러나 급격한 기업환경의 변화와 근로자의 고차원적 욕구실현을 위한 영역의 확대는 이들에 대한 문제 해결을 어렵게 하고 있고, 이는 노사간 갈등을 야기하는 원인이 되고 있다. 따라서 기업과 근로자는 자신의 건강과 기업의 효율성을 도모하기 위하여 노력해야 한다.

이 장에서는 근로자의 복지와 건강유지에 초점을 둔다. 이를 위해 근로자의 작업조건과 복리후생관리, 사회적 지원과 모럴에 의한 직무만족, 그리고 직장내 스트레스와 근로자 건강 등에 대해서 고찰한다.

01 작업조건 및 복리후생

1. 작업조건 관리

(1) 작업조건 관리의 개념

작업조건이란 근로조건으로서 근로시간, 휴식시간, 휴일, 물리적·화학적 작업환경 및 여러 생산설비 등에 관한 것이다. 그리고 작업조건 관리란 ① 근로시간, 휴일, 생산시설·원재료의 조건, 작업장의 환경 및 조건 등을 적정화하여, ② 근로자의 과로, 산업재해, 질병 등을 예방하고, ③ 근로자의 신체적·정신적 건강을 유지함으로써, ④ 인적자원관리의 목적을 달성하고자 하는 기업시책이다. 또 최근에는 노동피로, 직무환경 및 조건의 쾌적화에 대한 문제가 취업을 위한 고려요인으로서, 이에 대한 계획적이며 조직적인 시책을 취업조건관리라고 한다.

이하에서는 근로시간 관리와 안전위생 관리를 고찰한다.

(2) 근로시간 관리

근로시간에 관한 법 규제나 단체협약의 규정을 전제로 한 기준내 근로시간(일, 주, 월 연간근로시간) 및 기준외 근로시간의 적정화 및 합리적 설계, 휴게 시간의 적정화 및 휴일·휴가의 효율적 관리활동을 통하여 기업의 생산성 향상과 근로자의 복지향상을 실현하기 위한 관리이다. 따라서 근로시간의 길이, 배치, 휴일, 유급휴가일수 등에 대해서 인적자원관리의 목적달성에 필요하도록 적정

표 13-1 취업조건 관리

1. 근로시간 관리	소정 근로시간, 소정외 근로시간, 휴식·휴일·휴가, 휴업·휴직(육아휴직, 비정규휴가, 간호휴직제 등의 새로운 것도 포함), 교체제, 각종 변형근로시간 등
2. 안전위생 관리	노동재해 대책, 직업병 대책
3. 직장 환경조건 관리	물리적·화학적 조건, 조명, 통풍, 색채, 온열 등
4 근로자의 생활조건 관리	여유 부족(생활시간의 부족, 주택·교통 등의 여러 가지 사정) 대책
5. 건강관리	정신적·신체적 건강

화하기 위한 시책이다. 다음은 소정 근로시간의 관리원칙이다.

① 노동능률이 향상되는 결과를 가져와야 할 것
② 노동재해 및 과도한 노동피로를 발생시키지 않아야 할 것
③ 생활에 윤택을 가져와야 할 것 등이다.

그리고 1일 8시간이 법정근로시간이라 해도 작업 및 작업장 환경의 상황에 따라서 적정한 근로시간을 결정하는 것이 근로시간 관리의 원칙이다. 1일 8시간, 주 48시간은 1919년 제1차 ILO(국제노동기구) 총회에서 채택되었으며, 그후 1935년 ILO에서 40시간의 노동조약이 채택되었다. 우리나라에서는 1953년 근로기준법 제정시 1주 48시간, 1989년 1일 8시간을 원칙으로 휴게시간을 제외하고 44시간, 2003년에는 40시간으로 개정하였으며, 노사간 합의에 따라 특정일은 12시간, 특정 주는 52시간의 한도 내에서 근로시간을 초과하여 근무할 수 있도록 규정하고 있다.

관리의 대상이 되는 근로시간은 [그림 13-1]과 같이 1년간 실제로 노동한 시간(연 총실제노동시간)은 1일당 근로시간과 연간 근로일수의 합계로써 결정된다. 전자의 하루 근로시간은 취업규칙 등으로 정한 근로시간인 소정내 근로시간과 그것을 초과한 소정외 근로시간(소위 잔업시간)으로 구성된다. 또 후자의 연간 근로일수는 1년의 일수로부터 주휴일, 유급휴가, 이 외의 휴일, 결근일수를 제외한 실제로 근로한 일수이다.

그림 13-1 근로시간의 구성

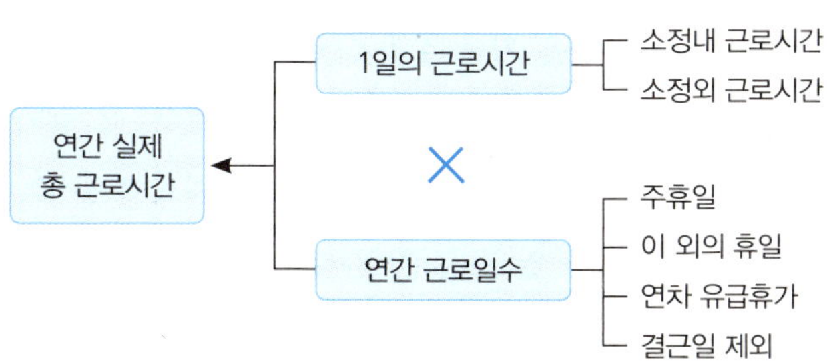

(3) 안전위생 관리

안전위생 관리는 안전관리와 보건관리의 내용을 통합한 개념으로, 근로자의 생명과 신체를 재료 및 환경에 의한 질병에서 지키기 위한 조직적 활동이다. 작업수행과 관련된 안전사고로부터 근로자를 보호함과 동시에 그들의 육체적·정신적 질병의 예방을 통해 건전한 노동력을 확보하고자 하는 관리활동으로, 작업수행의 손실방지와 기업신뢰성의 확보, 애사심 강화, 생산성 향상 등의 실현에 목적을 두고 있다.

이를 위해 근로기준법에 기초해서 노동재해 방지를 위한 기준확립, 책임주체의 명확화 및 자주적 활동의 촉진 등 종합적이고 계획적인 대책을 수립하여, 근로자의 안전과 건강을 확보하고, 쾌적한 직장환경을 조성해야 한다.

이러한 목적을 기초로 한 안전관리의 구체적인 활동은 설비의 안전위생 사전검토, 위험예지활동, 설비의 안전점검, 보호구 착용 등이고, 위생관리는 작업환경의 쾌적화, 작업환경 측정, 화학물질 관리 등이다.

2. 복리후생 관리

(1) 부가급부 서비스

일반적으로 복리후생이란 부가급부(fringe benefit)라고 한다. 기업은 임금과 같은 보수와 더불어 베네피트로 알려진 각종 서비스를 제공한다. 이러한 서비스를 부가급부라고 하지만, 이것들이 대부분 전체 보수로서 구성되어 있기 때문에 부가라고 하는 용어는 부적절하다. 그러나 보조적 베네피트(supplementary benefits)라고 하는 용어는 보수 중 이 부분에 관련해서 일반적으로 사용된다. 이들 부가급부는 법적인 규정성을 지닌 것과 그렇지 않은 것이 있다. 전자는 ① 퇴직금·국민연금 등과 같이 법적으로 청구할 수 있는 보수, ② 휴가·연월차휴가·병가·산전산후 휴가와 같이 불취업시간에 대한 수당지급을 들 수 있다. 후자는 기업마다 지급현황이 차이가 있으며, ① 식대수당·가족수당·배우자 수당 등, ② 자녀교육보험·자녀장학금·학자금융자·주택자금융자 등과 같은 각종 서비스 제도이다. 각종 교육연수금이나 체력단련비와 같은 근로자 교육프로그램도 넓은 의미로 여기에 속한다.

이반세비치(J.M. Ivancevich)는 간접적인 금전적 급여(indirect financial compensation)를 부가급부와 서비스라고 하였다. 이것은 임금과는 차이가 있으며 사용자에 의해 제공되는 모든 보수(rewards)와 서비스로 다음과 같이 분류하고 있다. ① 법적으로 요구되는 사회보장 지급, 개인보험, 퇴직계획, 불취업시간에 대한 지불, ② 업적에 기초한 특별급부(bonuses)와는 다른 임시적 현금지급, 보조금 지급, 의복 제공 등이다. 따라서 업적에 따른 임금이나 인센티브와는 다르고 근로자가 기업에 고용되어 있는 한 부가급부와 서비스는 이용 가능하다.

이러한 부가급부의 내용은 시대에 따라 변화해 왔으며, 최근에는 total compensation package로 임금도 포함한 생애종합복지의 형태를 보이고 있다.

(2) 복리후생의 개념

복리후생제도는 기업이 근로자와 가족을 대상으로 경제적 안정과 사회적 생활의 개선을 도모함으로써, 노동력 확보 및 유지, 노동능률의 향상, 원활한 노사관계를 촉진하기 위하여, 임의로 또는 노동협약 및 법률에 의하여 비용 등을 부담하여 실시하는 금전, 현물, 시설 및 서비스급여를 포함하는 시책이나 활동이다. 이러한 시책은 근로자의 노동생활이나 건강·위생의 유지에 관련하는 시책으로부터, 가족의 일상생활을 풍요롭게 하는 시책까지 매우 광범위하다.

인적자원관리는 일정한 노동질서를 형성·유지하고, 노동의 인간화를 도모하면서 근로자의 노동능률을 향상시키는 것이다. 인적자원관리의 체계 속에서 복리후생관리의 식섭효과는 경제적 복지의 충족에 의한 노동의욕의 향상이다.

또 복리후생은 근로자와 가족을 대상으로 기업이 주체가 되어 노동력의 확보, 안전, 기업과의 일체감, 모럴(morale) 및 노동능률 향상을 위하여 이루어지는 생활복지 향상정책의 총체이다. [그림 13-2]에 의하면 복리후생관리는 인적자원관리 시스템을 구성하는 다른 시스템들과 상호 밀접하게 관련되어 있다.

따라서 복리후생관리는 근로자의 호의적인 태도를 조성하여 인적자원관리의 목적인 생산성 향상에 기여하는 것이다.

그림 13-2 복리후생 관리의 체계

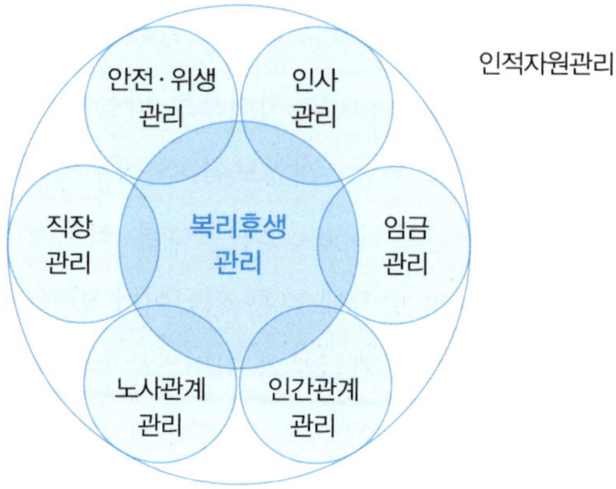

(3) 복리후생의 내용

복리후생이란 기업이 근로자와 가족의 생활수준을 향상시켜 근무의 효율성을 높이고자 임금 이외에 제공하는 다양한 복지정책으로, 법정복리후생제도와 법정외 복리후생제도가 있다. 여기에 기업복지의 개념이 도입되고 있으며, 나아가 최근 노동시장의 변화와 근로자 의식의 변화에 대응하기 위하여 생애종합복지의 사고가 제시되고 있다.

따라서 노동비용의 항목 중에는 현금급여 이외에 법정복리비와 법정외 복리비가 포함되어 있다. 법정복리비란 법률에 의한 사회·노동보험과 관련된 비용이다. 법정외 복리비는 기업의 비용부담능력 및 기업의 필요성과 노사교섭에 의한 생활복지적인 것으로, 기업의 실정에 대응해서 도입·실시되는 임의의 복지정책에 대한 비용이다. 또한 노동복지정책의 주체로서 정부, 기업, 노동조합이 있다. 정부주체의 노동복지를 법정복리, 기업 및 조합주체의 노동복지를 법정외 복리라고 한다. 그러나 인적자원관리와 관련하여 대상이 되는 것은 기업주체의 복리시책으로 그 내용은 〈표 13-2〉와 같다.

① 법정복리후생제도 : 국가의 사회보장정책의 일환으로 기업이 시행할 것을 법률로 강제하고 있는 시책이다. 건강보험, 산업재해보상보험, 연금보험, 고용보

표 13-2 기업내 복리후생

주택	주택 융자, 분양, 이자지원
생활원조	식당, 카페테리아, 사내판매, 통근버스, 주차장, 탁아소, 교육원조, 장학금, 건강, 퇴직 카운슬링, 고령자, 부양가족
의료·보험	민간건강보험, 병원, 진료소, 체력증강시설
경조, 공제, 보험	장기근속 기념품, 단체생명보험
문화, 체육, 레크레이션	레크레이션 시설, 문화제, 도서관, 강습회, 사내보
재산형성제도	종업원지주제도, 이윤배분제도, 사내예금제도, 기업연금
사회보장 관련, 그 외	실업보험 부가급부, 재해보험 부가급부, 장기장애보험

험, 퇴직금제도, 유급휴일·휴가제도 등에 대한 보험료 혹은 거출금 등으로서 전부 혹은 일부를 부담하는 것이다.

② 법정외 복리후생제도 : 국가가 법률로 강제하지 않고 기업이 자발적으로 실시하는 시책이다. 주거지원제도, 생활지원제도, 금융·공제 및 재산형성지원제도, 의료·보건 지원제도, 문화·체육·레크리에이션제도 등에 대한 비용의 전부 혹은 일부를 부담하는 것이다.

(4) 복리후생제도의 변화

복리후생제도의 역할이 다음과 같이 변화하고 있다.

첫째, 근로자의 자율성을 고려하여 직무와 가정생활을 지원하도록 하는 것이다. 과거 복리후생제도는 경영자의 자혜적 행동으로 근로자에 대한 생활지원과 공적기관의 사회보장제도의 부족한 부분을 대체하는 역할을 하였다. 따라서 안정적인 노동력 확보와 노동능률 향상을 도모한 것이다. 그러나 근로자 모두에게 일률적이며 공정하게 직무와 가정생활을 지원하는 것은 기업에게 경제적인 부담이다. 또한 다양한 고용·취업형태, 육아나 가족의 간병에 대한 대응으로도 어려움이 있다. 따라서 기업은 근로자가 원하는 것을 지원하는 역할을 복리후생제도에 반영하고 있다.

둘째, 적절한 복리후생 시책을 기업과 근로자가 상호 모색하는 것이다. 복리후생비나 관련 시설을 기업이 보유하는 것은 상당한 부담이다. 또한, 획일적으로 제공되는 시책에서는 근로자의 선택여지가 없으며, 이에 대한 효과도 기대할 수 없다. 기업은 규모나 노사관계에 따라 시책의 내용에 차이가 있다. 따라서 기업에게는 경제적 부담을 덜어주고, 근로자에게는 선택의 자유도를 주는 시책이 보급되고 있다.

이상과 같이 기업은 복리후생제도에 있어서 근로자의 자율성을 고려해서 직무와 가정생활을 지원하고, 기업과 근로자가 최선의 범위 내에서 시책선택의 자유도를 향상시키려 할 것이며, 카페테리아 복리후생제도가 대표적인 것이다.

(5) 카페테리아 복리후생제도

복리후생에 대한 시책을 획일적으로 제공하는 것이 아니라 개인의 취향에 따라 자유롭게 선택하도록 하며, 1인당 예산액을 사전에 결정하여 예산을 효율적으로 활용하기 위한 제도이다. 이 제도의 목적은, ① 복리후생비의 증가를 억제하고 관리가 용이하다. 근로자에게 지급하는 포인트(일정금액과 가치)에 의해 복리후생비의 총액을 결정하고, 포인트가 증가하지 않으면 총액도 증가하지 않는다. ② 다양한 욕구를 충족시킬 수 있는 새로운 복리후생을 제공하고 자발적으로 선택하기 때문에 시대에 맞지 않는 것은 도태시킬 수 있다. ③ 기업의 이념과 방침을 반영할 수 있다. 자율적으로 제도를 설계할 수 있어 기업이 추구하는 이념이나 메시지를 반영할 수 있다.

이 제도는 근로자가 자유롭게 선택할 수 없는 항목과 자율적으로 선택 가능한 항목으로 구성되어 있다. 전자는 법정복리후생제도와 많은 비용이 소요되는 주택구입과 같은 것이다. 후자는 건강과 간호보조, 육아보조, 법정외 휴가, 자기계발, 각종 상담과 관련된다. 따라서 카페테리아 복리후생제도는 기업이 이러한 메뉴를 제공하고, 그들은 제공받은 포인트의 정도에 따라 자유롭게 선택하는 것이다.

사회적 지원 02

1. 사회적 지원의 기초

(1) 사회적 지원의 개념

하우스 등(J.S. House and J.A. Wells)은 사람들과 상호작용이 빈번하고 긍정적 감정을 갖고 있거나, 특히 필요할 때 정서적 혹은 물질적 도움을 받을 수 있는 대인관계를 갖고 있다면 사회적 지원을 받고 있다고 하였다. 따라서 사회적 지원(social support)이란 정보 및 자원의 교환, 신뢰할 수 있는 사람과의 상호작용 그리고 사회적 욕구의 충족에 초점을 두고 곤란하거나 어려운 일에 직면할 때 지지해 주는 사람이 있는가 하는 것이다.

(2) 사회적 지원의 내용과 효과

사회적 지원은 제공자와의 네트워크, 지원의 내용 그리고 지원의 효과라고 하는 세 가지의 영역으로 분류할 수 있다.

1) 네트워크

제공자와의 네트워크는 어려움에 누가 도움을 주고, 도와 줄 것 같은가이다. 이것은 사람과 환경의 복잡한 상호작용에 관한 것이며 일반적으로 배우자, 동료, 상사, 친구, 친척 등이다.

2) 지원내용

사회적 지원은 다양하게 형성되지만 하우스의 견해에 따라 분류한다.

① 정서적 지원(emotional support) : 감정적 지원으로 즐거움이나 슬픔을 공유하는 것이다. 공감 및 사랑, 신뢰, 염려·걱정 등과 관계한다.

② 도구적 지원(instrumental support) : 물질적 지원으로 실질적인 도움을 주는 것이다. 노력의 제공, 금전적 원조, 시간적 할애, 협력적 문제해결 등과 관계한다.

③ 정보적 지원(informational support) : 인적·환경적 문제에 대처하기 위한 것이다. 정보의 제공, 조언, 제안, 지시 등과 관계한다.

④ 평가적 지원(appraisal support) : 승인적 지원으로 자신의 행동에 대한 긍정적 평가, 피드백, 사회적 비교 등과 관계한다.

3) 사회적 지원의 효과

사회적 지원은 근로자의 신체 및 정신적 건강, 직무만족 등에 직접적으로 관계하며, 웰빙에 대한 직접적 효과와 간접적 효과가 있다. 또 스트레스 대처의 수단으로서 높은 평가를 받고 있으며, 특히 직무만족 및 정신건강 사이의 완충효과가 인정되고 있다.

2. 사회적 지원과 인적자원관리

직무스트레스와 사회적 지원은 높은 상관관계를 나타낸다. 또한 사회적 지원과 상사와의 관계도 상관관계가 높기 때문에 부하의 정신건강에 영향을 미친다. 이것은 정신건강상의 문제로 상사가 직무스트레스의 원천이어서는 안된다. 따라서 제도적 지원을 통해 OJT를 활성화하고, 정보적 지원을 통해 부하를 육성하고, 평가적 지원을 통해 자존적 욕구를 충족시키고, 더불어 직무수행 과정에서 성장의 욕구를 인식하도록 해야 한다.

이와 같이 사회적 지원은 첫째, 상사와 부하의 관계 속에서 인재육성적 측면으로 접근하는 것이 필요하다. 이와 관련된 제도로서 멘토링(mentoring)은 경력발달 과정에서 중요한 역할을 한다. 결국 사회적 지원은 단순히 사람을 도와주고, 정신건강을 유지하고, 웰빙을 달성하는 것만은 아니다. 인재육성 및 경력상승에 대한 동기부여의 문제로 다루어야 한다. 이를 위해 중요한 위치에 있는 것이 상사 및 선배이다.

둘째, 사회적 지원은 쾌적한 직장환경 조성의 측면으로 접근할 필요가 있다. 안전위생적 측면만이 아니고 물리적·인간관계적 그리고 정신적으로도 쾌적한 것이어야 한다.

셋째, 인적자원관리의 관점을 확대하여 사회적 지원을 통해 비직무생활의 충실을 가능하게 하는 방안을 고려할 필요가 있다. 사회적 지원의 직무생활 이외의 인간관계에 대한 역할은 크다. 직무만족감과 생활만족감은 같은 수준에서 다루어져야 한다.

모럴관리 03

1. 모럴의 개념

(1) 집단적 측면

모럴(moral)이란 집단의 단결 또는 집단정신을 의미하며, 특정 집단의 모럴의 수준은 다음과 같은 지표에 의해 판별된다.

① 외부로부터의 압력에 의한 단결 또는 내부의 응집력에 의해 단결하는 정도
② 동료간 갈등의 정도
③ 내부갈등을 적절히 처리하고, 인간관계를 재조정하여 환경변화에 적응하려는 집단의 능력수준
④ 구성원 간의 실질적인 커뮤니케이션의 정도
⑤ 공통의 목표를 달성하기 위한 구성원의 협력수준
⑥ 집단의 목적 및 리더십을 적극적으로 지지하는 정도
⑦ 집단의 가치를 적극적으로 추구하고 조직에 남고자 하는 의지의 정도

또한, 이러한 지표에 의해 판별되는 집단의 모럴은 다음과 같은 요인에 의해 결정된다.

① 집단에 적극적인 목표가 있는 것
② 구성원의 다양한 욕구, 즉 참여, 자기표현, 인정감 등에 만족하는 것
③ 집단으로서 적절한 욕구수준과 실적을 갖고 있는 것
④ 미래에 대한 비전을 공유하는 것
⑤ 각종 희생 및 이익이 모두에게 공평하게 분배되어 있는 것
⑥ 구성원 간에 단결 및 귀속의 감정이 있는 것
⑦ 구성원 간에 우리라고 하는 감정이 높은 것
⑧ 집단에의 일체감을 높이기 위한 수단, 그룹의 명칭, 특징, 양식, 유니폼, 깃발 등을 갖고 있는 것

(2) 개인적 측면

모럴은 개인의 상태, 특히 자신이 속한 집단 및 조직으로부터 지각하는 종합적인 만족도를 의미한다. 이것은 모럴의 전통적 개념으로서 직무만족도를 규정하는 요인으로 간주되고 있다. 콘하우저 등(A. Kornhauser and A. Sharp)은 신경증적 경향은 직무만족에 부정적이며, 긴장감이 높은 직장일수록 이러한 현상은 높다고 하였다. 또한 원활한 직무수행의 상황에서는 정서적 안정과 불안한 사람의 직무만족에 대한 차이는 나타나지 않았다. 그러나 상황이 곤란하게 되면 정서적으로 불안한 사람의 부정적 조직행동은 증가하였다.

2. 모럴의 차원

① 조직과의 일체감 : 기업에 대한 자부심과 관심을 통해 형성된다. 자신은 모든 면에서 빈틈없는 조직의 일원이라는 감정과 관계된다. 이러한 감정은 조직내 모든 의사소통이 원활하게 이루어진다고 생각할 때 높아지는 경향이 있다.

② 직무만족 : 자신의 직무수행 과정에서 지각하는 개인적 성장 및 승진에 따른 내적 만족감이다.

③ 감독 스타일 : 상사와 부하 간의 인간관계 및 상사의 관리방법에 대한 만족감이다.

④ 동료와의 친밀감과 협력 : 동료와 협력해서 직무를 수행하는 과정에서 지각하는 감정으로, 직무상 대인관계의 좋고 나쁨을 반영한다.

⑤ 개인적 보수 : 임금과 복리후생제도에 대한 만족감으로 물질적인 것만은 아니다. 중요한 직무수행에 대한 자부심, 직무를 통한 지식습득과 승진에 대한 기대감 등이 포함된다.

또한 캐츠(D. Katz) 등은 모럴의 차원으로 감독자에 대한 만족, 직무 자체에 대한 만족, 회사에 대한 만족, 승진기회에 대한 만족 등을 제시하고 있다.

스트레스와 건강관리 04

1. 스트레스의 개념

(1) 스트레스와 스트레서

스트레스(stress)는 외부로부터 힘이 가해질 때에 발생하는 물체의 변형을 의미하며, 이를 생체에 적용한 것이 생물학적 스트레스이다. 생체에 자극이 가해지고 그때에 발생하는 변형이 스트레스라고 한다면, 스트레스는 자극과 그 결과 발생하는 변화로 분류해서 접근해야 한다. 전자의 자극요인을 스트레서(stressor: 스트레스의 원인)라고 하고, 후자의 생체반응이 스트레스이다.

(2) 유스트레스와 디스트레스

유스트레스(eustress)는 최고의 쾌락과 즐거움을 지각할 때 나타나는 스트레스로 건강에 유익한 스트레스이다. 반면에 디스트레스(distress)는 불안하거나 불쾌한 상황에서 지각하는 스트레스로 건강에 유해한 스트레스이다. 따라서 스트레스는 자극에 대한 생체의 반응이기 때문에 그 변형에는 생체에 유해한 것만이 아니고 유익한 것도 있다.

2. 스트레서와 스트레스 반응

(1) 스트레서

물리·화학적, 생물학적, 사회·심리적 스트레서로 분류된다. 여기에서는 사회·심리적 스트레서를 중심으로 분류한다.

① 인간관계의 문제 : 가족관계, 상사와 부하 관계 등

② 역할상의 문제 : 역할모호성과 역할갈등, 능력과 직무역할의 불균형 등

③ 다양한 욕구의 저해 : 식욕·성욕, 지배욕·권력욕의 저해 등

④ 환경의 문제 : 소음, 주거환경, 테크노 스트레서 등

사회·심리적 스트레서는 객관적 지표가 없기 때문에 측정이 어렵다. 일반적

으로 자기보고에 의해 이루어지는데, 면접법과 다양한 스트레서 검사를 병용한다.

면접법으로는 먼저 스트레서 검사를 통해 클라이언트(client)의 스트레서를 파악하고, 클라이언트에게 스트레서를 부하시켜(스트레서의 내용을 이미지로 상기시키기도 한다), 이때의 반응으로 스트레서의 강도를 측정한다.

검사법으로는 홈스와 레이(T.H. Holmes and R.H. Rahe)의 사회적 재적응 평가척도(SRRS)가 있다(〈표 13-3〉 참조). 이것은 일상생활에서 발생할 수 있는 사건을 제시하고, 이들 사건에 대한 임팩트의 강도를 점수화하였다. 수검자에게

표 13-3 사회적 재적응 평가척도(SRRS)

생활상의 사건	점수	생활상의 사건	점수
배우자 사망	100	자식의 자립	29
이혼	73	배우자 가족과의 불화	29
배우자와 별거	65	개인적 업적	28
형무소 복역	63	배우자의 취업·이직	26
근친자 사망	63	자식의 입학·졸업	26
외상·질병	53	생활환경의 변화	25
결혼	50	습관의 변화	24
실업	47	상사와의 불화	23
배우자에 대한 복종	45	노동시간·조건 변화	20
퇴직	45	이사	20
가족의 건강상의 변화	44	전교	20
임신	40	레크레이션의 변화	19
성생활 문제	39	종교생활의 변화	19
가족의 증가	39	사회적 활동의 변화	18
직무상의 변화	39	1만달러 이하의 차금	17
가계상의 변화	38	수면습관의 변화	16
친우 사망	37	동거 가족수의 변화	15
전직	36	식습관의 변화	15
부부싸움 횟수의 변화	35	휴가	13
1만달러 이상의 차금	31	크리스마스 축제	12
저당권 상실	30	가벼운 위법행위	11
직무책임상의 변화	29		

자료 : T.H. Holmes and R.H. Rahe, "The Social Readjustment Rating Scale," *Journal of Psychosomatic Research*, 1967, pp. 213~218.

과거 1년 동안에 체험했던 사건을 체크하도록 하여, 체크된 항목의 합계를 구하고 이것을 기초로 스트레서의 수준을 측정한다. 항목의 합계가 300점을 초과하면 80%, 200~299점이면 50% 정도가 스트레스로 인해 질병이 발병한다고 보고하고 있다.

(2) 스트레스 반응

스트레서는 자율신경계, 내분비계, 면역계에 영향을 미친다. 이러한 영향에 대해서 인간이 항상성을 유지한다면 건강한 상태이다. 그러나 이러한 영향이 강하고 장기화하면 인간은 항상성의 유지가 곤란하게 되고 다양한 반응(스트레스의 결과)이 나타난다. 스트레스에 대한 반응은 다음과 같이 분류할 수 있다.

1) 신체적 반응

스트레스로 인해 신체적으로 나타나는 일반적인 반응은 질환이다. 기관지 천식, 소화성 궤양, 관절류머티스, 고혈압, 신경성 위장병, 갑상선기능항진증, 궤양성 대장염 등이 대표적이다.

2) 심리적 반응

스트레스로 인한 심리반응의 대표적인 것이 신경증이다. 신경증은 정신장애의 형태로 증상으로는 억압감정, 희망 및 자신감의 상실, 흥미·감정·의욕상실, 사고(思考)의 정체, 불안, 집착감 등이다.

3) 행동적 반응

스트레스에 의한 행동적 반응은 회피와 발산반응이 있다. 회피반응은 스트레스를 회피하려는 단기적 행동으로 거부, 약물 및 음주, 자살 등의 자기파괴 행동과 도피행동이다. 발산반응은 축적된 스트레스로 인한 에너지의 방출로서 돌발적 범죄, 폭력 및 강박행동 등이다.

3. 스트레스 조절요인

스트레서와 스트레스 반응과의 관계를 조절하는 요인으로, 퍼스낼리티, 감수성, 스트레스에 대한 내성, 사회적 지원, 대처행동, 통제위치에 대한 신념 등이다.

① 스트레스 내성 : 내성이란 스트레스를 견딜 수 있는 수준을 나타내는 것이다. 스트레스 내성에 영향을 미치는 요인으로 퍼스낼리티가 있으며, 그 특성에 따라 A형과 B형으로 구분한다. A형 퍼스낼리티는 경쟁심이 강하고, 적극적으로 행동하고, 야심적이고, 열성적으로 일하며, 시간에 쫓긴다는 특징을 갖는다. A형집단이 B형집단에 비해 스트레스로 인한 질병발생이 높게 나타났다.
또한, 지적 수준도 스트레스 내성과 관계가 있다. 지적 수준의 저하는 스트레스에 적절한 대처를 할 수 없고, 정신증상 및 신체질환을 발생시키기 쉽다. 자아기능, 특히 현실직시능력, 방어기제, 자아동일성도 관계가 있다.

② 스트레스 대처행동 : 대처는 내·외적 자원을 이용해서 스트레스에 적응하는 것으로, 문제해결 중심과 정동(靜動) 중심이 있다. 전자는 스트레스에 대한 타개책을 검토하거나, 환경과 자기의 관계를 변화시켜 대처하는 행동양식이다. 후자는 회피·합리화·부인이라는 방어적 재평가에 의해 스트레스에 대한 지각을 변화시키려는 행동이다.

③ 사회적 지원 : 사회적 지원의 주효과와 완화효과가 있다. 주효과는 개인적 고난, 역경, 고통 등을 직접적으로 완화시키거나(스트레스 반응에 대한 주효과), 스트레서의 발생을 방어하거나 약화시키는(스트레서에 대한 주효과) 것이다. 완화효과는 스트레스 반응에 대한 스트레서의 영향을 완화시키는 것이다.

4. 스트레스 관리

(1) 직장내 스트레스 모델

스트레스와 정신건강의 관계를 인과적으로 취급한 것이 스트레스 모델이다. 직장내 스트레서가 개인에게 작용해서 다양한 반응을 일으키지만, 이들의 관계를 조절요인이 영향을 미치는 것이다. 직장내 스트레서는 만성스트레서와 급성스트레서로 분류할 수 있다. 만성스트레서는 모든 근로자가 경험하는 직무의 질 및 양, 인간관계, 물리적 작업조건 등이며, 급성스트레서는 사고, 인사이동 등 직장에서 급격한 환경변화를 수반하는 것이다.

그림 13-3 직장에 있어서 스트레스 모델

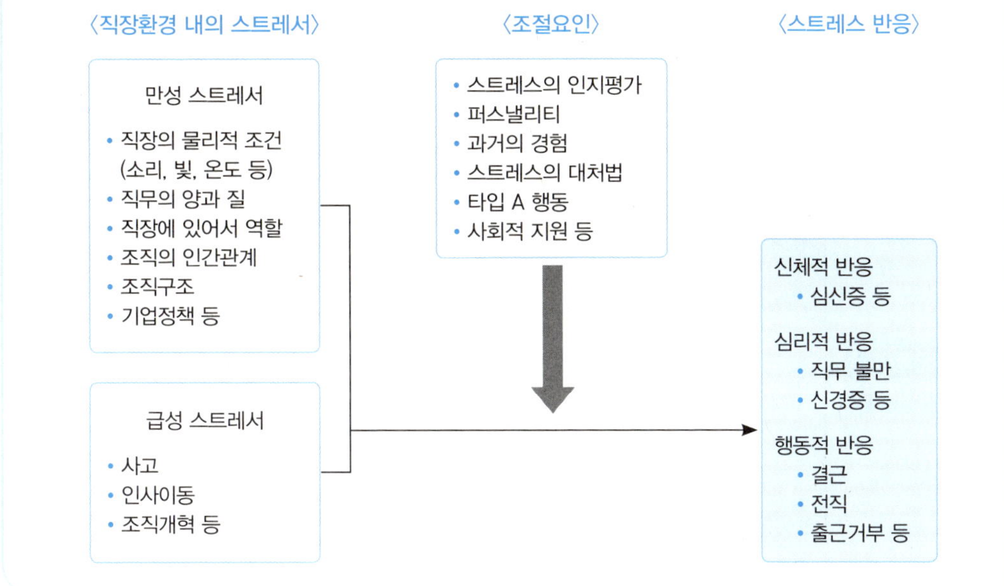

이러한 스트레서는 근로자의 태도로서 직무불만족, 동기부여의 저하, 행동으로서 태업, 결근, 이직 등으로 나타나며, 이러한 반응이 악화되면 질병으로 발전한다.

(2) 정신건강 평가

관리를 위해 먼저 정신건강 상태를 파악해야 한다. 정신건강 평가는 개인과 집단을 대상으로 한다. 개인은 정신위생 상담사에게 임상심리검사를 시행하는 것이고, 집단은 전체를 대상으로 하며 정신건강 시책을 위한 자료를 얻기 위한 것이다. 정신위생 상담에는 심리검사, 성격검사, 지능검사, 적성검사 등이 이용된다.

(3) 정신건강 지원시스템

기업은 정신건강 저해요인의 발견과 대책, 정신건강에 불안함을 나타내는 근로자의 치료 및 지도, 정신건강 예방대책 등을 수립해야 한다. [그림 13-4]는 정신건강을 지원하는 시스템으로, 기업에는 관리감독자 및 공식시스템, 서클

그림 13-4 근로자 지원시스템

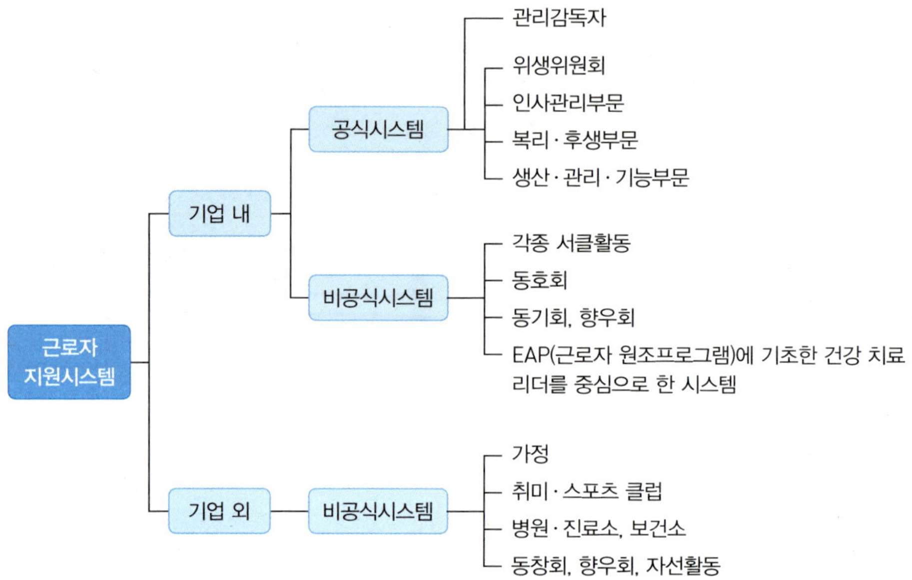

활동과 같은 비공식 시스템이 있다. 또한 기업 외에는 가정, 동창회 등의 비공식 시스템이 있다. 이것들이 정신건강 지원시스템으로서 종합적이고 보완적으로 기능하여 근로자의 정신건강을 지원하고 있다.

Chapter 14

커뮤니케이션과 동기부여

01 커뮤니케이션

02 직무에 대한 동기부여

03 상벌관리

학습 목표

인간은 조직에서 태어나고 생활을 영위하며, 타인과 상호작용하면서 개인과 조직의 목표를 추구한다. 이러한 상호작용을 원활히 함으로써 목표를 효율적으로 달성하고자 하는 것이 커뮤니케이션이다. 따라서 효과적인 커뮤니케이션은 개인과 조직의 성과에 영향을 미치는 중요한 요인이다.

또한, 인간은 일정한 행동능력을 가지고 있다 하더라도 적절한 동기가 부여되지 않으면 이를 충분히 발휘하려 하지 않을 것이다. 그러나 개인은 동기부여요인에 있어 차이가 있기 때문에 이를 분석하고 적절한 동기를 부여하여 자신의 능력을 발휘하고 조직의 성과를 높일 수 있도록 해야 한다.

이 장에서는 조직내 커뮤니케이션 과정과 유형을 파악하고, 조직성과를 높이기 위한 동기부여 기법과 만족의 관계를 고찰한다. 더불어 조직의 질서를 유지하고 개인의 행동변화를 유도할 수 있는 상벌제도에 대해서도 살펴본다.

01 커뮤니케이션

1. 커뮤니케이션의 개념

(1) 커뮤니케이션의 개념

버나드(C. Barnard)는 조직이란 두 명 이상의 구성원에 의한, 조직적으로 조정된 여러 활동이라고 하면서, 조직이 성립하고 존속하기 위해서는 공통의 목적, 공헌의욕, 커뮤니케이션이 필요하다고 하였다. 공통의 목적을 공유하고 기여의욕을 높이기 위해서는 구성원들의 활동을 조정·통합하는 수단으로서 커뮤니케이션이 필수적이다. 커뮤니케이션의 결여는 대인간 갈등을 야기시키고, 집단 및 조직이 적절히 기능할 수 없기 때문이다. 따라서 커뮤니케이션은 개인, 부문 및 조직 간 정보전달 과정으로, 조직 내 개인활동이 효과적으로 이루어지려면 원활한 커뮤니케이션이 필요하다.

관리과정론의 관점에서 커뮤니케이션은 사람들이 상징적인 메시지의 전달을 통해서 그 의미를 공유하는 과정이라고 할 수 있다. 이 개념에는 다음과 같은 내용을 포함한다.

① 커뮤니케이션을 이해하면 사람들이 상호 어떻게 관계하는지를 알 수 있다.
② 커뮤니케이션은 공유의 의미를 포함한다. 정보를 공유하기 위해서는 사용되는 용어의 정의에 합의가 이루어져야 한다.
③ 커뮤니케이션은 상징적(symbolic)인 것으로, 제스처, 소리, 문자 및 언어는 자신의 의도를 전달하기 위해 사용되는 표현수단이다.

(2) 커뮤니케이션의 중요성

커뮤니케이션이란 복수의 주체가 언어를 비롯하여 상징이나 기호 등을 통해 정보교환을 하는 프로세스이다. 따라서 정보나 의사의 전달에 의해 서로를 이해하고, 동의하에 합의나 행동이 이루어지는 것이다.

또한 조직에서의 인간행동도 커뮤니케이션을 매개로 이루어지기 때문에, 조직구조, 개인의 행동, 의사결정, 동기부여에도 영향을 미친다. 따라서 효과적인 커뮤니케이션은 조직목표 달성에 효과적이며, 다음과 같은 역할을 수행한다.

① 조직에는 규범 및 권한계층이 있다. 이것은 커뮤니케이션을 통해 조직구성원에게 전달되고 이들의 행동을 조정한다.

② 업무효율성을 위해 개인이 무엇을 어떻게 해야 하는지를 명확히 한다.

③ 자신의 의사를 표현하고 욕구충족이 가능하게 한다.

④ 정확한 정보의 전달로 효율적 의사결정이 가능하다.

⑤ 개인과 집단의 조직활동이 가능하다.

⑥ 효율적인 리더십 발휘가 가능하다.

2. 커뮤니케이션 프로세스

커뮤니케이션 프로세스의 구성요소는 다음 [그림 14-1]과 같다.

그림 14-1 커뮤니케이션 과정의 기본요소

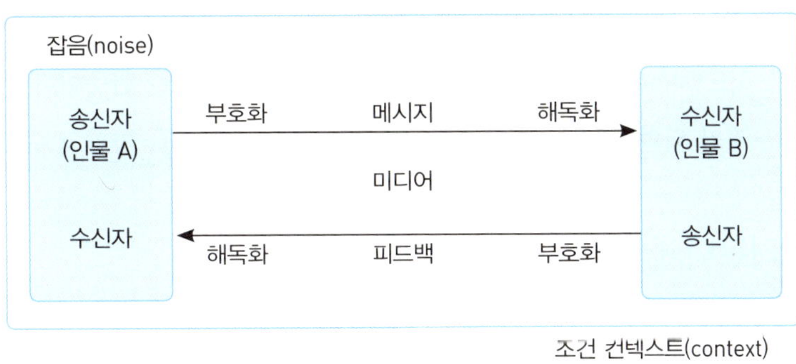

① 송신자(sender) : 메시지의 창시자이다. 메시지는 질문, 회의, 인터뷰, 문제인식 또는 리포트와 같은 외적 자극에 반응해서 시작된다. 자극은 송신자가 의사소통을 통해 공통의 목표달성을 위한 의욕 및 소망을 개인이나 집단에게 유발하도록 한다.

② 부호화(encoding) : 메시지의 교환이 이루어지기 전에 송신자가 의도된 의미를 언어 및 제스처로 전환하는 것이다. 언어 및 제스처의 선택은 송신자의 부

호화의 능력, 수신자의 이해능력에 따라 이루어져야 한다. 또한 과거의 경험, 직무상황, 교육수준 그리고 커뮤니케이션 당시의 정서적 상태 등을 고려해야 한다.

③ 메시지(message) : 부호화의 결과는 수신자에게 의미를 전달하기 위한 언어적(구두 및 문서) 또는 비언어적 심벌로 구성되는 메시지가 된다. 매체(medium)는 수신자에게 메시지를 전달하기 위해 사용되는 방법으로, 수신자의 능력을 고려하여 적절한 매체를 선택해야 한다.

④ 수신자(receiver) : 메시지를 교환하는 사람이다. 수신자는 한 사람일 수도 있지만, 모두를 대상으로 한 다수일 수도 있다.

⑤ 해독화(decoding) : 수신된 메시지에 대한 해석 과정이다. 커뮤니케이션이 효과적이라면 송신자의 의도를 수신자가 정확하게 해석하는 것이다. 송신자의 의도대로 메시지가 해석되지 않으면 오해가 발생할 수 있다.

⑥ 잡음(noise) : 메시지를 전달하는 데에 방해가 되는 요인이다. 예로서 송신자의 부호화시의 방해물, 메시지의 전송과정에서의 음파장해, 수신자의 해독화시의 피로 등이 있다.

⑦ 피드백(feed back) : 수신자의 해석된 메시지에 대한 반응이다. 수신자가 송신자가 되며, 피드백에 의해 커뮤니케이션의 효율성을 평가할 수 있다.

3. 커뮤니케이션의 양식

(1) 커뮤니케이션의 유형

1) 공식적 커뮤니케이션(official communication)

권한, 책임, 의무가 부여된 커뮤니케이션으로 공식적 조직구조를 기반으로 한다.

① 하향적 커뮤니케이션(downward) : 상위자로부터 하위자로 전달되는 것으로 관리적 또는 상의하향적 커뮤니케이션이라고도 한다. 명확성, 적합성, 일관성 및 적시성이 요구되며 명령계통, 포스터, 게시판, 사내보, 사내방송, 이메일 등이 있다. 정보가 체계적으로 전달되면 업무처리에 효율적이지만, 조직계층

이 길고 규모가 클수록 정확성은 감소한다.

② 상향적 커뮤니케이션(upward) : 하위자로부터 상위자로 전달되는 것으로 의견, 불평 및 불만 등을 전달하기 때문에 욕구충족은 및 동기부여의 수단이 되기도 한다. 명령계통에 따른 보고, 고충처리, 제안함, 집단토론, 상담 및 사기조사 등이 있다. 그러나 하위자가 자신에게 불리한 정보는 삭제하거나 축소할 가능성이 있으며, 상위자의 신뢰 여부에 따라 커뮤니케이션 효율성은 왜곡될 수 있다.

③ 수평적 커뮤니케이션(horizontal) : 부서와 부서 사이에서 이루어지는 것으로 심의, 토의, 회의, 회람 등의 형식으로 이루어진다. 동일부서 구성원들은 유사한 준거 틀을 가지고 있기 때문에 정보전달에 대한 정확성이 높다. 그러나 자신이 속한 부서의 이익을 우선하기 때문에 정보전달에 소극적이거나 왜곡할 가능성이 있다.

2) 비공식적 커뮤니케이션(grapevine)

비공식적으로 정보가 전달되는 것으로 소문 또는 풍문이라고도 한다. 정보의 내용이 자신과 직접 관련되고 중요한 문제, 불안감을 갖게 할 소지가 있는 문제, 정확하지 않은 애매한 문제일 때에 높은 관심을 갖는다. 정보의 확산속도가 신속하여 정보의 통제가 어렵고, 정보의 출처와 흐름의 방향이 없기 때문에 책임소재를 밝히기 어렵다. 그러나 구성원들에게 신속한 반응을 요하는 정보는 이를 통해 전달하는 것이 효과적일 수 있다.

3) 언어적 커뮤니케이션(verbal communication)

① 구두 커뮤니케이션(oral) : 언어를 통한 직접적 의사전달 방식으로 효율성과 즉시성이 있다. 그러나 중요한 메시지의 경우 수신자가 소홀히 처리할 가능성이 있으며 책임소재가 어렵다는 문제가 있다.

② 문서 커뮤니케이션(write) : 메시지 내용의 기록이 요구되는 경우에 이용된다. 그러나 개인에게 불미스러운 내용의 메시지라면 기록에 남는다는 문제가 있다.

4) 비언어적 커뮤니케이션(non verbal communication)

행동이나 표현으로 정보를 전달하는 것으로서 바디 랭기지(body language)라고도 한다. 표현방식에 따라 그리고 문화나 친숙도 등에 따라 오해가 발생할 수 도 있다.

5) 일방적 및 쌍방적 커뮤니케이션

① 일방적 커뮤니케이션(one way) : 한 사람이 다수를 상대로 일방적으로 정보를 전달하는 것으로서, 강연·연설·설교·보고·발표 등이 있다.

② 쌍방적 커뮤니케이션(two way) : 상호 이해를 확인해 가면서 정보를 전달하는 것으로 상담, 소개, 면접 등이 있다.

(2) 커뮤니케이션 네트워크

커뮤니케이션 네트워크는 정보의 내용이나 흐름에 영향을 미치고, 조직구조, 분위기 및 문화 등에 영향을 받기도 한다. 일반적으로 다음과 같은 유형이 있다.

① Y형(Y type) : 확고한 중심인물은 없어도 대다수의 구성원을 대표하는 리더가 있으며, 라인과 스탭이 혼합되어 있는 집단에서 흔히 나타난다. 주 세력집단의 리더가 커뮤니케이션의 중심역할을 맡고, 비세력 또는 하위집단에도 연결되어 전체적인 네트워크를 형성한다.

② 사슬형(chain type) : 서열이나 지위에 따라 엄격하게 이루어진다. 공식적인 명령이나 지위에 따른 권한이 명확하여 수직적 경로를 통해 이루어진다.

그림 14-2 커뮤니케이션 네트워크

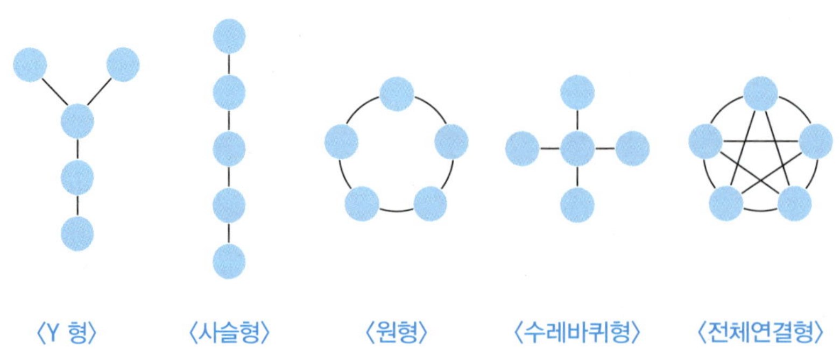

③ 원형(circle type) : 서열이나 지위가 비슷하며 상호 동등한 입장에서 이루어진다. 위원회나 태스크포스 조직에서 공식적인 리더가 있지만 일반조직에 비해 분위기가 자유스러운 상태에서 이루어진다.

④ 수레바퀴형(wheel type) : 강한 리더가 있어 개인의 정보는 오직 리더에게만 전달되고, 구성원간 정보전달과 공유는 허용되지 않는다.

⑤ 전체연결형(all channel type) : 구성원간 정보교환이 공개적으로 이루어진다. 모두에게 정보를 교환하기 때문에 종합적인 상황파악과 문제해결을 위해 많은 시간이 소요된다. 반면, 상황판단의 정확성이 높고, 복잡하고 어려운 문제나 창의성이 요구되는 문제에 효과적이며, 구성원의 만족도도 높다.

4. 커뮤니케이션의 장애물

커뮤니케이션 과정의 각 단계(송신자의 부호화 및 전송, 수신자의 해독화 과정)에서 장애로 인해 송신자와 수신자 사이에 정보의 왜곡이 발생할 수 있다. 이러한 원인은 송신자와 수신자의 경험의 차이 및 개인의 주관적 판단으로 인한 심리적 오류(psychological error)를 들 수 있다. 심리적 오류에는 스테레오타이핑(stereotyping), 현혹효과(halo effect), 투사(projection), 지각적 방어(perceptual defense), 셀프서빙 편견(self-serving bias) 등이 있다.

① 스테레오타이핑이란 특정 집단의 속성이 그 집단에 속해 있는 개인에게도 있다고 생각하는 경향, ② 현혹효과는 한 개인이 가지고 있는 하나의 독특한 특성으로 인해 그 사람의 전체가 평가되는 경향, ③ 투사란 타인도 자신과 동일한 사고·감정·특성을 갖고 있다고 생각하는 경향(적대적 충동을 가지고 있는 사람은 타인도 자신에게 적대적일 것이라고 생각하는 경향), ④ 지각적 방어는 자신의 신념을 위협할 것 같은 정보를 거부하거나 왜곡하는 경향, ⑤ 셀프서빙 편견이란 성공에 대해서는 자신의 능력이며 실패에 대해서는 타인의 책임이라고 생각하는 경향을 의미한다.

5. 커뮤니케이션의 효과

커뮤니케이션 효과는 수신자의 태도변화와, 이로 인해 유발되는 지각·정서·행동의 변화를 의미한다. 그러나 커뮤니케이션 과정에서 오류가 발생하면 송신자의 메시지를 수신자가 거부하여 태도의 변화가 없거나 오히려 기존의 성향을 강화시킬 수 있다. 따라서 커뮤니케이션의 효과를 높이기 위해서는 다음과 같은 요인에 주의해야 한다.

① 수신자의 주의를 끌어야 한다.
② 메시지가 혼동되지 않고 이해될 수 있어야 한다.
③ 메시지가 수신자에게 의미가 있어야 한다.
④ 수신자의 행동을 위한 동기부여가 있어야 한다.
⑤ 송신자의 신뢰성을 유지하고 수신자와의 피드백을 증대시켜야 한다.
⑥ 수신자는 적극적으로 경청해야 하며, 경청과정에서 정보에 대한 평가는 삼가야 한다.

또한 효율적 커뮤니케이션을 위해서는 구조적 및 과정적 장애요인을 개선해야 하며, 이를 위해 다음과 같은 방안이 고려된다.

① 정보의 왜곡과 필터링 : 이에 대한 개선방안으로는, 메시지를 복수의 전달경로를 통해 전달하고, 경로를 이용하지 않고 직접 전달하고, 메시지의 해석을 피드백한다.
② 정보의 과부하 : 수신자의 정보접근 범위를 제한하거나 분권화를 통해 정보를 분산시키며, 정보전달의 우선순위를 결정한다.
③ 정보수락거부 : 송신자를 신뢰하게 하여 선택적 판단을 삼가한다.
④ 제도적 보완 : 제안제도, 참여적 의사결정 등의 하의상향적 제도를 도입한다.

이 외에도 언어의 단순화, 피드백 활용, 감정의 통제, 정보량의 관리, 적절한 전달경로 선택 등이 있다.

직무에 대한 동기부여 02

1. 동기부여의 개념과 원천

(1) 동기부여의 개념

인간은 어떠한 욕구를 추구하고, 무엇을 목표로 행동하는가라는 것이 동기부여에 대한 문제이다. 동기부여에서는 요구, 욕구, 유인, 동기 등의 용어가 사용되며, 행동의 부추김, 지속, 활력, 방향을 이끄는 유기체의 내적 상태를 말한다.

인간은 자신의 욕구를 충족하기 위하여 자발적으로 행동한다. 하고 싶은 마음, 즉 의사를 욕구(motive)라고 하고, 이 욕구를 충족하고 싶은 마음을 동기부여라고 한다. 또한 인간의 동기를 끌어내는데 필요한 것, 또는 동기를 끌어내는 과정을 설명하는 것을 동기부여 이론이라 한다. 경영학적 측면에서는 동기부여란 개인이나 집단의 행동이 조직의 목표를 달성하도록 하기 위해 행동의 방향과 정도에 의도적으로 영향력을 행사하는 것이라고 할 수 있다.

(2) 동기부여의 원천

인간모델의 변화와 동기부여에 대한 관심은 높은 관계가 있다. 경제인 모델에서 인간은 경제적 이해에 근거하여 행동하며, 사회인 모델에서 인간은 동료 및 사회적 관계를 추구한다. 또한 이 모델들은 자기실현모델과 많은 차이가 있다. 그것은 인간을 집단으로 파악할지, 개인으로서 다양성까지 파악할지에 대한 차이이다.

경제인 및 사회인 모델은 대량생산을 위해 개인보다는 집단으로서 인간을 어떻게 효율적으로 활용할 것인가에 관심이 있다. 그러나 1960년대 개인의 심리와 행동을 학제적으로 해명하려는 행동과학과 더불어 집단이 아닌 개인의 동기부여에 대한 관심이 높아지면서 자기실현모델이 대두하였다. 인간을 동기부여하기 위해서는 자기실현 욕구를 만족시켜야 한다는 것이다.

근로자에게 실업은 생계와 직결되는 문제로서, 금전적 욕구와 인간의 동기

그림 14-3 동기부여와 행동의 관련

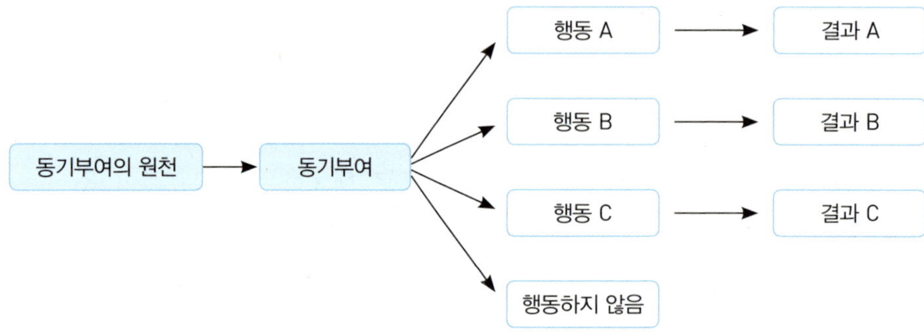

는 기본적인 것이다. 그러나 여기에서 고려해야 할 것은 인간의 금전적 욕구를 제외하고, 동기부여에 의해 직무를 수행하도록 하는 것이다. 어떤 사람은 직무를 통해 자신의 존재를 확인하고, 직무를 통해 자신의 존재를 타인에게 확인시키고, 직무상 지위를 사회적 지위로 높여가는 것에 의미를 두기도 한다. 직무를 통해서 자아실현을 추구하거나 성장을 시도하는 사람도 있다. 이와 같이 근로자들의 동기의 원천은 상이하고 차이가 있다.

(3) 동기와 행동

동기가 행동으로 연결되지만 동일한 조건에서도 동일한 행동을 하는 것은 아니다. 어려운 문제에 직면할 경우, 미래의 직무에 대비하기 위한 학습기회라고 생각하거나, 높은 인사고과를 받기 위해 인간관계에 전념하는 사람도 있다. 또한 자신이 투입한 노력으로부터 예상되는 결과나 보상을 평가해서 비호의적인 직무는 타인에게 일임하고 자신은 호의적인 직무를 담당하는 사람도 있다. 이와 같이 동일한 직무 및 과제에 대해서 사람들이 취하는 행동은 동일한 것만은 아니며, 또한 결과는 같아도 과정은 상이한 경우도 있다.

2. 동기부여이론

(1) 내용이론

인간은 무엇에 의해 동기부여되는가에 대한 이론이다.

1) 욕구단계설

매슬로우(A.H. Maslow)는 인간을 동기부여시키는 욕구는 계층을 형성하고 있는 것으로 보고, 다음과 같은 기본적 가정을 전제로 모델을 설명하고 있다. 첫째, 결핍의 존재인 인간은 본능적으로 자신의 욕구를 충족시키기 위한 행동을 한다. 둘째, 인간의 욕구는 중요성에 따라 계층으로 정돈되어 있다. 셋째, 인간의 욕구는 저차적 욕구가 충족되어야만 다음 단계의 욕구로 전환된다.

① 생리적 욕구(physiological needs) : 삶을 유지하기 위한 기초적인 욕구이다. 음식, 의복, 거처에 대한 욕구로서 다음과 같은 특징이 있다. 첫째, 생리적 욕구는 비교적 상호 독립적이며, 대부분 육체 및 생존과 관련된다. 둘째, 생리적 욕구에 대한 좌절이나 충족은 다른 욕구에 비해 쉽게 이루어진다.

② 안전 및 보호욕구(safety and security needs) : 신체적 및 경제적 위험·손실·위협으로부터 자신을 보호하려는 자기보존에 대한 욕구이다. 안전한 고용, 노조가입, 쾌적한 주거환경, 높은 생활의 질 등이다.

③ 소속과 애정의 욕구(belongingness and love needs) : 사회적 욕구라고도 하며 애정을 주고받거나, 타인과 교제하고 그들에 의해 받아들여지고, 자신을 사회집단의 한 부분으로 지각하는 것 등이다.

④ 존경의 욕구(esteem needs) : 타인으로부터 존경과 인정을 받거나, 높은 평가를 받고 싶은 욕구이다. 자존심, 성숙, 능력, 지식, 자기존중, 독립심, 자유에 대한 욕구 등이다.

⑤ 자아실현욕구(self-actualization needs) : 자신의 잠재력을 실현하거나, 능력을 완전히 활용하려는 욕구이다. 이 욕구의 충족은 외적 보상이 아니라 내적 만족에 의해 평가되며, 충족되더라도 계속해서 이 욕구의 지배를 받게 된다.

2) ERG 이론

알더퍼(C.P. Alderfer)는 욕구단계설에서 제시되는 문제점들을 극복하기 위한 이론을 제시하였다. 그는 인간의 욕구단계를 세 가지 핵심적인 범주로 구분하였다.

① 존재욕구(existence needs) : 다양한 형태의 생리적·물질적 욕구이다. 임금, 쾌적한 작업조건에 대한 욕구 등이며, 욕구단계설의 생리적 욕구, 안전 및 보호욕구의 일부에 해당한다.

② 관계욕구(relatedness needs) : 대인관계와 관련된 것으로, 욕구단계설의 안전 및 보호욕구의 일부, 소속 및 애정의 욕구, 존경의 욕구 일부에 해당한다.

③ 성장욕구(growth needs) : 창조적·개인적 성장을 위한 노력과 관련된다. 이 욕구의 충족은 인간의 능력을 최대로 이용할 수 있고, 욕구단계설의 존경의 욕구 일부와 자기실현욕구에 해당한다.

욕구단계설의 차이점은 첫째, 욕구단계설은 만족-진행접근법으로 저차적 욕구(예로써 생리적 욕구)가 만족되어 다음 단계의 욕구(안전 및 보호의 욕구)를 추구하는 과정에서 좌절되었을 때(충족이 불가능하게 되었을 때), 저차적 욕구(생리적 욕구)에 대한 바람은 없다. 즉 인간의 욕구는 퇴행하지 않는다고 보고 있다. 반면에 ERG이론은 만족-진행과 더불어 좌절-퇴행요소를 혼합하여, 고차적 욕구를 추구하는 과정에서 좌절하거나 불만족할수록 저차적 욕구에 대한 바람과 중요성은 높아진다. 따라서 인간의 행동은 퇴행한다고 보고 있다. 둘째, 이 이론은 한 가지 이상의 욕구가 동시에 적용될 수 있다. 셋째, 관계 및 성장욕구가 어느 정도 만족되면 이에 대한 중요성은 더욱 높아진다는 것이다.

3) 2요인이론

허츠버그(F. Herzberg)는 만족을 주는 요인을 동기유발 요인(motivators), 불만을 초래하는 요인을 위생요인(hygiene factors)이라 가정하고 이론을 전개하였다.

위생요인은 회사정책과 관리·감독, 작업조건, 대인관계, 임금, 지위, 안전 등이다. 따라서 위생요인을 불만족요인이라고도 하며, 직무수행에 미치는 영향은 단기적이다. 또한 직무를 수행하는 상황이나 환경에 관한 것으로, 이들 요인을 해소하거나 개선하면 불만족은 감소할 수 있으나 동기부여하지는 않는다.

반면에 만족요인으로서 동기부여 요인은 성취감, 인정감, 직무자체, 책임감, 승진 등이다.

이 두 요인은 상호 반대의 개념이라기보다는 상이한 두 차원을 나타내고 있다. 즉, 위생요인은 불만족을 초래하지만, 인간의 동기부여를 위해서는 반드시 존재해야 한다. 반면에, 동기부여요인은 만족감을 줄 수 있는 잠재력이 있기 때문에 매우 중요하다.

4) 성숙 – 미성숙 이론

아지리스(C. Argyris)는 공식조직과 그 관리규정이 인간의 행동에 미치는 과정과 영향을 설명하기 위한 이론을 제시하였다. 그는 개인이 미성숙한 인간에서 성숙한 인간으로 발전하는 데에는 〈표 14 – 1〉과 같은 7가지의 성격변화가 있어야 한다고 하였다.

일부 기업에서는 성숙한 근로자를 미성숙단계에 있는 것으로 보고 관리한다. 전통적 조직이론에 의하여 직무의 전문화와 지휘·명령시스템의 일원화, 감독 폭의 적정화 등의 엄격한 규정에 의해 관리한다. 따라서 근로자들은 좌절감을 지각하고 동기부여하지 않게 된다.

그는 성숙한 인간의 욕구와 공식적 조직구조 간의 불일치는, 인간이 성숙할수록, 조직이 구조화될수록, 명령계통이 하부로 내려갈수록, 직무가 기계화될수록 증가한다고 하였다. 이러한 불일치로 인한 갈등은 관리자의 노력에 의해 해소가 가능하다. 이를 위해 관리자는 성숙한 인간의 욕구와 공식조직의 관리규정 사이의 불일치를 제거해야 한다. 욕구를 충족하고 성장과 성숙의 기회를 부여하기 위해 인간의 성숙을 저해하는 관리적 태도와 행동은 제거해야 한다.

표 14 – 1 미성숙–성숙의 연속체

미성숙단계	→	성숙단계
수동적 행위		능동적 행위
의존심		독립심
한정된 행동		다양한 행동
엉뚱하고 얕은 관심		보다 깊고 강한 관심
단기적 전망		장기적 전망
종속적 위치		대등한 또는 우월한 위치
자아의식 결여		자아의식과 자아통제

자료 : C. Argyris, *Personality and Organization*, Harper & Brothers, 1957, p. 50.

5) 성취동기이론

맥클랜드(D.C. McClelland)는 개인의 퍼스낼리티는 동기부여를 위한 다양한 욕구로 구성되었다고 하였다.

① 권력욕구(need for power) : 타인에게 영향력과 통제를 행사하고자 하며, 강압적이고, 거침없이 말하며, 완고하고, 자기본위적이다. 타인을 가르치고 공격적인 강연을 좋아한다.

② 친교욕구(need for affiliation) : 인정과 사랑을 받고자 하며, 집단에서 배제되는 것을 두려워 한다. 유쾌한 인간관계를 유지하는 데 관심이 있다.

③ 성취욕구(need for achievement) : 성공에 의한 보상보다 성취를 추구하며, 직무를 이전보다 효율적으로 수행하려 한다. 결과에 대한 책임을 지고, 문제해결을 위한 방안을 찾으며, 성과에 대한 신속한 피드백과 도전적 직무를 추구한다.

(2) 과정이론

인간이 동기부여되는 과정(process)에 관심을 갖기 때문에 문맥이론(context theory)이라고도 한다.

1) 기대이론

브룸(V.H. Vroom)은 동기부여를 직무상황과 관련시킬 목적으로 기대이론(expectance theory)을 제시하였다. 이 이론은 행동선택에 관한 것으로, 직면한 상황에서 자신이 할 수 있는 가능한 행동대안을 설정하고, 설정된 대안들을 비교평가하여, 최대의 보상(임금, 승진 등)을 가져올 것이라고 기대되는 하나의 대안을 선택한다는 것이다. 이 과정을 이해하기 위해서는 이론을 구성하고 있는 기대, 유인가, 도구성(수단성)의 개념을 파악해야 한다.

기대(E : expect)란 자신의 행동이 어떤 결과를 초래할 것이라는 가능성이나 주관적 확률에 대한 믿음이다. 하나의 행동대안을 선택했을 때 성공할 확률이 얼마인가 하는 것으로 0에서 1까지의 값을 갖는다. 0이란 완전한 의심을, 1은 완전한 신뢰이다.

유인가(V : value)는 특정 결과에 대한 감정적 지향성으로, 직무수행 결과에 대한 가치이다. 자극, 태도, 기대효용이라고도 할 수 있기 때문에 선택이나 동기와 관련된다. 유인가를 위해 도구성(I : instrument)에 대한 이해가 필요하다. 예컨대, 임금이 지니는 유인가는 그 자체의 가치 이외에 이를 수단으로 획득할 수 있는 다양한 가치들을 모두 포함하게 된다. 이러한 가치들은 획득가능 한 확률을 지니는데, 이 확률을 도구성이라 하고 0에서 1까지의 값을 갖는다. 따라서 유인가란 가능한 모든 유인들의 획득 가능성을 고려하여 계산된다.

$$V=f\sum_{1}^{n}(V\cdot I)$$

그런데 유인가와 도구성, 유인가와 기대 간에는 곱셈의 관계이다. 따라서 높은 성과에 대해 높은 보상이 주어진다 해도 충분한 시간과 자원이 없다면(기대가 낮다면) 동기부여는 낮게 된다. 또한 성과가 높다 해도 과거의 경험상 보상이 제대로 이루어지고 않았다면(도구성에 대한 지각이 낮다면) 동기부여는 낮아진다. 이처럼 기대이론에서는 기대와 유인가를 곱한 값이 최대가 되는 노력수준을 합리적으로 선택한다는 것이다. 이는 다음의 힘(force) 또는 노력모형으로 나타낼 수 있다.

$$Fi=f[\sum_{1}^{n}(E\cdot V)]$$

이 이론은 현실적으로 이해하고 적용하기 어렵다. 그러나 직무와 관련된 보상에 어떤 가치를 부여하고, 또 노력－성과－보상관계로 설명하여 동기부여를 이해하는 도움이 된다.

2) 공정성이론

애덤스(J.S. Adams)는 자신의 공헌과 보상의 크기를 타인의 그것과 비교하여 동기부여 수준을 결정한다고 하였다. 즉, 다음과 같은 경우에 불공정성을 지각하게 된다.

$$\frac{\text{자기의 산출}}{\text{자기의 투입}} < \frac{\text{타인의 산출}}{\text{타인의 투입}} \quad \text{또는} \quad \frac{\text{자기의 산출}}{\text{자기의 투입}} > \frac{\text{타인의 산출}}{\text{타인의 투입}}$$

그러나 다음과 같은 경우에는 공정성을 지각한다.

$$\frac{\text{자기의 산출}}{\text{자기의 투입}} = \frac{\text{타인의 산출}}{\text{타인의 투입}}$$

이때의 투입과 산출은 〈표 14 - 2〉와 같으며, 인간이 불공정성을 감소시키는 방안은 다음과 같다.

① 투입의 변경 : 투입을 증가 또는 감소시키는 것으로 보상은 비슷하지만 노력이 다를 경우 사용한다. 타인과 균형을 유지하기 위해 자신의 능력을 조금만 발휘한다.

② 산출의 변경 : 일반적으로 산출을 증가시킨다. 노조와 협력하여 임금인상이나 작업조건을 개선하고, 내재적 보상을 높이는 방안을 강구한다.

③ 투입과 산출의 인지적 왜곡 : 실제 투입이나 산출을 변경시키지 않고도 인지적으로 이를 왜곡함으로써 같은 효과를 얻을 수 있다. 투입으로서 학력이나 산출로서 임금을 의식적으로 변경한다.

④ 직무이동 : 불공정하다고 생각되는 직장을 떠난다.

⑤ 행동표현의 왜곡 : 동료를 비교대상에서 제외시키거나, 영향력을 행사해서 작업수준을 떨어뜨린다.

⑥ 비교대상의 변경 : 자신의 전문지식을 전문가와 비교하거나, 자기의 동료전문가들과 비교하여 감소시킨다.

표 14 - 2 투입과 산출의 예

투 입	산 출
노동력 · 교육 · 경력	임금 · 부가급부 · 직무에 따른 부수입
훈련 · 직무에 대한 노력	연공에 따른 혜택 · 단조로움
경험 · 사회적 지위 · 신용	내적인 보상 · 열등한 작업조건
기능 · 개인적 욕망	직무상 지위 · 불확실성
연령 · 건강	지위의 상징 · 기타 불만족요인

(3) 시스템 및 상황적응적 이론

동기부여에 대한 시스템 및 상황적응적 이론(system or contingency theory)에는 레윈(K. Lewin)의 '장의 이론'(field theory)이 있다. 이 이론은 조직환경이 동기에 미치는 영향력과, 시스템의 구성요소로서 동기는 어떻게 관찰되는지를 설명한다. 이 이론은 인간행동에 대한 다음 공식으로부터 출발한다.

$$B=\{P \cdot E\}$$

B: 인간행동, P: 사람, E: 그의 환경

이것은 인간의 행동은 특정 시점에서 그 사람이 처한 환경과 그 사람의 특성에 의해 결정된다는 것이다.

장의 이론은 자기(磁氣)의 개념에 기초한다. 인간의 행동은 다양한 힘의 장 속에서 대립되는 힘의 산물로 설명할 수 있다. 사람들은 동기부여를 억제하는 힘과 촉진하는 힘의 장 속에서 행동하는 존재로 볼 수 있다. [그림 14-4]에서와 같이 동기부여를 제한하는 힘과 동기부여하는 힘이 대립하고 있다. 이들 힘은 항상 균형을 유지하는 것이 아니며 하나의 힘이 강해지면 반대의 힘이 약해지는데, 이 과정에서 인간은 동기부여하거나 않게 된다. 따라서 생산능력을 향상시키기 위해서는 동기부여를 제한하는 힘을 감소시키거나 촉진하는 힘을 강화키는 노력이 요구된다.

그림 14-4 장의 이론

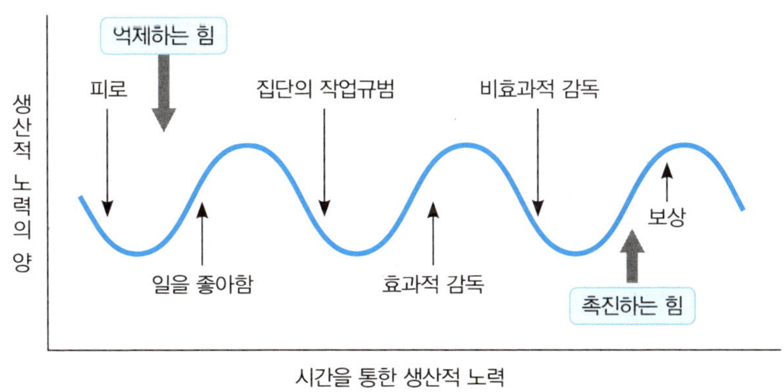

3. 동기부여를 위한 관리

근로자의 만족(satisfaction)과 동기부여(motivation)는 상호작용하는 관계로서, 이를 통해 조직의 목표가 원만하게 달성되고 복지수준을 향상시킨다. 그러나 이들 요인은 상호 대립한다는 견해도 있다.

한편으로는 만족하기 때문에 동기부여하여 성과를 향상시키기 위한 행동을 하지만, 다른 한편으로는 성과향상으로 동기부여하여 만족하게 된다는 것이다. 이것은 인간을 어떻게 이해하는가라고 하는 관점이기 때문에 간과할 수 없는 문제이다. 만족은 성과에 대한 반응이며, 동시에 만족을 위해 열심히 일하기도 한다.

동기부여는 성과에 영향을 미친다. 임금은 성과에 대한 대가로서 이것만으로 만족하는 사람도 있고 그렇지 않는 사람도 있다. 또한 이것이 어떠한 과정을 거쳐 만족하게 되는 것인가에 대해서도 개인마다 다양하기 때문에 획일적으로 논의할 수 있는 것은 아니다.

동기부여는 인간의 다양한 욕구를 충족시키는 측면에서 고려해야 한다. 이를 위해서는 흥미를 가질 수 있는 직무설계, 성과에 대한 공정한 평가나 승인이 이루어져야 한다.

또한 기업에는 글로벌화로 인한 외국인 및 다양한 고용형태의 인재가 증가하고 있다. 따라서 이들에게 적합한 차별화된 동기부여가 요구된다. 예를 들어 비정규직에게는 직무 자체와 더불어 안정된 신분으로 채용되는 경력경로를 준비시키는 것이 중요하다. 따라서 다양한 인재의 욕구를 고려한 차별화된 동기부여관리가 요구된다.

이 외에도 동기부여를 관리하기 위해 개인의 다양한 욕구를 직무를 통해 충족시키려는 노력과 더불어, 자신의 조직에 대한 애착과 상사와 원만한 관계를 유지하기 위한 노력이 이루어져야 한다.

상벌관리 03

1. 상벌의 의미와 제한

(1) 상벌의 의미

상벌관리는 인적자원을 활용하는 문제와 경영이념에 대한 것이다. 경우에 따라 벌도 필요로 하지만, 동기부여하여 열심히 일할 때에는 감사해야 한다. 기업에 대한 공헌의 대가로써 감사를 나타내는 것이 상이다. 상을 받게 된 근로자는 보다 더 동기부여하게 된다.

벌(punishment)은 규율의 문제이다. 규율이란 회사의 제도로써 규정된다. 규율이 혼란해지면 벌로써 다스린다고 하는 것보다, 규율을 확립하여 동기부여할 수 있는 수단을 강구하는 것이 본래의 목적이다.

(2) 상벌의 근거

상(rewards)은 좋은 것으로 문제는 없지만 벌에 대해서는 주의가 요구된다. 기업이 벌할 수 있는 것은 다음과 같이 법적 근거가 있기 때문이다.

첫째, 고용계약이다. 고용계약은 특정 조건으로 일한다면 특정한 보수 등을 지급한다는 계약이다. 벌의 대상이 되는 것은 이러한 계약을 위반할 때이다.

둘째, 취업규칙이다. 취업규칙은 고용할 때에 근로자에게 인지시키고 승인을 받아 두어야 한다. 취업규칙도 고용계약의 일부로서 벌은 이 규정에 따르는 것이다.

(3) 상과 벌의 제한

상은 기회가 있을 때 많이 주는 것이 좋다. 상은 취업규칙에 정해져 있지 않을 수도 있다. 다만, 형평성을 확보하지 않으면 역효과가 나게 된다. 상은 대부분 취업규칙에 제시되어 있고, 이 외에도 무결근 및 무지각, 우수한 제안 등 다양하다. 다만, 취업규칙에서 규정하고 있는 것은 의무이기 때문에 상에 대한 규정은 탄력성을 갖는 것이 좋다.

벌은 법률상으로 다양한 제한이 있기 때문에 주의를 해야 한다. 직무 및 기업과 관계없는 개인적 사건 및 범죄로 벌을 부과하는 것은 권리를 침해하는 것이기 때문에 할 수 없다. 또한 근로기준법 등으로 제한되고 있는 것이 있다. 일정액 이상의 감봉액을 초과해서는 안된다는 법적 기준을 준수하는 것이다.

2. 벌의 종류와 원칙

(1) 벌의 종류

일반적으로 경징계로서 견책, 감봉이 있고, 중징계로서 정직, 강등, 해고 및 파면이 있다.

① 견책 : 시말서를 제출하게 하여 전과(前過)에 대해 훈계하고 반성하게 하는 것이다. 벌이기 때문에 시말서는 제재를 하게 되면 받아두어야 한다.

② 감봉 : 일정기간 임금의 지급액을 감하는 것으로, 모든 고용관계에서 내부질서의 유지를 위해 사용한다. 감봉은 1회에 대해 평균임금의 일정액 이하로 제한하며, 여러 번 규칙을 위반했어도 이 규정을 준수해야 한다.

③ 정직 : 근로자로서의 신분은 유지하지만 일정기간 직무에 종사하지 못하며 임금의 일정액을 감하는 것이다.

④ 강등 : 아래로 직급과 직위를 내리는 것으로, 일정기간 직무수행을 정지하거나 이 기간 동안 임금의 일정액을 감할 수도 있다.

⑤ 해고 : 고용계약을 해제하는 점에서 파면과 같으나, 퇴직급여액의 감액이 없다는 점에서 파면보다 가볍다. 해고는 법률로써 엄격하게 제한하고 있어 확실한 검증을 거쳐야 한다. 준비가 부족한 해고는 재판을 받거나 배상금을 지불해야 하고, 기업이미지 및 사내 분위기가 악화될 수 있다. 사실에 대한 증거를 수집해서 확인·기록하고, 감독청에 해고에 대한 기록을 제출하고 인정을 받은 다음, 확인된 사실이 취업규칙 몇 조에 적용되는지를 본인에게 고지해야 한다.

⑥ 파면 : 가장 높은 수준의 벌로서 고용계약을 해제하며 퇴직급여액이 제한된다. 임용권자의 일방적 의사와 직권에 의한 직권면직과 유사하나 징계책임에 대한 제재로서 이루어진다는 차이가 있다.

(2) 벌의 원칙

어떠한 행동이 어떠한 벌에 해당하는지를 숙지시켜야 한다. 이것은 구체적이고 명확해야 하며, 취업규칙은 이러한 사실을 염두에 두고 규정해야 한다. 예를 들면 무단결근 1일이면 견책, 4일 이상이면 감봉, 1주일 이상이면 출근정지, 2주 이상이면 징계해고라는 것을 명기해 두는 것이다.

벌은 주어지지 않는 것이 최선이며, 이를 위해 규율을 준수하는 조직문화를 조성하는 것이 중요하다. 그러나 벌이 필요하다면 일벌백계로 주어져야 하며, 형평성과 공정성을 유지해야 한다. 상벌위원회를 두어 공정하게 심사하고, 본인에게 소명의 기회를 주어야 한다. 그러나 소규모 기업에서는 위원회를 두고 심사하는 것이 어렵기 때문에 가능한 사실에 기초하여 구체적으로 조사하고, 본인에게 소명의 기회를 주어 불공정한 처벌이 되지 않도록 해야 한다.

벌의 효과를 높이기 위한 방안을 맥그리거(D. McGregor)는 뜨거운 난로의 규칙(hot stove rule)에 의해 설명하고 있다.

① 사전경고(advance warning) : 난로는 뜨겁다는 것을 알기 때문에 손을 댈 생각을 하지 않는다. 특정행위에 벌이 따른다는 것을 미리 알리면 그 행위를 하지 않게 된다.

② 즉시성(immediacy) : 행위와 결과 간의 연결이 즉각적으로 일어나야 한다. 뜨거운 난로에 손을 대면 즉시 손을 뗀다. 규칙위반 즉시 징계과정을 시작해야 한다.

③ 비인격성(impersonality) : 난로는 뜨거움을 주기도 하지만 자신이 받는 벌이 정당하다고 생각하여 원망하지 않기도 한다. 벌은 누구에게나 일관성 있게 주어져야 하고, 벌을 주는 사람의 감정이 개입되어서는 안된다.

3. 벌의 부작용과 관리

(1) 벌의 부작용

벌의 잠재적 부작용은 주로 벌의 효과성에 대한 지속성의 문제로서 다음과 같다.

① 감정적 대립으로 태업과 같은 공격적 행동을 할 수 있다.
② 부정적 행위를 배제하기보다 일시적 억제효과만 갖고 있다.
③ 차후의 처벌상황이 발생했을 때 이를 회피하려는 태도를 갖게 한다.
④ 인간의 창의력과 융통성을 억제한다.
⑤ 타인의 처벌상황을 자신의 것으로 인식하거나 조건화된 공포심(과거의 기억으로 인한 공포반응)을 갖게 한다.
⑥ 상사와의 원만한 관계를 파괴하여 전직과 이직이 증가한다.

(2) 벌의 관리

다음과 같은 조건하에서는 벌이 효과적인 도구일 수 있다.

① 부정적 행위가 힘을 얻기 전에 적용되면 효과적이다. 장기간 벌을 받지 않으면 어떠한 통제 방법도 효과가 없을 수 있다.
② 행위 후에 강하고 신속하게 실시될 때 효과적이다. 벌의 강도를 점차적으로 높이게 되면 이에 대한 적응력을 키우게 된다.
③ 개인적인 감정이 아니라 구체적인 행동에 초점을 두어야 한다. 개인의 앙갚음이나 좌절을 해소하는 수단으로 사용해서는 안된다.
④ 모든 사람에게 공정하고, 시간적으로 일관성 있게 주어져야 한다. 조직목표가 순조롭게 달성되는 상황에서의 사소한 과실이나, 인력대체가 어려운 숙련공의 과실은 처벌하지 않지만, 일반근로자의 과실에 대해서는 벌을 부과하는 경우이다.
⑤ 벌은 교육적 차원에서 주어져야 한다.
⑥ 벌에 대해 사후보상이 이루어져서는 안된다. 부모가 아이를 벌하고 마음이 아파 선물을 하게 되면 그 행위를 강화시키는 것과 같은 것이다.
⑦ 전담하는 인물이나 공식기구에 의해 시행해야 한다. 징계위원회나 징계규정 등을 이용하여 개인에 대한 적개심을 유발하지 않도록 해야 한다.

Chapter 15

노사관계관리

학습 목표

노동시장에서는 자유경쟁을 원칙으로 수요와 공급에 의해 처우가 결정되며, 노사관계는 이러한 원칙에 따라 사용자가 제시한 제반 노동조건을 근로자가 승인함으로써 성립된다. 그러나 상황적 변화는 있을지라도 근로자는 사용자에 비해 사회 및 경제적 지위가 낮기 때문에 불합리한 노동조건이라도 승낙해야만 하는 문제가 빌생할 수 있다. 이러한 문제를 해결하기 위하여 조직한 것이 노동조합이다. 따라서 노동조합은 사용자와 대립과 조화의 관계를 유지하면서 근로자의 경제적 지위 향상과 기업의 목표를 실현하는 조직으로 발전해 오고 있다.

이 장에서는 이러한 노사간 대립과 분쟁의 원인 및 이에 대한 해결을 도모할 수 있는 방안을 모색하고, 앞으로 발생할 수 있는 인적자원관리의 문제점 등에 대해 고찰함으로써 노조와 기업의 발전을 모색하고 효율적인 인적자원관리의 수립방안에 대해서 살펴본다.

01 노사관계의 기초

1. 노사관계의 개념

노동시장은 자유경쟁을 원칙으로 하며 노동의 수요와 공급에 의해 처우가 결정된다. 수요자인 사용자는 제반 근로조건을 공급자인 근로자에게 제시하고 이들이 이를 승낙함으로써 노사관계가 형성된다. 따라서 노사관계란 기업경영에 필요한 노동력의 수요 및 공급과 관련된 상호관계를 나타내는 개념으로, 노동력의 수요자인 사용자 및 사용자단체와 공급자인 근로자 및 노동조합의 상호관계를 포함한다.

또한 노사관계란 경영자, 근로자 및 정부 사이의 상호관계의 복합체로서, 노동조합과 사용자 간의 관계뿐만 아니라 임금, 생산성, 고용보장, 경영자의 고용관행, 조합의 정책 및 노동문제에 대한 정부의 정책을 포괄하는 노동의 모든 영역을 포함한다.

2. 노사관계의 발전과정

노사관계의 발전과정을 단계적으로 유형화하면 다음과 같다.

1) 전제적 노사관계

초기 자본주의에서부터 19세기 중반까지의 형태이다. 비록 자유로운 자본시장은 성립되었으나 근대적 노동시장은 성립되지 못하여 기업 소유자에 의한 전제적 노사관계가 형성되었다. 따라서 절대명령과 복종의 종속적 관계로서 개인의 인간성은 무시되고 노동운동은 무차별적으로 탄압되었다.

2) 온정적 노사관계

19세기 초에서 20세기 초까지의 형태이다. 생산방식의 발달과 노동력의 증대로 전제적 노사관계가 한계에 이르게 됨에 따라 사용자는 온정주의에 입각하여 후생복리시설 등을 제공하는 단계이다. 사용자가 베푸는 은혜에 보답함으로써 순조로운 노사관계가 유지된다고 보았던 것이다.

3) 완화적 노사관계

산업혁명이 진전되고 주식회사가 보급되는 단계이다. 기업규모의 확대와 관리의 합리화가 추진되고, 소유와 경영이 분리되는 시기이다. 그러나 자본과 경영의 완전한 분리는 아니며 개별적 자본의 성격이 높기는 하지만, 과거와 같은 자본의 일방적 지배는 일부분 제약되고 있다. 또한 노조의 조직력이 자본과 대등한 지위는 아니지만 자본의 지배를 어느 정도 견제하고 있다.

4) 민주적(대등적) 노사관계

1930년대 이후 자본과 경영의 분리, 경영직능의 분화·전문화, 전문경영자의 등장, 노조의 조직화가 진전되고, 노동도 경영규모의 확대에 따라 기능의 사회화 및 산별노조가 이루어진다. 이러한 노동과 자본의 관계는 단체교섭 과정에서 대등한 지위를 인정받게 된다.

따라서 현대적 노사관계관리는 노사의 대립적 관계를 제도·절차 및 태도에 의해 조정·완화하여 협력관계를 형성하고자 하는 조직적이고 종합적 시책이다.

3. 노사관계에 관한 법률

(1) 노동조합 및 노동관계조정법

근로자의 자주적 단결권과 단체행동권을 보장함으로써 근로조건을 유지·개선하고, 경제적·사회적 지위를 향상시키며, 국민경제 발전에 기여하기 위해 제정된 법이다. 노조의 요건, 노조의 설립, 노조의 관리, 노조의 해산, 단체협약 및 부당노동행위 등을 규정하고 있다.

또한 노사문제의 공정한 처리를 도모하고 노동쟁의를 예방 또는 해결함으로써 산업평화의 유지와 국민경제의 발전에 기여할 것을 목적으로 한다. 쟁위행위의 제한과 금지 및 알선, 조정, 중재, 긴급조정 등을 내용으로 한다.

(2) 노동위원회법

노사간의 쟁의에 개입하여 이를 공정하게 조정함으로써 노사분규의 평화적 해결을 도모하며, 노사행정의 민주화를 위하여 구성된 노동위원회에 대한 기본규칙을 정한 법으로, 노동위원회의 조직·회의·권한 등으로 구성되어 있다.

(3) 노동관계법의 입법정신

노동관계법은 근로자들을 보호하고 노사관계의 질서를 규율하기 위한 것으로 산업화와 경제적 상황에 대응하여 변화한다. 자본주의 사회에서 불평등을 해소하기 위해 노사관계를 규정한 것으로 근로기준법, 노동조합 및 노동관계조정법, 노동위원회법 등이 있다. 노동관계 입법의 기초로서 다음과 같은 원리와 원칙이 고려되고 있다.

1) 신의성실의 원칙

노조가 협상을 요구할 때 사용자는 성실히 임해야 한다. 그러나 사용자측의 불성실을 어느 수준까지 이해하고, 어떻게 타협할 것인지를 전제로 하지 않는다면 쌍방이 납득할 수 있는 문제해결은 어려워진다. 이 원칙은 노사가 규칙을 성실히 준수해 가는 것이다.

2) 노사 대등의 원칙

조합원 개개인과 사용자가 대등한 것은 아니다. 근로자들이 단결을 위해 조직한 노동조합의 대표와 사용자가 대등하다는 것이다.

3) 단체자치의 원칙

노사관계는 고용계약에 의해 자유롭게 이루어진다. 따라서 특별히 미풍양속에 반하지 않는 한 국가도 이에 간섭할 이유가 없다. 노동법의 정신은 개인의 자유를 국가가 지켜 주는 것이다. 노사관계가 개인으로부터 집단의 형태로 발전함에 따라 노동자와 사용자 집단의 자치관계에 국가가 간섭하지 않는 것은 당연하다.

노동조합 02

1. 노동조합의 개념과 목적

(1) 노동조합의 개념

노동조합이란 근로자가 자신의 직무, 생활의 질 및 조건을 유지·개선하기 위하여 자주적으로 조직한 민주적 단체이다. 근로자는 노동력이라는 서비스를 시장에 제공하고 생계비를 제공받는다. 그러나 그들이 자신의 권익을 위하여 개인으로 기업과 투쟁하는 것은 불가능하고 노동조합이라는 단체를 결성함으로써 교섭상의 지위를 높이고, 개인으로 교섭하는 것보다 더 많은 성과를 이끌어 내고자 한다. 이에 사용자는 노동조합 결성을 포함한 노조활동을 방해하거나, 정당한 이유 없이 이들과 교섭하는 것을 거부할 수 없다. 그것은 부당노동행위이고 노동조합 및 노동관계조정법에서 금지하고 있기 때문이다.

(2) 노동조합의 목적

로스(A.M. Ross)는 노동조합 가입목표와 이유를 〈표 15－1〉과 같이 제시하고 있다. 여기에서 보면 조합원의 경제적 요인이 매우 중시되고 있다. 그러나 인간의 기본적 욕구는 다양한 측면에서 접근할 수 있기 때문에 조합결성의 동기가

표 15－1 노동조합 가입목표와 이유

순위	조합가입의 이유	소합가입의 목표
1	유니언숍을 위해	특정의 경제적 이익을 얻는 것(보다 나은 임금)
2	개인의 이익을 위해	고용보장을 얻는 것(선임권)
3	조합은 좋은 목적을 갖고 있기 때문에	권리의 획득(언론, 복지, 공정한 취급)
4	임금인상을 위해	직무 이외로 이익을 얻는 것(레크레이션, 법적·의료서비스)
5	근로조건을 좋게 하기 위하여	
6	고용 보장을 위하여	
7	수는 힘이 되기 때문에	
8	대부분이 조합가입을 원하고 있기 때문에	
9	그 외	

다만 경제적 요인이라고는 할 수 없다.

노사관계에서는 근로자의 욕구를 세 방향으로 접근하고 있다. ① 근로자의 생활수준과 직무, 임금이라고 하는 경제적 측면, ② 근로자의 행동·표현·창조성의 자유라고 하는 심리적 측면, ③ 집단관계, 지역사회에서 동료와의 관계 등의 사회적 측면이다. 근로자들은 이러한 욕구들을 직무수행 과정에서 충족시키고자 하며, 그 욕구충족의 수단으로 조합을 결성한다.

이와 같이 노동조합을 단순히 경제적 기능만으로 접근하는 것이 아니고, 심리적·사회적 기능으로 보는 것은 노사관계에서 인간의 행동을 이해하는 데 매우 중요하다.

(3) 노동조합의 구조적 특징

기업에는 정책의 결정이나 집행을 담당하는 경영관리그룹, 이들을 보좌하는 스탭그룹, 생산 및 판매를 담당하는 라인그룹 등의 계층이 있다. 노동조합도 동일하게 조합의 운영·지도를 담당하는 집행그룹으로부터 일반조합원에 이르기까지 계층그룹이 있다. 그리고 이들 계층은 각각 조직의 목표달성을 위하여 기능한다.

그러나 세력의 집중관계로 접근하면 차이가 있다. 일반적으로 기업은 전제적 세력관계의 구조를 나타내고 있다. 세력의 집중은 조직의 정점으로부터 하위를 향하고 있고, 권한의 위양이라는 형태로 하위계층으로 전해진다.

반면에 노동조합은 민주적 형태와 절차에 의해 이루어진다. 또한 세력은 하위계층으로부터 상위로 향하며, 노동조합의 대표에게 그 권한이 위양된다. 노동조합의 대표는 조합원의 욕구를 충족시키기 위해 필요한 권한을 조합 상층부로 집중시킨다.

2. 노동조합의 형태

1) 직업(직종)별 노동조합

가장 먼저 발달한 형태로서 직종 또는 직업을 같이하는 근로자들로 조직된 조합이다. 전통적 생산방식 하에서 숙련근로자가 조합을 통해 노동시장을 배타적으로 독점하여 교섭력을 높이려는 것을 목적으로 한다. 그러나 자동화 등으로 미숙련 근로자의 취업기회가 증가함에 따라 그 기능을 상실하게 되고, 새로운 형태의 산업별 노조가 등장하게 된다. 단결력이 높고 단체교섭과 임금협상이 용이하지만, 기업의 현실을 무시한 무리한 요구가 나타날 수 있다.

2) 산업별 노동조합

동일산업에 종사하는 모든 근로자를 조직에 가입시킴으로써 교섭력을 강화한 조합형태이다. 오늘날 대표적인 형태로서 정책활동 등의 압력단체로서의 지위와 단체교섭이 강하지만, 직종간 또는 단위기업 간의 견해 차이로 조직력이 약해질 수도 있다.

3) 기업별 노동조합

동일기업에 근무하는 근로자를 대상으로 조직되는 조합이다. 조직력과 교섭력이 약하고 사용자에 의해 지배될 수 있지만, 공동체 의식을 형성하여 노사화합이 이루어질 수 있고 노동조건을 획일적으로 적용하기 수월하다.

4) 일반조합

숙련이나 직종, 산업에 관계없이 일반 근로자를 폭넓게 규합하는 형태이다. 작업의 분업화, 단순화, 표준화에 의한 생산량 극대화를 추구하는 과정에서 미숙련 근로자들이 자신의 노동생활을 영위하고 최저생활의 필요조건을 확보하는 것을 목적으로 한다. 그러나 구성원의 이질성으로 단결력이 약하고, 양적인 팽창으로 의견통합이 어려워 단체교섭의 기능이 약화될 수 있다.

5) 결합방식에 의한 조합

① 단일조합 : 중앙조직이 존재하고 각 지역이나 사업장별로 지회나 분회를 두고 있는 형태이다. 각 지부나 분회는 단일조직이 아니기 때문에 의결권과 집행권과 같은 자주적 결정권이 없다. 분회가 어느 정도 독자성을 갖는가 하는 것은 조직 내부의 규약으로 결정된다.

② 연합체조합 : 각 지역이나 기업의 노동조합이 단체의 자격으로 지역적 내지 전국적 조직의 구성원이 되는 형태이다.

3. 노동조합 가입의 방법

기업구성원은 두 가지의 역할을 가지고 있다. 근로자로서의 역할과 노동조합의 조합원으로서의 역할이다. 이 쌍방의 역할을 결정하는 것이 숍(shop)제이고, 이것을 노동협약에서 명시한 것이 숍조항이다. 숍제에는 다음과 같은 것이 있다.

① 오픈숍(open shop) : 노동조합의 가입과 탈퇴가 개인의 자유의사이다. 또한 조합을 탈퇴하거나 제명되어도 근로자로서의 자격을 상실하지 않는다. 우리나라는 오픈숍을 적용하고 있다.

② 유니언숍(union shop) : 고용되어 근로자로서의 자격을 취득하면 일정기간 내에 의무적으로 조합원이 되어야 한다. 또한 조합을 탈퇴하거나 제명되면 근로자로서의 자격을 상실하고 해고된다.

③ 클로즈숍(close shop) : 특정조합에 가입할 것을 전제로 고용이 이루어지는 것으로 대부분 이용되지 않고 있다. 모든 근로자가 의무적으로 조합에 가입해야 하는 강제성이 부여되는 방법이다.

03 단체교섭

1. 단체교섭의 개념

단체교섭(collective bargaining)은 고용이나 근로조건에 대해서 근로자 대표와 사용자가 협상하는 과정이다. 노사가 대등한 입장에서 협상하며, 사용자측이 결정한 근로조건에 대해 발언하고 규제할 수 있다. 협상결과 새로운 근로조건 및 노사관계, 사용자의 권한에 대한 노동조합의 관여 등에 대해 약정하고 문서화한 것이 단체협약이다.

2. 단체교섭의 메커니즘

단체교섭은 개인간의 거래관계만이 아니고, 집단 상호간의 거래관계로 이루어진다. 여기에서 단체교섭은 노사라고 하는 집단간 상호관계의 과정으로 이해한다.

첫째, 단체교섭은 일반적으로 노사 대표에 의한 토의에 의해 이루어진다. 따라서 단체교섭의 결과는 두 집단의 토의능력, 분위기, 상호신뢰에 의해 좌우된다. 단체교섭에 임하는 노사 대표는 자신이 속한 집단의 입장을 대변한다. 그러므로 단체교섭 상황에서 노사 대표는 개인으로서의 발언보다는 집단의 대변자로서 발언과 행동을 하게 된다.

둘째, 단체교섭은 노사 대립적 국면에서 합의점을 찾아내려고 노력하는 과정으로 진행된다. 이 과정의 결과는 대부분 노사 양보라고 하는 형태로 합의점에 도달한다.

셋째, 단체교섭에 의한 노사간 협상결과는 명문화되고, 이후에 동일한 문제에 대해서 노사가 교섭에 임하는 경우 집단의 행동기준으로서 작용한다.

3. 단체교섭의 심리적 특성

단체교섭에서 경영자측의 행동목표는 기업의 존속과 발전이고 현실승인적이다. 이에 반해 노동조합의 행동목표는 조합원의 사회적·경제적 지위의 향상이고 조합의 영향력의 확대이다. 따라서 현실 불승인적이고 요구적이며 혁신적이다.

노사 대표의 지각방식 및 행동경향은 개인의 경우와 집단의 경우에 따라 차이를 나타낸다. 예를 들면, 개인적으로는 온화한 사람이지만 집단의 대표자가 되면 전투적인 발언과 행동을 하는 것이다. 이것은 집단의 대표로서의 역할이 그의 지각과 행동을 일정한 방향으로 변화시키기 때문이다.

이와 같이 노사 대표자로서의 지각과 행동은 소속집단의 준거틀(frame of reference)의 영향을 많이 받는 경향이 있다.

4. 분쟁해결의 기본원리

노사간 분쟁의 형태는 두 가지로 분리할 수 있다. 첫째, 노사가 새로운 협정을 만드는 과정에서 발생하는 분쟁과, 둘째, 체결된 협정의 해석에 대한 불일치로부터 발생하는 분쟁이다. 여기에서 노사분쟁을 해결하는 제1의 원리는 노사가 추구하고 있는 경합적 목표를 공동의 목표로 전환함으로써 쌍방의 욕구를 만족시킬 수 있다. 예를 들면, 노동조합은 임금인상을, 기업은 이익의 증대를 목표로 하고 있다면, 일정수준의 매출상승이 이루어지면 일정부분 상여금을 지급하는 것을 약속함으로써 쌍방의 욕구를 간접적으로 충족시키는 것이다.

분쟁해결에 관한 제2의 원리는 노사가 협동해야 극복할 수 있는 공동의 적을 설정해 주는 것이다. 예를 들면, 자신의 기업과 경쟁관계에 있는 타사의 위협적인 영업전략에 공동으로 대처하지 않으면 안되는 상황을 조성하는 것이다.

세 번째로는 노사간에 공통의 준거틀을 조성하는 것이다. 예를 들면, 기업이 처한 위기를 극복하기 위해 임금인상이 어렵다는 인식을 노사가 공동으로 가지고 있다면 분쟁해결의 가능성은 높아지는 것이다.

04 노사협의제

1. 노사협의제의 개념

노사협의제(labor-management consultation system)란 노사의 대표가 단체교섭과는 별도로 경영, 생산, 근로조건, 복리후생 등의 문제에 관해 토론하기 위한 제도이다. 노사협의제의 목적은 노사간 원활한 의사소통을 도모하고, 정보를 공유하며 의견을 교환하고, 자문이나 협의를 거쳐 공동결정에 이르도록 하는 것으로, 합의가 되지 않더라도 노동쟁의로 발전하지 않는다.

2. 노사협의 사항

노사협의제의 협의사항은 ① 경영방침, 생산·판매 기본계획, 조직신설, 생산·사무 합리화 등의 경영관련사항, ② 채용·배치, 승진·승격기준, 배치·파견, 일시휴가·해고 등의 인사관리 관련사항, ③ 근로시간·휴가, 직장의 안전위생, 임금·일시금 등의 근로조건 관련사항, ④ 복리후생, 교육훈련계획, 육아휴업·간병휴업 제도 등이다..

또한 노사협의제의 협의사항은 노조측에 설명이나 보고만 하는 설명보고사항, 설명과 더불어 의견청취를 하는 의견청취사항, 의견교환을 통해 협의하고 경영자가 결정하는 협의사항, 노사가 동의해야 결정할 수 있는 동의사항이 있다.

노조측의 영향력은 동의사항에서 가장 강하고, 설명보고사항에서 가장 약하다. 또한 협의사항에 따라 다르지만 근로조건과 고용조정 등은 일반적으로 협의사항이지만 동의사항으로 하는 기업도 있다.

3. 단체교섭과 노사협의

단체교섭과 노사협의제는 노동조합과 사용자 사이에서 이루어지며, 토론을 통해 노사간 의사소통을 도모하는 제도라는 것은 동일하다. 또한 노사협의제에서는 경영정책과 근로조건 등 단체교섭에서 다루어지는 사항까지도 포함한다.

그러나 단체교섭은 노동조합의 쟁의권을 인정하고 노사대립을 전제로 하지만, 노사협의제는 단체행동과 같은 노사대립을 전제로 하지 않는다는 차이가 있다. 단체교섭과 노사협의의 관계는 세 가지 유형으로 구분할 수 있다. 첫째, 분리형은 두 제도를 구분하여 노사협의에서 단체교섭 사항은 취급하지 않는 것이다. 둘째, 연결형은 노사협의에서 합의에 이르지 못하면 단체교섭으로 이행하는 예비적 단계로 보는 것이다. 셋째, 혼합형은 두 제도를 구분하지 않고 노사협의에서 단체교섭 사항도 처리하는 것이다.

일반적으로 노사협의제는 연결형으로 단체교섭에 돌입하는 전단계로서의 역할을 하고 있으며, 협조적 노사관계를 조성할 수 있지만, 근로자의 교섭능력을 약화시킬 수도 있다.

05 기업과 노동조합

1. 노사관계의 기본원칙

노사가 상호신뢰를 형성하기 위해 준수해야 할 기본원칙은 다음과 같다.

(1) 결사자유의 원칙

근로자가 노동조합을 자유롭게 결성하고 운영하는 것을 인정하며 단결권을 보장해야 한다.

(2) 노사 상호 불개입의 원칙

사용자도 노동조합도 상호 권리를 존중하는 것이 노사관계의 합리적 운영을 위해 필요하다. 노동조합 및 노동관계조정법에서는 사용자의 다음과 같은 행위를 부당노동행위로서 금지하고 있다.

① 불이익 처분의 금지 : 사용자는 근로자가 노동조합을 결성하거나 가입한 것, 부당노동행위를 주장한 것, 노동위원회의 절차에 참가한 것 등의 이유로 불이익한 처우를 해서는 안된다.

② 황견계약의 금지 : 황견계약(yellow-dog contract)이란 사용자가 특정 노조에 가입하지 않거나 가입할 것, 탈퇴할 것 등을 조건으로 고용계약을 하는 것이다.

③ 소수조합과 유니언숍 협정 : 사용자는 사업장에 고용된 근로자의 과반수를 대표하지 않는 조합과 유니언숍제(채용 – 조합가입 – 탈퇴 – 해고)를 체결해서는 안된다.

④ 단체교섭 거부금지 : 사용자는 정당한 이유 없이 노동조합의 단체교섭 요구를 거부해서는 안된다. 노동조합 대표 또는 노동조합으로부터 위임받은 자와의 단체협약이나 단체교섭을 정당한 이유 없이 거부하거나 게을리 해서는 안된다.

⑤ 지배·개입·경비원조 금지 : 사용자는 노동조합의 결성이나 운영에 지배 또는 개입을 해서는 안된다. 또한 노동조합에 대한 경비원조는 원칙적으로 허용되지 않는다. 따라서 근로자가 노동조합을 조직하거나 운영하는 것을 지배

하거나 이에 개입하는 행위, 노동조합의 전임자에게(타임오프제를 제외하고: 고충처리, 산업안전보건에 관한 활동, 단체교섭 준비 및 체결에 관한 활동 등 노사 공통의 이해관계에 있는 활동) 급여를 지원하거나 운영비를 원조하는 행위를 금지하고 있다.

(3) 노사관계 자치의 원칙

근로조건 및 처우와 관련된 문제는 노사 대표자(교섭위원)의 단체교섭에 의해 해결되어야 한다. 노동조합이 단체교섭에 의해 합의가 이루어지지 않아 자신들의 주장을 관철시키려고 할 때에는 단체행동을 하게 된다. 사용자는 이들의 단체행동에 대응해서 작업장폐쇄(lockout)를 할 수 있다.

단체교섭 또는 단체행동의 결과 합의가 이루어지면 합의사항을 문서화하고 노사 대표가 서명함으로써 노사협약이 성립한다. 노사협약이 체결되면 노사는 그 유효기간 내에 정해진 사항을 변경할 수 없다.

(4) 노사협약·협력의 원칙

노사관계는 대립하면서 협력하는 성격을 가지고 있으며, 노사협력제도로서 노사협의제도가 있다. 단체교섭과는 별도로 혹은 단체교섭의 사전 협의기관으로서 설정되고 있는 것이 노사협의회이다.

표 15-2 단체교섭과 노사협의제도의 차이

	단체교섭	노사협의제
근거	법률에 의함	단체협약에 의함
당사자	회사, 조합 대표 사이에서 이루어짐	단체교섭과 같은 경우도 있으나 경영자와 조합 사이에서 이루어짐
교섭사항	노사의 이해대립 사항	노사의 이해공통 사항
대화내용	실력행사를 배경으로 주로 요구 관철을 위하여	의사소통을 해서 상호 이해를 도모하기 위하여

06 노동쟁의와 조정

1. 노동쟁의

노동쟁의(labor dispute)란 임금, 근로시간, 복리후생, 해고 등과 같은 근로조건에 관하여 노사간에 의견의 일치를 보지 못함으로써 분쟁에 돌입한 상태를 말한다. 노사간 분쟁은 원인에 따라 두 가지로 분류한다. 첫째, 법적으로 보장되었거나 이미 확정된 근로자의 권리를 침해하는 경우에 발생하는 권리분쟁이다. 둘째, 새로운 권리를 설정하거나 이익을 분배하는 과정에서 발생하는 이익분쟁이다.

노사 분쟁으로 인한 쟁의행위의 주요 유형은 다음과 같다.

(1) 노조측의 행위

1) 파업

오랜 역사를 가진 전형적인 투쟁행위이다. 노동조건의 유지 또는 개선을 위해 조직적으로 노동력 제공을 거부하는 행위로서 다음과 같이 구분할 수 있다.

① 경제파업(economic strike) : 임금인상 및 복리후생 등과 같은 경제적 요구를 관철시키기 위해 작업을 중단하는 파업이다.

② 부당노동행위 파업(unfair labor practice strike) : 계약·협상 및 관리와 관련하여 노동법상 금지된 것을 사용자가 부당하게 요구함으로써 발생하는 파업이다.

③ 동정파업(sympathetic strike) : 다른 기업에서 벌이고 있는 쟁의를 지지하거나 효과를 극대화시키기 위해 한시적으로 참여하는 것으로 연대파업이라고도 한다.

④ 총파업(general strike) : 동정파업이 더욱 확산되어 그 지역 대부분의 조합원들이 참여하는 파업이다.

⑤ 불법파업(out-law or wildcat strike) : 조합원이 관계당국의 승인을 받지 않고 전개하는 파업이다. 파업 참가자들은 대부분 보호를 받지 못한다.

⑥ 돌발파업(flash strike) : 불법파업과 관련된 것으로 노조원이 경고도 없이 갑자기 작업을 중단하고 쟁의를 벌이는 것이다.

⑦ 연좌파업(sit down strike) : 조합원들이 작업장을 떠나지 않고 작업을 중단하는 파업이다.

⑧ 관할권파업(jurisdictional strike) : 작업의 할당을 둘러싸고 2개 이상의 노조 사이의 분쟁으로 야기되는 파업이다.

2) 태업

태업(soldiering)은 근로자들이 단결해서 의식적으로 작업능률을 저하시키는 것이다. 작업은 계속하지만 게으름을 피우거나 조잡하게 일을 하는 것이다.

사보타지(sabotage)는 생산 또는 사무를 방해하는 행위로서 단순한 태업에 그치지 않고, 의식적으로 생산설비를 파괴하는 행위까지를 포함한다. 파업이 사용자의 지휘·명령으로부터 완전히 벗어난 것이라면, 태업 및 사보타지는 사용자의 지휘·명령의 범위 내에 있으면서 이에 따르지 않는 것이다.

3) 불매운동

조합원이 자사 또는 거래관계가 있는 제3자의 제품을 구입하지 않거나, 시설 등을 이용하지 않거나, 노동계약의 체결을 하지 않을 것을 호소하는 것이다. 조합원들이 자사의 제품을 불매(boycott)하도록 동맹하는 것을 1차적 보이콧, 노동조합 이외의 사람들에게 불매하도록 동맹하는 것을 2차적 보이콧이라고 한다.

4) 피케팅

파업을 효과적으로 수행하기 위하여 근로희망자들이 사업장 또는 공장에 출입하는 것을 저지하고, 파업 참여에 협력할 것을 호소하는 행위이다. 피케팅(picketing)은 파업 중인 사업장의 사용자에 대하여 노동력 제공을 철저히 차단함으로써 경제적 타격을 보다 효과적으로 기하려는 것이다.

5) 준법투쟁

근로자가 법 규정대로의 권리를 행사함으로써 그들의 주장을 관철시키고자 하는 행위로서 집단휴가, 시간외 초과근무 거부, 정시 출·퇴근 등이다.

(2) 사용자측의 대응

노동조합이 파업에 돌입했을 때 사용자가 할 수 있는 대응행위로써 직장폐쇄(lockout)가 있다. 노사간 의견불일치가 있는 경우 사용자가 자기의 주장을 관철하기 위하여 근로자 집단에 대해 생산수단에의 접근을 차단하고, 그들의 노동력 발휘를 조직적·집단적·일시적으로 거부하는 행위이다. 그러나 경영상의 사정으로 휴업이나 사업장을 폐쇄하는 행위, 또는 다수의 근로자에 대해 취업규칙 위반 등을 이유로 출근정지 처분을 내리는 행위는 직장폐쇄로 볼 수 없다.

2. 노동쟁의 조정제도

노동쟁의는 가능한 신속하게 노사간 자주적 노력에 의해 해결하는 것이 바람직하다. 그러나 이것이 불가능할 경우에는 노동위원회에 의한 조정이 있게 된다.

조정은 그 방식에 따라 조정과 중재가 있다. 조정은 제3자가 합의에 도달할 수 있도록 조력하는 절차이며, 중재는 제3자가 쟁의를 종결할 수 있는 결정권한을 부여받은 절차이다. 이러한 절차가 당사자들의 합의에 의한 것인지, 법률에 의한 것인지에 따라 사적조정절차와 법적조정절차로 구분하며, 쟁의조정절차의 개시, 절차진행상의 행위, 해결의 효력방식 등이 임의적인지 강제적인지에 따라 임의조정절차와 강제조정절차로 구분하기도 한다. 또한 쟁의행위가 국가경제에 미치는 영향이 심각하거나 국민의 권익을 위태롭게 할 위험이 있다고 판단되면 노동부장관의 권한에 의해 긴급조정을 개시할 수 있다.

① 조정 : 쟁의행위에 중립적이고 공정한 제3자가 조정위원이 되어 노사간 의견을 충분히 듣고 타협을 하게 하거나, 필요시 조정안을 제시하여 타결이 이루어지도록 하는 것이다. 노사간 협상이 조속히 해결하도록 지원하는 절차로서, 노동위원회의 조정안을 노사가 수용하면 쟁의가 종료된다. 조정기간은 일반사업 10일, 공익사업 15일이며 당사자의 협의에 의해 동일기간 내에서 연장할 수 있다.

② 중재 : 당사자를 구속하는 법률적 효력이 있는 처분으로 노동쟁의가 발생한 경우 노사가 중재신청 또는 단체협약에 의해 일방이 신청할 때 개시하며 이로부

터 공히 15일간 쟁의행위는 할 수 없다.

③ 긴급조정 : 쟁의행위가 국민경제를 현저하게 저해되거나 국민의 일상생활을 위태롭게 할 우려가 있다고 판단되면 노동부장관은 중앙노동위원회의 의견을 듣고 긴급조정을 결정할 수 있다. 긴급조정이 결정되면 즉시 이유를 붙여 공표함과 동시에 중앙노동위원회와 관계당사자에게 통고해야 하고, 통고를 받은 중앙노동위원회는 즉시 조정을 개시해야 한다. 긴급조정이 공표되고 30일이 경과하지 아니하면 쟁의행위를 재개할 수 없다.

3. 노사관계의 과제

노동조합은 조합원의 생활의 질 향상을 추구하지만 사용자는 기업의 발전을 추구하기 때문에 이해가 대립하는 측면이 있다. 그러나 이들에게는 달성해야 할 공동의 목표가 있으며 이를 협력해서 달성해야 한다. 갈등만의 노사관계가 있다면 기업의 발전이나 근로자의 성장에 바람직하지 않으며 모두 사회에 존재하는 의미를 상실하게 된다.

단체교섭이 근로조건의 유지와 개선을 목적으로 하지만 이 외에도 해결해야 할 문제는 복잡하고 다양하다. 기술혁신과 같은 기업환경의 다양한 변화, 내부로부터의 직무전환과 재배치, 고용안정 등이 노사간 문제가 되고 있다. 또한 근로자들은 단순한 노동력의 제공자라는 인식에서, 직무를 통해 자신의 존재를 발견하고 성장해 간다는 인식을 갖게 되었다.

따라서 노사대표가 단체교섭에 의해 근로자의 권익을 대변하는 것만으로 문제를 해결할 수 없게 되었다. 여기에 노조의 경영참가제도가 새로운 노사관계로서 등장하고 있으며 사회적 관심사가 되고 있다. 노조의 경영참여는 경영의 투명성을 확보하는 등의 장점이 있으나, 환경적응 능력의 상실과 같은 문제가 있기 때문이다. 노조의 경영참여는 [그림 15-1]과 같은 방법으로 이루어지고 있으며, 우리나라는 인사 및 경영권 참여보다 우리사주제도, 성과배분 및 노사협의제 등이 여기에 해당된다.

그림 15-1 노조의 경영참가

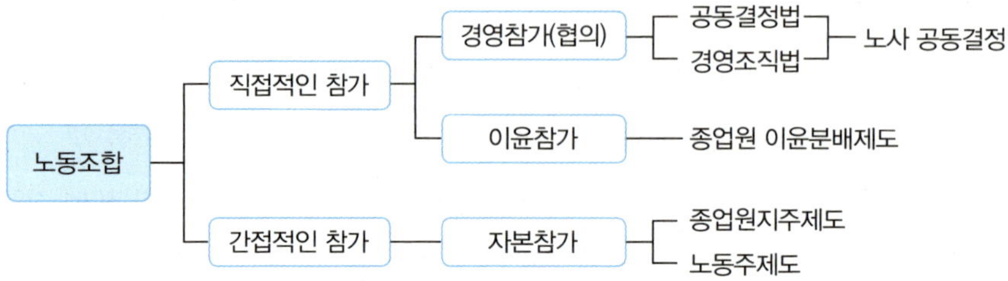

Chapter 16

인적자원관리의 전망

01 근로시간과 장소의 유연화

02 일과 생활의 균형

03 미래의 인적자원 활용전략

학습 목표

노동시장의 유연화가 급격하게 진행되면서 조직체류 기간이 단축되고 평생직장의 개념이 사라지고 있다. 또한 다양한 유형의 근로자들이 기업에 근무하게 되면서 인적자원을 효율적으로 활용하기 위한 기법들이 도입되고 있다. 노동시장의 변화와 더불어 기업은 효율적인 인적자원관리를 위한 시스템의 변화를 시도하고 있는 것이다.

기업에 있어서 이러한 변화는 안정적인 노동력 유지뿐만 아니라 근로자 개개인에게 있어서도 직무와 생활의 조화를 추구하려는 욕구를 동시에 충족하게 함으로써 생활의 질과 직무성과를 동시에 향상시키려 하고 있다.

이 장에서는 급변하는 환경에 적응할 수 있는 인적자원관리 시스템의 구축을 위한 방안으로써 근로시간 및 근로장소의 유연화에 대한 기법과 조건 등 기업에 미치는 환경요인 등을 기초로 향후 인적자원관리의 전망에 대해서 고찰한다.

01 근로시간과 장소의 유연화

1. 근로시간제도와 관리

(1) 근로시간제도의 기능

근로시간제도는 근로자가 기업에 제공하는 근로서비스의 양과 시간을 규정한다. 근로서비스의 총량은 근로자 수가 일정해도 1인당 근로시간의 장·단에 따라 상이하다. 근로서비스의 총량을 증가 또는 감소시키기 위해서는 근로자 수 및 1인당 근로시간을 증가시키거나 단축시키는 방법이 있다. 따라서 근로서비스의 수요가 증가할 때 근로자 수 및 근로시간의 증가로써 대응하고, 불황기 등 근로서비스의 수요가 감소할 때 근로자의 수 및 근로시간의 감소로써 대응하게 된다.

더불어 근로서비스의 수요가 계절 및 요일, 시간대로 변동하는 경우에는 수요에 의해 공급이 이루어지는 것과 같이 근로서비스가 제공되는 시간을 관리해야 한다. 연간 근로시간의 배분을 사전에 결정하는 변형근로시간제(근로자의 근로시간을 탄력적으로 운용하는 제도) 및 자신이 직무의 진척에 대응해서 출퇴근 시간을 선택하는 플렉스타임제는 근로서비스의 수요와 공급의 시기를 일치시키는 전형적인 제도이다. 또 24시간 작업을 필요로 하는 제조업, 영업시간이 근로자 1인당 법정 근로시간보다도 긴 소매업 및 서비스업 등에서는 교대근무제도가 활용되고 있다.

(2) 생활 및 근로방법의 유연성

근로시간제도는 개인의 자유시간, 직무 및 생활시간에 영향을 미친다. 생활시간은 생활필요시간(수면·식사 등), 구속시간(업무·학업·가사·통근·통학 등), 자유시간으로 나누어진다. 일반적으로 근로자는 구속시간 가운데 근로시간의 비중이 높기 때문에 이것이 다른 생활시간에 영향을 미치게 된다. 그러나 근로자의 생활필요시간 및 근로시간 이외의 구속시간, 자유시간이 근로시간(풀타임으로 근무할 것인지 파트타임으로 할 것인지 등)을 결정하게 한다. 어느 것이라도 근로시간이 길게 되면 자유시간뿐만 아니라 생활필요시간 및 근로시간 이외의 구속시간이 감소하게 된다.

근로시간제도는 자유시간만이 아니라 생활과 직무의 조화를 결정한다. 예를 들면, 플렉시블 타임제는 직무에 따라 시업 및 종업시간을 선택하기도 하지만, 생활의 조화에 따라 선택한다. 이러한 관점에서 근로시간제도의 유연화는 최근 인적자원관리의 중요한 과제이다. 또한 근로시간 유연화로서 플렉스타임제뿐만 아니라, 단기간 근무제도 및 직무분할제(job sharing) 등이 도입되고 있다. 단기간 근무제도는 비정규직 근로자와 파트타임 근무제도가 있으나, 육아 및 부양 등의 이유로 정규직 근로자가 일정기간 단기간 근무를 선택할 수 있도록 원활하게 운영하는 것도 필요하다.

(3) 법정근로시간과 근로시간의 구성

노동관계법에서는 1주 내지 1일의 근로시간 한도를 규정하고 있다. 이러한 법률상의 한도를 법정근로시간이라고 한다. 근로기준법에 의하면 휴게시간을 제외하고 1주 근로시간은 40시간, 1일 근로시간은 8시간을 초과할 수 없다. 그러나 법정근로시간은 절대적 상한이 아니며, 일정한 요건 하에서 연장근로 등을 허용하고 있어 기준근로시간이라고도 한다. 휴게시간이란 근로시간 도중에 사용자의 지휘와 명령으로부터 자유롭게 이용할 수 있는 시간이다. 사용자는 근로시간이 4시간인 경우에는 30분 이상, 8시간인 경우에는 1시간 이상의 휴게시간을 부여해야 한다.

사용자는 근로자에게 1주일에 평균 1회 이상의 휴일을 부여해야 하는데, 유급으로 보장받기 위해서는 1주간 개근이 조건이며, 개근하지 않더라도 무급인 주휴일은 보장해야 한다. 또한 주휴일 이외에도 1년에 80% 이상 출근하면 15~25일의 유급휴가를, 계속근로 기간이 1년 미만이거나 1년간 80% 미만 출근하면 1개월 개근 시 1일의 유급휴가를 부여해야 한다.

근로자의 실제 근로시간은 소정근로시간과 소정외 근로시간으로 분류한다. 소정근로시간은 근로계약, 취업규칙, 근로협약 등에 의해 의무적으로 근로해야 하는 시간이다. 구체적으로 시업시간부터 종업시간까지로, 휴식시간을 제외한

시간이 된다. 소정근로일은 근로계약상 근로해야 하는 날로 규정되어 있다. 근로일은 통상 근로계약, 취업규칙, 근로협약으로서 휴일이라고 규정된 날 이외가 된다. 소정외 근로는 소정근로시간을 초월해서 근로하는 것으로 잔업 및 초과근무라고 한다.

소정내 임금은 소정일에 소정근로시간만을 전제로 계산한다. 근로자가 실제로 근무한 시간이 실근로시간이 되며, 실근로시간은 소정근로시간에 소정외 근로과 휴일근로시간을 더하고 유급휴가의 시간을 제외한 것이 된다.

2. 근로시간 단축의 과제

근로시간 단축방법은 ① 소정근로시간의 소멸, ② 잔업, 특히 일상적인 잔업의 소멸, ③ 유급휴가 부여일수 및 활용률 등이다. 이 외에 조기정년, 장기교육훈련 및 휴가의 제공 등이 있다.

일상적인 잔업, 특히 잔업을 전제로 한 직무체제는 개선해야 한다. 일상적인 잔업은 정기적인 수입이 되지만, 잔업에 의존하지 않고 정기적인 임금만으로 생활을 유지하는 것이 바람직하다. 일상적인 잔업을 소멸하기 위해서는 잔업체제의 변화(잔업을 전제로 하지 않는 직무계획 및 직무의 효율화 등), 조직문화의 혁신(잔업을 없애거나 근로시간이 아닌 직무성과로써 평가하는 것 등), 직무특성에 따른 근로시간관리(플렉스타임제 및 재량근로제의 도입 등)가 이루어져야 한다.

유급휴가는 부여일수를 증가시키는 것보다도 활용률을 높이는 것이 중요하다. 이를 위해서는 완전활용을 당연시하는 조직문화의 구축, 유급휴가 시에 직무대행자의 선정 등의 직무체제의 변화, 계획적인 유급휴가의 부여제도 활용 등이 고려된다.

3. 근로시간의 유연화

(1) 유연한 근로시간제도

근로기준법의 근로시간법제는 1일 및 1주간 근로시간의 상한을 규정하고 있다. 그러나 근로시간은 산업구조 및 사업활동의 변화, 근로형태의 변화, 재량도가 높은 직무의 증가 등에 대응하기 위해 유연한 근로시간제도가 도입되고 있다. 유연한 근로시간제도란 노동력 수요의 변동에 대응하고(근로시간제도의 기업에 의한 유연화), 근로자에 의한 근로시간의 자기결정을 허용하는 것이다(근로시간제도의 개인에 의한 유연화). 기업의 노동력 수요의 변동에 대응하여 근로서비스의 제공을 이행하고, 근로자의 생활리듬 및 직무추진에 맞추어 근로시간의 배분을 이행할 수 있는 근로시간제도로서 플렉스타임제 및 재량근로제가 있다.

(2) 변형근로시간제와 플렉스타임제

변형근로시간제를 도입하는 기업이 증가하고 있으며, 이것에 비례해서 플렉스타임제 및 재량근로제가 도입되고 있다. 6개월 단위의 변형근로시간제(탄력근로제)는 근로시간을 탄력적으로 운용하되 전체 근로시간이 법정기준을 충족할 경우 초과근로수당 등을 면제토록 하는 제도이다. 따라서 바쁠 때는 법정근로시간을 초과하여 일을 하고 한가할 때는 그 이하로 줄여 주당 최대 근로시간을 52시간(법정근로 40시간+연장근로+휴일근로)으로 맞추는 제도다. 따라서 6개월 단위를 적용하면 6개월 동안의 주당 평균 근로시간이 52시간을 초과하지 않으면 된다. 이 제도는 계절적 영향을 많이 받는 제조업 등에서 이용된다.

플렉스타임제는 시업시간과 종업시간을 근로자에게 위임하는 제도이다. 자신이 직무의 진행이나 상황에 따라 출퇴근시간을 선택할 뿐만 아니라, 생활리듬

그림 16 - 1 플렉스타임제

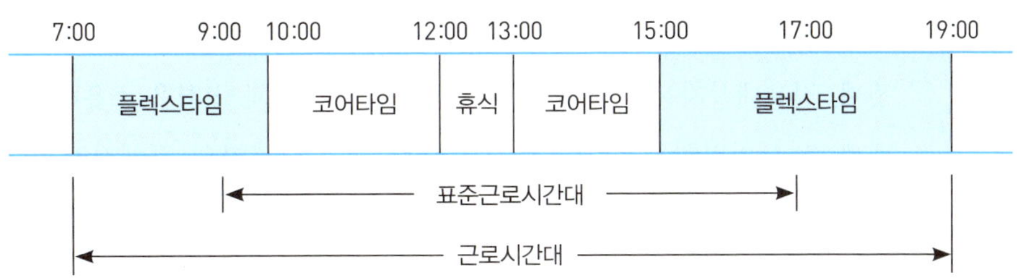

* 코어타임: 근로자가 반드시 근로하여야 하는 시간대
플렉스타임: 근로자가 스스로 선택할 수 있는 시간대

에 맞추어 근무시간을 선택하는 것이다. 실제로 근무한 시간과 소정근로시간을 산정하는 기간은 1개월 이내로 한다. 소정근로시간보다도 실제근로시간이 많은 경우에는 그 시간이 소정외 근로시간이 된다.

플렉스타임제에서는 자신이 선택할 수 있는 시간대가 결정되어 있는 경우가 일반적이고, 선택할 수 있는 시간대가 플렉스타임, 의무적으로 출근하여야 하는 시간대가 코어타임이다. 플렉스타임이 길고 코어타임이 적거나 없을수록 유연성이 높은 플렉스타임제이다. 이 제도는 모든 근로자가 출근하여 직무를 수행해야 하는 기업에서는 도입하기 곤란하다. 따라서 생산라인의 근로자에게는 적합하지 않다. 이 제도는 직무효율 및 시간의 자기관리적 측면에서 긍정적이지만, 직무의 재량도를 향상시키거나 성과를 객관적으로 인사평가에 반영시킬 수 있는 지표개발이 요구된다.

(3) 재량근로제

재량근로제는 직무수행 방법 및 근로시간의 배분을 근로자에게 위임하는 제도이다. 재량근로제의 도입은 직무수행에 대한 자율성이 높고, 직무수행과 근로시간을 스스로 결정하는 것이 생산성과 창의성이 향상될 뿐만 아니라 근로의욕이 높아지는 직무가 증가하기 때문이다. 재량근로제의 도입조건은 다음과 같다.

첫째, 사업운영상 중요한 의사결정이 이루어지는 본사 및 이에 준하는 부문에서 도입해야 한다.

둘째, 대상직무는 ① 사업운영에 관한 기획, 입안, 조사, 분석에 해당하는 직무로서, ② 직무수행 방법을 전폭적으로 위임할 필요가 있고, ③ 시간배분에 대해 지시를 하지 않아야 한다.

셋째, 적용대상자는 직무수행을 위한 전문적 지식과 경험을 소유해야 한다.

넷째, 노사위원회를 설치하고 ① 대상직무와 근로자의 구체적인 범위, ② 근로로 간주하는 시간, ③ 대상자의 건강 및 복지를 확보하기 위한 조치, ④ 고충처리에 관한 조치, ⑤ 근로자의 동의 등에 대한 합의가 있어야 한다.

(4) 근로시간 유연화의 조건

근로시간 유연화가 제도의 취지에 부응해서 활용될 수 있는 조건은 〈표 16-1〉과 같다.

첫째, 직무의 질 및 양, 납기의 상태는 근로시간 유연화의 기초적인 조건이다. 직무의 질·양이 통상의 근로시간으로 달성할 수 없는 수준일 경우, 납기를 위한 충분한 시간이 확보되지 않는 경우, 시간관리가 자신에게 위임되어 있어도 초과근무가 필요한 경우 등에 있어서의 자기결정권은 의미가 없게 된다.

둘째, 직무의 구체적인 목표가 설정되어 있어야 한다.

셋째, 직무의 진행방법 및 수행수단의 선택에 대한 재량권이 요구된다. 예를 들면, 플렉스타임제가 도입되어 출퇴근시간을 자신이 선택할 수 있어도, 매일 아침 정시에 회의를 하게 되면 직무수행에 대한 자기관리를 할 수 없다.

넷째, 직무목표 달성과 근로시간 유연화를 위한 조건으로 근무평가는 성과 및 결과(목표달성의 정도)로서 이루어져야 한다. 근로시간 및 근무태도, 성과평가 기준의 불명확, 잔업 등의 상황이 발생하면 유연화의 의미가 없다.

다섯째, 근로시간 배분과 원활한 직무수행을 위한 자기관리능력을 구비해야 한다. 자율적이고 계획적인 직무수행과 더불어 생활과의 균형도 유지해야 하기 때문이다.

표 16-1 근로시간의 유연화가 가능하기 위한 조건

1	직무의 질·양과 납기	→	적정한 직무의 질·양과 납기
2	직무의 목표설정	→	명확한 직무의 목표
3	직무의 재량도	→	진행관리 및 수행수단의 선택권 부여
4	평가제도	→	성과에 의한 평가와 평가기준의 명확화
5	자기관리능력	→	근로자의 자기관리능력의 육성

(5) 기업과 개인에 있어서의 유연화

기업에서의 근로시간 유연화는 노동력의 수요변동을 예측하고 이것에 부합해서 근로시간의 배분을 사전에 결정하지만, 근로자에게 있어서 근로시간의 자기관리는 예정되어 있지 않다. 그러나 개인에 있어서의 유연화도 직무의 진행에 적합하게 시간배분을 한다면 기업에 있어서의 유연화에 공헌할 수 있다. 또한 시간관리에 있어서 근로자에게 자기결정권을 부여함으로써 근로의욕을 향상시키고, 목적의식을 환기시켜 시간활용의 효율을 높이며, 생활과 직무의 균형을 실현할 수 있는 효과를 기대할 수 있다.

근로시간에 대한 자기결정의 정도, 즉 개인에게 위임되는 재량의 폭은 근로시간제도에 따라 차이가 있다. 예를 들면, 플렉스타임제보다도 재량근로제가 재량의 폭이 크다. 또한 플렉스타임제에서도 코어타임이 없는 플렉스타임제, 상대적으로 짧은 코어타임, 상대적으로 긴 코어타임에 의해 차이가 있다.

그러나 근로시간의 유연화가 제도로써 의도한 대로 운영된다고는 볼 수 없다. 예를 들면, 노동력 수요의 사전예측이 잘못되었다면 변형근로시간제의 유연화는 실현되지 못한다. 또한 플렉스타임제 및 재량근로제에서도 근로시간에 대한 자기관리가 이루어질 수 있는 조건이 정비되어 있지 않는다면 운영상 차질이 발생한다.

4. 근로장소의 유연화

(1) 근로장소의 유연화 목적

근로장소에 대한 선택폭의 확대 및 생활과 조화된 근로장소의 실현을 가능하게 하는 것으로, 직장과 주거를 근접화하거나 일치화하려는 시책이다. 이를 통해 장시간의 통근으로 인한 피로를 최소화하고, 가족 및 개인의 자유시간을 증가시키는 것을 목표로 한다. 또한 노동시장에 참여하기 어려운 사람들에게 고용의 기회를 제공하고자 하는 목적도 있다.

(2) 새틀라이트 오피스

새틀라이트 오피스(satellite office)는 본사 기능(특정분야에서의 역할)의 일부를 외부로 분산하고 본사와는 통신회선으로 연결한 주거 근접의 오피스이다. 이는 근로자가 직무를 수행하기 편한 장소, 주로 주거와 가까운 지역에 본사(센트럴 오피스) 등으로부터 분리된 사업소(새틀라이트 오피스)를 설치하는 것이다. 새틀라이트 오피스가 필요로 하는 정보통신 기반은 업무내용, 센트럴 오피스 및 타 사업소와의 분업관계의 형태, 두 오피스 사이의 통신빈도 등에 따라 상이하다.

이와는 별도로 리조트 오피스가 제기되고 있는데, 그 목적으로는 ① 일상을 떠나 환경이 좋은 장소에서 집중적으로 직무를 수행한다든지, ② 휴가 중에도 직무를 수행할 수 있는 환경을 제공하여 장기휴가를 가능하게 하는 것 등이다.

1) 새틀라이트 오피스와 오피스 분산화

새틀라이트 오피스와 오피스 분산화의 차이점은 다음과 같다.

첫째, 오피스 분산화는 조직 및 부문을, 새틀라이트 오피스는 개인을 단위로 한 분산화이다. 오피스 분산화는 센트럴 오피스의 조직 및 부문을 분리하는 것이기 때문에 수행해야 하는 직무가 사전에 정해져 있다. 그러나 새틀라이트 오피스는 개인을 단위로 하는 분산화이기 때문에 수행하는 직무의 형태에 따라 근로자가 결정된다. 또한 새틀라이트 오피스에서 근무하는 근로자들은 원칙적으로 직무상의 연대가 이루어지지 않는다.

둘째, 새틀라이트 오피스에서 근무하는 근로자는 센트럴 오피스로의 통근빈도가 감소한다는 점에서 오피스의 분산화와 같은 효과가 있다.

2) 새틀라이트 오피스 설치배경과 과제

새틀라이트 오피스의 설치배경은 다음과 같다.

첫째, 도심에서는 근로자에게 여유 있는 오피스 공간을 제공하기 어렵다. 따라서 오피스 코스트가 저렴한 지역에서 오피스의 공간을 확대하고 쾌적한 환경을 제공하려는 것이다.

둘째, 생활과 조화된 근로방식을 요구하는 근로자의 라이프 스타일을 실현하는 것이다. 직장과 주거의 근접화에 의해 통근과 주택의 문제를 해결할 수 있다.

셋째로 장시간 통근으로 인한 피로가 완화되고, 쾌적한 오피스에서 직무에 집중하며, 자유시간이 확대됨으로써 생산성 및 창의성이 향상될 수 있다.

넷째, 통근이 취업의 제약조건이 되고 있는 사람들에게 고용기회를 제공하여 능력 있는 노동력을 유용하게 활용할 수 있다.

새틀라이트 오피스가 정착되기 위한 과제는 다음과 같다.

① 직무 자체 및 직무수행 방법을 고려해서 자기완결적인 직무를 증가한다.
② 새틀라이트 오피스로부터 접근할 수 있는 데이터 베이스를 정비한다.
③ 자기관리능력을 향상한다.
④ 센트럴 오피스와의 정기적인 의사소통 경로를 설정한다.
⑤ 센트럴 오피스 관리자의 의식개혁을 실시한다.
⑥ 인사고과 항목을 직무성과에 의한 평가로 개편한다.

(3) 재택근무의 형태와 가능성

정보통신기술의 발달로 자택에서도 직무를 수행할 수 있게 되었다. 자택에서 직무를 수행하는 것을 재택근무라고 한다. 인터넷 등 정보통신기술을 활용해서 자택에서 직무를 수행하는 것이다. 재택근무는 취업형태에 의해 재택고용과 재택취업으로 분류할 수 있다.

재택고용은 새틀라이트 오피스가 가정에 설치된 상황이다. 근로자의 출근빈도가 적다든지(부분재택), 또는 출근하지 않고 자택에서 직무를 수행하는 것(완전재택)이다. 재택취업은 사용자 또는 기업과 청부계약 등을 체결하고 자택에서 직무를 수행하는 것이다.

재택근무가 주목받는 것은 통근의 부담이 해소되고, 생활과 조화된 근무방식이 가능하며, 통근이 취업의 제약조건인 사람들에게 새로운 기회를 제공하기 때문이다.

재택고용의 정착을 위해서는 직무의 특성을 고려해서 개별작업, 개별평가가 가능한 직무로 재편성해야 한다. 플렉스타임제의 도입 및 새틀라이트 오피스 설치에 따른 직무의 재편은 재택근무의 보급에 긍정적으로 작용한다. 또한 새틀라이트 오피스와 같이 근로자의 자기관리능력이 요구된다. 그러나 자택에서 직무를 수행하기 때문에 새틀라이트 오피스보다 대인관계가 적게 되고, 자기책임에 대한 부담감과 소외감 등의 부정적 요인도 있다.

일과 생활의 균형 02

1. 일과 생활의 균형의 개념

일과 생활의 균형(WLB: work-life balance)에 대한 개념은 1970년대 후반 등장했으며, 일을 위해 할당된 시간과 삶의 다른 측면에서 필요로 하는 시간의 균형을 유지하려는 것이다. 따라서 WLB는 직무를 마치고 개인생활을 할 수 있도록 직무와 생활을 명확히 분리하는 것으로서 다음과 같은 특징이 있다.

첫째, WLB 지원은 명확하게 제도화되어 있지 않다. 따라서 적극적으로 WLB를 지원한 기업이라도 경영상황이 악화되면 개인은 고용유지가 중요하여 이에 대한 기대효과는 낮아진다.

둘째, WLB 지원은 직무개혁이나 성과향상에 기여한다. 이에 대한 지원을 복리후생 시책으로 활용하는 기업도 있지만, 의욕적인 직무수행을 위한 필수적인 인재활용 시책이기 때문이다.

셋때, WLB 지원은 개인특성과 삶의 단계에 따라 상이해야 한다. 일과 생활에 동일하게 시간을 배분하는 삶의 방식이 바람직하다고 생각한다. 그러나 특정 라이프 스타일과 삶의 방식을 고려하는 것이 아니라 다양한 방식을 수용해야 한다.

넷째, WLB 지원을 노동시간 단축으로 접근해서는 안 된다. WLB 지원은 단순히 근로시간단축이 아니라 시간생산성을 향상시키기 위해 자율적 직무수행 방법으로 전환하는 것이다.

2. 일과 생활의 균형지원

WLB를 실현하기 위해서는 근로자들이 기업이나 경영자들이 기대하고 있는 직무상의 책임을 다해야 하며, 생활에서 하고 싶거나 해야 할 일이 있는 상태여야 한다. 그러나 직무상의 책임을 완수하려고 노력하면 생활에서의 일을 할 수 없게 되어 직장-생활갈등이 발생한다.

따라서 WLB를 지원하여 직장-생활갈등을 해소하는 것이 기업의 인재활용을 위한 과제이다. 이러한 배경에는 근로자들의 생활에 대한 다양한 관심과 희망하는 라이프 스타일이 변화하여, 직장 이외의 가정이나 지역생활에 많은 시간을 희망하고 있다. 인재활용의 관점에서 직무수행 시간에 제약이 있는 사람이 증가한다는 것이다. 여성의 경제활동과 남성의 가치관의 변화에 의해 공동으로 가정과 육아활동을 원하고 있으며, 자기계발을 위한 시간을 희망하는 사람도 있다.

그러나 이러한 환경변화에도 기업에는 직무시간에 제약이 없는 인재활용의 구조 및 조직풍토가 남아있다. 이러한 원인은 경영자들이 시간제약이 있는 근로자가 증가하고, 이들은 자신들과는 다른 라이프 스타일을 원한다는 것을 이해하지 않기 때문이다. 이러한 상황에서 직장-생활갈등이 발생하게 되고 이것이 생활의 질에 부정적 영향을 미치게 된다. 따라서 이러한 요인들을 제거하여 일과 생활의 균형을 가능하게 하는 것이 지원의 기본적인 취지이다.

03 미래의 인적자원 활용전략

1. 새로운 인적자원관리 전략

(1) 새로운 인재활용

최근 기업은 환경의 불확실성에 대한 대응 및 신속한 사업전개, 인건비 절감 등을 위하여 새로운 인재활용을 위한 전략을 도입하고 있다. 이를 위해 정규직을 축소하고 파트타이머, 계약직, 임시직 등 비정규직 근로자의 확대, 파견사원 및 청부근로자 등의 외부인재 활용, 기업외주화의 추진 등 다양한 인재활용을 하고 있다. 이것은 노동력 수요의 변화에 유연하게 대응하려는 것으로, 이들을 대상으로 한 인적자원관리의 중요성이 부각되고 있다. 왜냐하면 이들은 상이한 취업욕구 및 근로조건을 가지고 있어 정규직과는 차별화된 인적자원관리가 요구되기 때문이다.

특히 외부인재는 직접고용 관계가 아니기 때문에 이들을 위한 정책이 필요하며, 상이한 취업형태의 인재를 배치하고 활용하기 위해 적절한 조합과 원만한 인간관계도 요구된다. 또한 이들을 대상으로 한 관리업무의 증가, 서비스 품질 저하, 기업정보 누출 등의 문제와 더불어 이들의 모럴 저하에 따른 영향력도 고려해야 한다.

(2) 고용포트폴리오 전략

다양한 인재활용에 대응해서 정규직, 비정규직, 외부인재 등을 합리적으로 조합시켜 활용하는 것이 하나의 과제이고 이것이 고용포트폴리오 전략이다. 이러한 전략을 선택할 때에 고려해야 할 사항은 다음과 같다.

첫째, 자사에서 처리해야 할 직무와 외주화가 가능한 직무의 분류이다. 외주화가 가능한 직무는 ① 사내에 노하우를 축적할 필요가 없는 것, ② 기업정보의 유출에 문제가 없는 것, ③ 내부 직무로부터 분리해 처리가 가능한 것, ④ 필요한 노하우 등을 갖고 있는 기업 및 개인이 외부에 안정적으로 존재하는 것, ⑤ 업무성과가 측정 가능한 직무, ⑥ 외부에서 처리하는 것이 비용 면에서 유리한 직무 등이다.

둘째, 자사에서 수행해야 할 직무가 확정되면, 각각의 직무에 정규직, 비정규직, 외부인재 등을 어떻게 배치할 것인가이다. 이들을 어떻게 활용할 것인가는 인건비만이 아니라 이들이 제공하는 근로서비스의 질, 즉 직무수행 능력의 수준을 고려해야 한다.

셋째, 파견 및 직장내 청부사원의 활용은 법률상 제약이 따르며, 파견근로자의 활용이 가능한 직무는 외주화가 가능한 것이다. 파견처 기업과 연대가 필요한 직무에도 활용이 가능하지만, 파견근로사를 활용할 수 있는 직무는 법률상 제한적이다.

(3) 고용전략 모델

유연한 기업모델은 노동력 수요의 양적 변동과 질적 변동에 대한 대응능력 향상과 기업의 지불능력을 적절히 반영한 근로비용을 목표로 한다. 노동력 수요의 양적 변동에 대한 대응능력을 수량적 유연성(numerical flexibility), 질적 변동에 대한 대응능력을 기능적 유연성(functional flexibility), 지불능력과 노동비용의 연동강화를 금전적 유연성(financial flexibility)이라 하고, 각각의 유연성의 향상을 가능하게 하는 고용시스템이 활용되고 있다. 최근에는 수량적 유연성으로부터 시간적 유연성(temporal flexibility)을 분리해서 논의하기도 한다. 이 4개의 유연성의 향상은 인적자원의 세분화, 직무의 외주화, 근로시간 제도의 유연화, 임금제도의 성과주의화 등으로서 실현된다. 이것이 유연한 기업모델이다.

여기에서 수량적 유연성은 유연한 근로자의 활용, 직무의 외주화, 파견사원의 활용 등 노동력 수요의 변동에 따라 노동투입량의 조정을 가능하게 하는 제도에 의해 실현된다. 기능적 유연성은 직장 및 직종의 전환이 가능한 폭넓은 기능 및 지식을 보유한 근로자를 확보 및 육성하여 실현된다. 시간적 유연성은 플렉시블 타임 및 변형근로시간제 등으로, 금전적 유연성은 성과급 및 이익분배제 등에 의해 실현된다.

2. 새로운 인적자원의 유형과 영향력

(1) 고용형태의 다양화

최근 고용형태의 다양화에 따라 아웃소싱(outsourcing)에 대한 관심이 증가하고 있다. 급변하는 경영환경에 적응하기 위한 조직슬림화가 기업생존을 위해 중요한 요인이며, 아웃소싱은 조직슬림화를 위한 수단으로 취급되고 있다. 아웃소싱이란 외부자원을 활용하여 코스트를 절감하고, 전략적으로 기업의 확대를 실현하고자 하는 것으로 다음과 같은 과정으로 발전한다.

패턴 1(인재파견) : 단순한 직무를 구성하여 파견근로자가 수행하도록 하고, 지휘와 명령도 파견처 기업에 따른다.
패턴 2(업무대행) : 유저(user)기업의 기획에 따라 관리업무를 수행한다.
패턴 3(컨설팅) : 직무운영은 유저기업이 하고, 직무설계와 구성만을 수행한다.
패턴 4(아웃소싱) : 직무설계, 구성 및 운영까지를 패키지로써 수행한다.

기업은 조직슬림화를 목표로 코스트 절감을 추구하는 과정에서 간접부분의 인원을 감소하고, 그 부분은 인재파견 및 직무대행 등을 활용한다. 또한 급변하는 기업환경에 대응하는 과정에서 내부인재의 활용에는 한계가 있기 때문에 전략적으로 외부자원의 활용이 요구되고 있다.

(2) 새로운 인적자원의 유형

정규직은 사용자와 기간을 정하지 않은 고용계약을 맺고 풀타임(full-time) 근무를 하며, 기업 내에서 경력개발, 승진, 교육훈련, 복지제도 등을 적용받는다. 이에 비해 비정규직은 일정기간 또는 단기간의 고용계약을 맺고 계약이 끝나면 해고되어 경력개발이나 인적자원 투자를 개인적으로 해결한다.

통계청 통계상으로는 고용기간을 단위로 일용직·임시직으로 구분한다. 반면 고용노동부에서는 고용계약기간이 정해져 있거나 고용계약기간을 정하지 않은 경우 ① 계속근로기간이 1년 미만으로 기대되는 한시적 근로자, ② 파견·용역·독립도급·가내근로 등의 비전형근로자(한시적 근로자 제외), ③ 시간제 근로자(한시적·비전형근로자 제외)의 유형으로 구분한다. 이러한 분류는 고용계약기간 외에 고용의 지속성, 근로제공 방식 및 근로시간제 등의 항목을 추가한 것이다. 비정규직 근로의 분류기준과 유형은 다음과 같다.

① 기간을 정하여 근로계약을 맺는 경우이다. 기간제 고용의 특성은 고용의 임시성에 있으며, 이러한 형태의 비정규 고용을 임시고용이라 한다. 임시직, 계약직, 일용직, 촉탁사원과 인턴사원 등이 해당된다.

표 16-2 비정규직 근로의 분류기준과 유형

분류기준	종류	유형
고용기간	임시고용	임시직, 계약직, 일용직, 촉탁사원, 인턴사원
근로시간	단시간	단시간(파트타임), 아르바이트
고용주체	간접고용	파견, 사내하청, 용역
	특수고용	개인도급, 재택근로, 가내근로
기 타	외국인	산업연수생
	공공근로	공공근로자

② 사업장의 소정시간보다 짧은 근로시간이 적용되는 경우이다. 여기에는 단시간(파트타임) 근로자, 아르바이트 등이 있다. 단시간 근로자는 다시 상용직과 임시직으로 분류된다.

③ 고용관계에서 고용주와 사용사업주가 다른 경우이다. 파견, 사내하청, 용역 등이 해당한다. 반면, 사용자와 명시적인 고용계약을 체결하지는 않았지만 사용주의 지휘·명령에 따르기 때문에 근로자의 재량권이 허용되지 않는 비정규직 근로자가 있으며, 독립사업자 형태의 개인도급과 재택근로자 등이 있다.

(3) 고용다양화의 영향과 과제

최근 새로운 시대의 인사제도로서 이러한 비정규직과 외부인재의 활용이 증가하고 있으며, 앞으로의 고용형태는 〈표 16－3〉과 같다. 과거 산업화사회에서는 I형 고용형태의 특징을 보였지만, 최근 다양화된 기업환경에서는 II 및 III형의 고용형태의 특징을 보이고 있기 때문에 새로운 인사체계의 정비가 요구된다.

비정규직 및 외부인재의 활용에 따른 영향은 긍정적이며 부정적인 측면이 있다. 긍정적 영향은 ① 정규직은 고도의 직무에만 전념할 수 있다, ② 정규직의 근로시간이 단축된다, ③ 근로서비스의 질이 향상된다, ④ 외부로부터 새로운 노하우를 도입할 수 있다, ⑤ 자사에서 할 수 없는 직무가 가능하게 된다 등이다. 반면 부정적 영향은 ① 노하우의 축적 및 전승이 어렵다, ② 기밀사항이 누

표 16－3 다양화된 시대에 대응한 고용형태

구분	I형: 장기능력 축적 활용형 (낮은 리스크와 낮은 리턴)	II형: 고도 전문능력 활용형 (중리스크와 중리턴)	III형: 고용 유연형 (높은 리스크와 높은 리턴)
고용형태	장기안정형 고용	원칙은 장기고용으로서 부분적으로 유동화	완전한 유동화, 계약 본위로서 계약기간만 고용
인사처우	직능자격 연차관리	직능자격에 능력, 실력주의를 가미	완전 능력 및 실력 위주
급여	직무급(성숙도별 직능급), 정기승급 및 시간외 수당이 있음	완전 직무급 또는 호봉형 연봉제	완전연봉제
시간관리	정형적 시간관리	플랙시블타임 재량근로제	근로기준법(시간) 적용 외
퇴직금	연령 근속연동	평가누적 포인트	없음

출될 가능성이 있다, ③ 비정규직의 교육훈련에 대한 시간이 증가한다. ④ 신입 정규직의 육성이 어렵다, ⑤ 업무상 연대가 원활하지 않다 등이다. 따라서 비정규직 및 외부인재를 활용할 때에는 이러한 영향을 고려해야 하고, 부정적 영향을 최소화하려는 노력이 요구된다.

새로운 고용형태에 따른 제도상의 과제는 비정규직 및 외부인재뿐만 아니라 정규직과의 공정한 처우에 관한 것이다. 이들의 근속이 장기화 및 기간노동력화되면서 정규직과 동일한 형태의 직무수행 능력을 소유하게 되고, 정규직과 동일한 직장에 배치되어 동일한 직무를 수행하는 사례가 증가하면서 이들에 대한 처우의 균형이 요구되고 있다.

그러나 처우에 대한 논의가 어려운 측면이 있다. 예를 들면 정규직은 특정 직무에 한정하지 않지만 비정규직 및 외부인재는 대부분 특정 직무를 한정해서 채용된다. 정규직은 타 직무에의 배치전환 등을 전제로 채용되고, 임금은 직무만으로 결정되는 것만은 아니다. 더불어 동일한 직무에도 정규직은 잔업이 있지만 외부인재에게는 없다든지, 정규직은 전근이 있지만 이들에게는 없는 등 근로서비스의 제공범위에 차이가 있고 이것이 처우의 차이로서 나타나기도 한다

3. 외부인재의 활용

(1) 파트타이머의 활용

단시간 근로를 위한 파트타이머는 주로 소매업 및 서비스업에서 활용되지만 최근에는 다양한 업종에서도 활용되고 있다. 또한 양적 증대뿐만 아니라 활용 업무가 보조적인 것으로부터 기간적인 것으로 확대되고 있어 파트타이머의 전문화 및 기간노동력화가 빠르게 진전되고 있다. 따라서 기업의 인재활용에 대한 경쟁력은 정규직뿐만 아니라 파트타이머 등 비전형노동력의 활용방식에 의해 좌우되는 상황이다. 이에 대응하여 기업에서는 파트타이머에 대한 투자와 능력향상을 촉진하고, 평가하여 처우하는 제도를 도입하고 있으며 이에 대한 방안은 다음과 같다.

첫째, 단시간의 파트타임만이 아니라 유기계약근로자 등 다양한 노동력을

활용하고, 각각의 구분에 따라 상이한 커리어 및 처우를 한다. 예를 들면, ① 1일 근무시간 및 주당 근무일수에 의한 구분, ② 사회보험 및 고용보험 적용 유무에 의한 구분, ③ 연 수입 제한의 유무에 의한 구분, ④ 직무·직종 및 근무시간수에 의한 구분, ⑤ 상기의 것을 조합시킨 것에 의한 구분 등이 있다.

둘째, 근무일 및 근무시간 선택제의 도입에 의한 근무시간의 유연화이다. 생활과 직무의 조화를 희망하는 사람이 증가하고 있어 하나의 업무를 두 사람이 수행하는 직무분담제나, 근로시간 단축 등의 방법이 도입되고 있다.

셋째, 파트타이머를 위한 직능자격제도의 도입이다. 직능자격제도는 근로자가 보유하는 직무수행능력에 기초해서 몇 개의 자격등급으로 분류하고, 자격등급에 의해 임금 및 배치, 승진이 이루어지는 제도이다.

넷째, 임금제도의 설계이다. 직무수행능력의 평가와 더불어 근로요일, 시간대 등 근로시간에 대한 선호도를 임금에 반영하는 것이다. 이 외에도 성과배분제를 도입하거나 상여와 퇴직금의 선택제를 도입하는 것도 고려된다.

다섯째, 관리직 및 정규직으로 전환하는 제도이다. 파트타이머를 관리·감독하기 위한 계층을 설정한다든지, 상위직위로 승진기회를 제공하는 것이 그들의 능력개발 및 근로의욕을 높이는 것이 된다.

(2) 계약직 근로자의 활용

계약직 제도의 특징으로는 첫째, 전문지식 및 노하우를 갖춘 인재를 활용하며, 둘째, 대상 직무 및 보유하고 있는 전문지식 등에 대응해서 개별적으로 계약이 체결된다. 계약직 제도가 도입된 배경에는 정규직과 동일한 처우로써는 필요로 하는 인재를 채용할 수 없거나, 이들 인재를 기업이 무기한 고용하기에는 어려움이 있기 때문이다.

외부로부터의 고용과 더불어 퇴직근로자의 희망에 따라 심사를 거쳐 계약사원으로 전환하는 것이다.

최근에는 이러한 제도와는 별도로 연 단위의 계약직 근로자를 활용하는 기업도 있다. 이것은 전문지식 및 노하우를 활용하기 위한 것만은 아니고, 이들 대부분은 단순반복적인 정형적 직무를 수행하거나, 근무시간이 통상의 근로자와 동일하고, 임금 역시 시간급, 월급 및 연봉제가 적용된다.

(3) 파견근로자의 활용

파견근로는 파견원, 파견처, 파견근로자의 3자관계로 구성된다. 즉 파견근로자는 파견원과 고용관계(근로계약관계)를 체결하지만, 사용관계(지휘 및 명령관계)는 파견처와의 사이에서 발생하며, 파견원과 파견처의 관계에서는 근로자 파견계약이 체결된다. 현행 파견법은 특정 직무에 한하여 허용하고 있다. 파견근로 제도는 기업(파견처) 입장에서 다음과 같은 특징을 갖는다.

① 모집과 채용과정에서 소요되는 시간 및 비용이 요구되지 않는다.
② 직무에 필요한 능력을 보유한 자가 파견되기 때문에 교육훈련이 불필요하다.
③ 고용에 따라 발생하는 사회보험 등에 대한 수속이 불필요하다.
④ 단기적 혹은 일시적인 직무에 활용할 수 있다.

따라서 파견근로자는 다음과 같은 경우에 활용되고 있다.

① 일시적 또는 계절적인 직무에 대응할 수 있다.
② 휴직 등의 결원에 대처하기 위해 이용한다.
③ 사내에서 확보할 수 없는 전문적 능력을 보유한 인재를 활용한다.
④ 파견근로자의 직무수행 능력을 확인하고 그를 고용하고자 할 때 활용한다.

(4) 청부근로자의 활용

직장내 청부근로자의 활용이 제조입의 생산현상 및 소프트웨어 개발기업 등에서 이루어지고 있다. 청부업무계약에 기초한 청부근로자의 활용은 고용관계가 없기 때문에 채용 및 사회보험 등 다양한 고용관리 업무를 필요로 하지 않는다. 이 점은 파견근로자의 활용과 동일한 형태이다. 그러나 청부근로자는 청부회사에 직무를 청부(한쪽이 어떤 일을 완성할 것을 약속하고, 상대는 결과에 따라 일정한 보수를 지급하기로 하는 계약)시키기 때문에 파견근로자와 다르고, 청부회사가 직무수행에 대한 책임을 갖기 때문에 직무관리는 불필요하게 되는데 이것은 직무의 외주화와 동일한 형태이다. 이 때문에 청부근로자에 대해서 청부를 의뢰한 기업이 지휘 및 명령하는 것은 법률적으로 금지되어 있으며, 청부근로자에 대한 정보 등의 전달은 청부회사의 책임자를 통해서 이루어진다.

자사의 근로자가 담당하고 있는 직무로부터 분리가 가능하지만 외주화하기 보다도 직장 내에서 처리하는 것이 효율적인 경우에 활용된다. 이 외에 반도체와 같이 경기 등에 의한 수요변동이 크거나 식품과 같은 계절적 영향이 큰 기업에서 활용되는 경우가 많다.

찾아보기

저자 약력

고종식

원광대학교 대학원 경영학과(석사·박사)
(일)류코쿠 대학교 연구원
한국능력심사평가원 평가위원
공인노무사·경영지도사 출제위원
국회입법고시 출제위원
한국경영교육학회·대한경영교육학회 부회장
농업기술실용화재단 인사위원
전북경제통상진흥원 이사
원광대학교 대학원 부원장
원광대학교 경영학부 교수

[저 서]

산업 및 조직심리학(공저, 1998)
글로벌시대의 인적자원관리(공저, 2004)
인간자원개발관리(제3판)(공저, 2008)
산업경영심리학(제2판)(공저, 2010)
실무지식을 위한 인적자원관리(공저, 2019)
실무활용을 위한 리더십(공저, 2020)
실무지식을 위한 조직행동의 이해(공저, 2021)
인간의 행동변화를 위한 인적자원개발론(공저, 2023)

제3판
실무지식을 위한 인적자원관리

초판 발행 2016년 2월 29일
제2판 발행 2019년 7월 20일
제3판 발행 2024년 3월 1일

지은이 고종식
펴낸이 김중용
편 집 심성보
펴낸곳 도서출판 정독
경기도 고양시 일산서구 하이파크로 113, 102-204
등록 제406-2014-000093호
전 화 031)924-7203 팩 스 02)718-8554
홈페이지 www.jeongdok.co.kr 이메일 admin@jeongdok.co.kr
ISBN 979-11-6858-190-6 93320

정 가 28,000원